Morgan W. McCall, Jr.
Michael M. Lombardo
Ann M. Morrison

# ERFOLG AUS ERFAHRUNG

Aus dem Englischen übersetzt von
Maren Klostermann

Klett-Cotta

Klett-Cotta
Die Originalausgabe erschien
unter dem Titel „The Lessons of Experience.
How Successful Executives Develop on the Job"
bei Lexington Books, New York
© 1988 by Lexington Books
Für die deutsche Ausgabe
© J. G. Cotta'sche Buchhandlung Nachfolger GmbH, gegr. 1659,
Stuttgart 1995
Fotomechanische Wiedergabe nur mit Genehmigung des Verlags
Printed in Germany
Überzug: Klett-Cotta Design
Gesetzt aus der 10 Punkt Sabon
von Satz- und Reprotechnik GmbH, Hemsbach
Auf säure- und holzfreiem Werkdruckpapier gedruckt
und gebunden von Druckhaus Beltz, Hemsbach

Die Deutsche Bibliothek – CIP-Einheitsaufnahme
MacCall, Morgan W.:
Erfolg aus Erfahrung / Morgan W. McCall, Jr. ; Michael M.
Lombardo ; Ann M. Morrison. Aus dem Engl. übers. von
Maren Klostermann. – Stuttgart : Klett-Cotta, 1995
Einheitssacht.: The lessons of experience <dt.>
ISBN 3-608-91010-7
NE Lombardo, Michael M.:; Morrison, Ann M.:

# INHALT

Vorwort *(von Warren Bennis)* ... 9

Danksagung ... 11

1. Führungstalente fördern und entwickeln ... 15

2. Feuerproben: Aus übertragenen Aufgaben lernen ... 30

3. Wenn andere Menschen zählen ... 86

4. Härten ... 108

5. Das Beste aus seiner Erfahrung machen ... 145

6. Packen wir's an: Was Unternehmen tun können ... 174

Anhang: Anleitung für das Originalinterview ... 221

Abbildungen ... 224

Anmerkungen ... 225

Literaturverzeichnis ... 232

Über die Autoren ... 236

Register ... 239

*Für Morgan III und Brent,*
*in der Hoffnung, daß ihre Erfahrungen sie gut behandeln werden;*
*für Ginny und Esther,*
*die uns geholfen haben, diese Erfahrung durchzustehen;*
*und für Reba und Dinny, in Liebe und Dankbarkeit.*

# VORWORT

In den letzten Jahrzehnten sind die Buchhandlungen von einer wahren Flut an Managementbüchern überschwemmt worden – vielleicht eine Reaktion auf die „Führungskrise", die kürzlich von der Zeitschrift *Time* diagnostiziert wurde. Leider reduzieren zu viele dieser Ratgeber einen praktisch nie endenden Prozeß auf schnelle Formeln und Patentrezepte: Sprich einfach das Zauberwort, und prompt wirst auch du dich in eine erfolgreiche Führungskraft verwandeln. Glücklicherweise straft *Erfolg aus Erfahrung* solchen groben Unsinn Lügen und beschreibt darüber hinaus sehr detailliert, wie die Entwicklung von Führungskräften in der Praxis abläuft.

Die Autoren kommen ohne Umschweife zur Sache, weil sie wissen, daß gutes Management eher eine Kunst als eine Wissenschaft ist und daß hervorragende Führungskräfte nicht geboren werden, sondern sich allmählich entwickeln – und zwar größtenteils aus eigener Kraft. *Erfolg aus Erfahrung* basiert auf den tatsächlichen Erfahrungen von Hunderten von amerikanischen Führungskräften, die in mehreren Studien befragt wurden. Das ist keine Theorie; das ist die Realität – Offizielle Mitteilungen der Firma Amerika aus vorderster Front. Die gute Nachricht ist, daß unsere besten und begabtesten Köpfe genauso klug, innovativ und kompetent sind wie jede Managergeneration vor ihnen. Die schlechte Nachricht lautet, daß der Weg zur Spitze auch in unserer Zeit der sofortigen Lustbefriedigung genauso hart und steinig ist wie eh und je. Tatsächlich haben die Verfasser ein ganzes Kapitel dem Thema „Härten" gewidmet.

Die Autoren zitieren Jacob Bronowski, der die vielleicht beste Beschreibung dieses Prozesses liefert: „Wir müssen erkennen, daß wir die Welt nur durch Handeln, nicht durch Kontemplation begreifen können ... Die stärkste Kraft im Aufstieg des Menschen ist die Freude am eigenen Können. Er tut begeistert, was er gut tut, und was er gut getan hat, möchte er noch besser tun."

Die Führungskräfte, die in diesem Buch beschrieben und zitiert werden, sind Menschen der Tat, Menschen, die alles – angefangen bei quengeligen Chefs bis hin zu Krisen und Triumphen – als Möglichkeit zum Lernen begreifen. Sie haben nicht nur ihre Stärken entwickelt, sondern auch ihre Schwächen kompensiert. Sie haben früh erkannt, daß es in der gegenwärtigen Unternehmenskultur so etwas wie eine erfolgreiche One-Man-Band nicht gibt. Doch was sie mehr als alles andere auszeichnet, ist die Freude am eigenen Tun.

Ich selbst habe die Erfahrung gemacht, daß es abgesehen von angeborenen Begabungen eine besondere Eigenschaft gibt, die herausragende Führungskräfte von der Masse unterscheidet, nämlich der Spaß an ihrer Arbeit. Solche Spitzenkräfte werden nicht durch bloßen Ehrgeiz angetrieben, sondern von einer Art Leidenschaft für die Verheißungen des Lebens. Diese Leidenschaft zeigt sich in allem, was sie tun – angefangen beim Umgang mit schwierigen Vorgesetzten bis hin zum Aufbau eines neuen Auslandsunternehmens.

Neben dem eindrucksvollen Aufgebot an Informationen, der offenen und klaren Sprache und der Fülle an praktischen Ratschlägen ist das größte Verdienst von *Erfolg aus Erfahrung* seine unmißverständliche Grundaussage: Die Hauptverantwortung für die erfolgreiche Entwicklung von Führungsfähigkeiten liegt beim einzelnen Manager selbst. Wie die Autoren aufzeigen, gibt es vieles, was ein Unternehmen tun kann, um begabte Führungskräfte zu fördern, aber nur, wenn der Manager selbst bereit und in der Lage ist, sich zu entwickeln.

Die Autoren behaupten nicht, daß dieser Prozeß leicht oder schnell zu bewältigen sei. In der Tat sind sie gegenteiliger Auffassung: Es ist ein schwieriger und häufig langsamer Prozeß, mit vielen Risiken und Fallstricken entlang des Weges, und die Gefahr des Scheiterns ist genauso groß wie die Möglichkeit des Erfolgs. Aber ich kenne kein Buch, das die Freuden und die Leiden dieses Prozesses treffender beschreibt.

In dieser Hinsicht ist *Erfolg aus Erfahrung* einzigartig: Den Autoren gelingt es, dem „Führungsgeschäft" seinen romantischen Zauber zurückzugeben, und zwar gerade dadurch, daß sie es realistisch betrachten.

Warren Bennis

# DANKSAGUNG

Dieses Buch wurde für ein breites Publikum geschrieben und enthält daher wenig technische Details. Die Grundlage bilden fünf Jahre empirischer Forschung, viele praktische Anwendungsbemühungen und zahllose Gespräche mit Führungskräften und Managern. Der Monumentalfilmer Cecil B. De Mille hätte seine Freude an den Heerscharen gehabt, die auf die eine oder andere Weise zu diesem Buch beigetragen haben. Zu allererst sind da die annähernd 200 Führungskräfte und Manager zu nennen, die uns in den verschiedenen Studien von ihren Erfahrungen berichtet haben. Dieses Buch ist im wahrsten Sinne des Wortes ihr Verdienst, denn es erzählt ihre Geschichten. Nicht weniger wichtig sind Hunderte von weiteren Führungskräften, die uns in Gesprächen, anderen Studien, Präsentationen, Seminaren und Workshops geholfen haben, unsere Erfahrungen zu deuten und daraus Lehren für die Entwicklung von Führungstalenten zu ziehen. Wir hoffen inständig, daß wir ihrer kollektiven Erfahrung gerecht geworden sind, und wir bedauern zutiefst, daß wir nicht alle namentlich nennen können.

An zweiter Stelle, wenn auch nur im Vergleich zu den Führungskräften, die uns die Informationen lieferten, steht Bill Drath, unser Kollege am Center for Creative Leadership, der unzählige Stunden als Lektor, Kritiker, Mutzusprecher, Spaßvogel, Unterhändler, Cheerleader, Zuhörer und Freund investierte.

Sein ungeheurer Einsatz spiegelt sich nicht nur in der großen Zahl der beteiligten Führungskräfte wider, sondern auch in der kleinen Armee an tatkräftigen Helfern, die uns dabei unterstützten, Kontakte in Unternehmen zu knüpfen, Daten zu sammeln und auszuwerten, Sponsoren zu finden und die Ergebnisse zu verbreiten. Wir möchten zunächst den vier Personen danken, die im Jahr 1981 mit uns zusammen das genaue Forschungsziel festlegten und dann ihre Unternehmen überredeten, das Projekt zu unterstützen. Sara Clope und Steve Wall waren die ersten, die eine Zusammenarbeit riskierten, kurz darauf gefolgt von Bill Saunders und Jim Thurber. Ohne sie wäre dieses Projekt nie über das Planungsstadium hinausgekommen.

Unsere ersten beiden Studien umfaßten lange und intensive Gespräche mit 105 Führungskräften, wobei uns Bob Kaplan und Anne Faber assistierten. Das Ergebnis waren beängstigende Mengen von Notizen, die auf ihre Auswertung warteten. Randy White, der sich als erster an diese Aufgabe traute, sah sich an seinem ersten Tag im Center einem mannshohen Berg von Interviewnotizen gegenüber. Kurz darauf schlossen sich Esther Lindsey und dann Jaon Kofodimos dem Kampf an. Irgendwie gelang es uns in einer gemeinsamen Anstrengung, Sinn in diese ersten Daten zu bringen und die Voraussetzungen für weitere Forschungsarbeiten zu schaffen.

Ein neues Team, bestehend aus McCall, Lombardo, Lindsey und White, in verschiedenen Kombinationen und Rollen, machte sich daran, die Spitzenmanager in drei weiteren großen Unternehmen zu befragen. Jede Studie hat unsere anfänglichen Forschungsergebnisse – und die Zahl unserer Mitarbeiter – substantiell erweitert. Später kamen drei neue Mitarbeiter aus der Wirtschaft hinzu – Mike Burns, Don Canning und Bob Eichinger – die uns weitere Türen geöffnet und uns dabei geholfen haben, unsere Ergebnisse richtig zu deuten. Bei der gewaltigen EDV-Codierung waren wir auf die besonderen Fähigkeiten von Betty Ann Bailey und Ginny Homes angewiesen. Als die Probandengruppe wuchs, gewannen wir Phil Bobko und Mark Applebaum als Berater in statistischen Fragen und Saralyn Griffitz für die Datenanalyse. Weitere Studien folgten, und Cindy McCauley, Marian Ruderman und Claire Usher schlossen sich dem Projekt an. Die Gesamtheit dieser Bemühungen resultierte in einem detaillierten Fachbuch, das die Ergebnisse der Studien dokumentierte und die Grundlage des vorliegenden Bandes bildet (Esther Lindsey, Virginia Homes und Morgan McCall, *Key Events in Executive Lives*, Greensboro, N.C.: Center for Creative Leadership, 1987).

Schließlich ging es an die mühsame Aufgabe, das Manuskript zusammenzustellen. Viele unserer Wissenschaftskollegen gaben uns ein wertvolles Feedback zu endlos scheinenden Entwürfen und überarbeiteten Entwürfen. Am Center gehörten dazu David DeVries, Bill Drath, Bob Kaplan, Esther Lindsey und Randy White. Außerhalb des Centers strapazierten wir die Geduld von Warren Bennis, Gene Cattabiani, Miriam Clark, Bob Eichinger, Jack Gabarro, Larry Kahn, Allan Kraut, Paula Litchfield, Joel Moses, Toni Ondrasik und Jay Thompson. Berkeley Rice half uns dabei, einige Teile des Buches neu zu gliedern, und stellte einige Abschnitte über frühe Berufserfahrungen zusammen. Gene Cattabieni und Jim Roberts erlaubten uns, sie ausführlich über weitere Einzelheiten zu befragen und das Gespräch aufzuzeichnen. Last but not least sind zu nennen Bob Bovenshulte, Generaldirektor von Lexington Books, sowie die Lektoren dieser Reihe, Ben Schneider und Art Brief, die uns ihr Vertrauen schenkten und wertvolle Anregungen lieferten. Wir danken allen für ihre Hilfsbereitschaft, aufmunternden Worte und konstruktiven Kommentare.

Die vielleicht schwerste Aufgabe von allen blieb unserem absolut erstklassigen Mitarbeiterstab unter Leitung von Tracy Dobbins überlassen, tatkräftig unterstützt von Marcia Horowitz und Linda Ravel. Dank auch an Patty Ohlott, die uns half, die Anmerkungen und bibliographischen Hinweise aufzuspüren und auf dem neuesten Stand zu halten. Für ihre Hilfe bei früheren Entwürfen des Manuskripts danken wir Cynthia Anthony, Martha Bennett, Tina Culp, Kris Dyson, Teri Hunter, Jeanese Joyner, B.J. Moore, Cindy Norris und Ellen Ramsey.

Wir danken Euch allen. Ohne Euch hätte dieses Projekt nie Gestalt annehmen können, und wir hoffen, daß Ihr unseren Stolz auf dieses Buch teilt. Ein Projekt wie dieses ist kostspielig und war nur möglich durch die anhaltende Unterstützung durch unsere gegenwärtigen und früheren Sponsoren aus der Wirtschaft – Sun Company, Union Carbide Corporation, Westinghouse Electric und Armco (unsere vier Gründungsmitglieder) sowie American Express, General Electric, Goodyear Tire and Rubber, Merrill Lynch, Nabisco Brands, PepsiCo und Pillsbury – und das Center for Creative Leadership. Die aktive Zusammenarbeit mit den Unternehmensvertretern, die mit uns gerungen haben (und vor allem nie die Geduld mit uns verloren) war eine bereichernde Erfahrung für uns. Unser besonderer Dank gilt Gene Andrews, Jesse Blackman, Kent Bradshaw, Mike Burns, John Butler, Joel DeLuca, Bob Eichinger, Bruce Franklin, Glenn Jeffries, Geri Kurlander, Jay Thompson und Ron Trowbridge. Gemeinsam haben wir bewiesen, daß die Zusammenarbeit zwischen Theoretikern und Praktikern zwar selten einfach, aber durchaus möglich ist.

> I'm sittin' and rockin' in front of the fire
> Thinkin' of things as they are
> And how all that I am is just pieces and parts
> Here's to the goodness and kindness I've shown

Here's to the people that I've treated wrong
Here's to mistakes that I wish I could change
Here's to the pride and the shame
And the growin' that comes with the pain.

I'm sitting' and rockin' in front of the fire
Thinkin' of things yet to be
How the present's a doorway that leads from the past
To a future that I've yet to see.
Here's to the man that I was in the past
Here's to the man that I am now at last
Here's to the man that I someday will be
Here's hopin' he's better than me
Because of these old memories.

– Mike Cross
*Rock'n Rye*
1980 Vic-Ray Publishing
(ASCAP)*

* Aus dem Album „Mike Cross – Rock'n'Rye" (Sugar Hill Records – Sh/GR
  – 1004). Nachdruck mit freundlicher Genehmigung.

# 1. FÜHRUNGSTALENTE FÖRDERN UND ENTWICKELN

Wenn Sie einen hochkarätigen Manager fragen, wieviel sein Unternehmen in die Weiterbildung von Führungskräften investiert, wird er Ihnen wahrscheinlich erzählen, wie hoch das Budget der Personalabteilung ist, wieviel das neue Ausbildungszentrum gekostet hat, wie viele Mitarbeiter im letzten Jahr zur Fortbildung nach Harvard geschickt wurden, wie viele festangestellte Personaltrainer das Unternehmen beschäftigt oder wie viele Fortbildungskurse das Unternehmen im Programm hat. Es ist schwer zu schätzen, wie hoch die jährlichen Investitionen in formale Aus- und Weiterbildungsmaßnahmen sind, aber zwei verschiedene Quellen setzen die Summe bei etwa 40 Milliarden Dollar an.[1]

Diese Zahl wäre schon eindrucksvoll genug, aber sie beziffert nur einen kleinen Teil der tatsächlichen Entwicklungskosten. Ein Manager verbringt die wenigste Zeit in einem Schulungsraum, was darauf hindeutet, daß die wesentliche Entwicklung in den anderen 99,9 Prozent der Zeit stattfindet. Mit anderen Worten, Menschen lernen bei der Arbeit, und die Kosten dieses Learning-by-doing sind Teil der Entwicklungsinvestitionen. Um die *tatsächlichen* Ausgaben für die Managementförderung auch nur annähernd richtig einzuschätzen, müßte man die Kosten berücksichtigen, die mit den entwicklungsbedingten Veränderungen der Aufgabenverteilung verbunden sind. Versetzungskosten, Gehaltserhöhungen, Leistungsabfälle, Fehler während des Lernprozesses und kostspielige Mißerfolge bei neuen Aufgaben können alle als Teil der Weiterbildungsinvestition betrachtet werden. Eine Firma schätzte zum Beispiel, daß ein gescheiterter Generaldirektor 500 000 Dollar kostet, die negativen Auswirkungen auf das Geschäftseinkommen nicht mitgerechnet.[2]

Wenn man den Schulungsraum und den Arbeitsplatz gleichermaßen berücksichtigt, sind die Entwicklungskosten astronomisch. Gingen daraus erfolgreiche Manager und Führungskräfte hervor, wäre das Geld gut angelegt, Ende der ganzen Geschichte. Aber leider ist es alles andere als klar, ob diese Investitionen sich auszahlen. Weiterbildungsinterventionen in Form von klassischen Unterrichtsaktivitäten sind greifbarer als On-the-Job-Erfahrungen und haben, obgleich schwer zu bewerten, erhebliche Forschungsanstrengungen ausgelöst. Vorsichtig ausgedrückt, haben diese Untersuchungen zu widersprüchlichen Ergebnissen geführt. Investitionen in formale Schulungsmaßnahmen sind nach wie vor eher eine Glaubensfrage als eine empirisch gerechtfertigte Maßnahme.

Ist es einerseits ungewiß, ob solche Unterrichtsmaßnahmen sich positiv auf die Entwicklung von Führungskräften auswirken, so ist es andererseits nahezu unerforscht, wie es sich mit dem Lernen durch praktische Erfahrung verhält. Wir wissen, daß berufliche Herausforderungen entscheidend für die Herausbildung von Führungsfähigkeiten sind,[3] und wir wissen, daß Unternehmen, die im Ruf einer hervorragenden Führung stehen, praktische Erfahrungen extensiv nutzen, um ihr Führungspotential zu fördern.[4] Aber wir wissen kaum etwas darüber, welche Erfahrungen wichtig sind, warum sie wichtig sind und was die einzelne Person daraus lernt. McCauley schrieb in einem kürzlich erschienenen Bericht über dieses Thema, sie habe bei der „Durchsicht der empirischen Literatur keine systematischen Studien zu den Erfahrungen oder Ereignissen gefunden, die für eine Führungslaufbahn relevant sein könnten".[5]

## Führungskräfte: Geboren oder gemacht?

Der Umstand, daß zehn- und vielleicht hundertstellige Milliardenbeträge in die Aus- und Weiterbildung fließen, ist Grund genug, die Förderungsmethoden genauer unter die Lupe zu nehmen, aber jede derartige Untersuchung beginnt mit Hypothesen über das Wesen der menschlichen – und insbesondere erwachsenen – Entwicklung.

Einige Manager, mit denen wir zusammengearbeitet haben, sind der Ansicht, Führungsqualitäten könne man nicht erlernen oder entwickeln. Entweder man hat sie oder man hat sie nicht. Andere Manager verhalten sich, als ob man jeden Lehmklumpen zu einer erfolgreichen Führungskraft formen oder zurechtkneten könnte. Extreme Verfechter des Egalitarismus sind der Ansicht, in jedem von uns stecke das Zeug zu einer erfolgreichen Führungskraft – man müsse nur noch die richtige Ausbildung oder Erfahrung finden, um dieses Potential freizusetzen.

16

So hitzig und unterhaltsam diese Debatten über Natur versus soziale Umwelt sein können, lenken sie uns doch ernsthaft von wirklichen Fortschritten in der Entwicklungsfrage ab. Auch wenn die Wissenschaft wahrscheinlich nie zu einem übereinstimmenden Ergebnis kommen wird, spricht doch vieles dafür, daß weder die eine noch die andere Theorie eine adäquate Erklärung liefert. Es steht mittlerweile außer Frage, daß einige prädisponierende Faktoren in erster Linie genetisch sind[6], oder zumindest so früh im Leben entwickelt werden, daß man in späteren Jahren wenig daran ändern kann. So scheint zum Beispiel die grundlegende geistige Kapazität angeboren zu sein.[7]

Ein weiteres Bündel von prädisponierenden Eigenschaften ist offenbar nicht genetisch bedingt, sondern eine Folge des Erwachsenwerdens – der Sozialisation in den Jahren vor dem Eintritt in die Berufswelt. Der Unterricht durch das Leben beginnt früh mit dem Einfluß von Familie, Gleichaltrigen, Schule, Sport und anderen Kindheitsereignissen, die den künftigen Manager formen.

Es ist unmöglich, eine umfassende Liste von allen Eigenschaften zu erstellen, die möglicherweise für den Führungserfolg relevant sein könnten, oder genau zu sagen, in welchen Altersstufen sie erworben werden. John Kotter schlug ein mögliches Szenario vor, das zum Teil in Abbildung 1.1 (siehe Seite 18) wiedergegeben ist. Kotter stellte fest, daß die von ihm untersuchten Generaldirektoren[8] einige gemeinsame Hintergrunderfahrungen besaßen, die zu ähnlichen Merkmalen wie Optimismus, emotionaler Stabilität und dem Wunsch nach Erfolg und Macht führten.

Zahllose Bücher haben sich mit der Frage beschäftigt, wie man den Führungserfolg durch das Messen von Persönlichkeitseigenschaften, kognitiven Fähigkeiten und Hintergrunderfahrungen prognostizieren kann, alle mit mäßigem Erfolg.[9] Selbst die ausgereifteste und kostspieligste Bewertungsmethode, das Assessment Center, kann in der Regel nur etwa 10 bis 20 Prozent der Unterschiede im Aufstieg von Führungskräften erklären.[10] Wichtiger als die mäßige Aussagekraft der endlosen Listen von Variablen und verschiedenen Leistungskriterien ist die unwiderlegbare Tatsache, daß Spitzenmanager nicht fertig aus dem Ei schlüpfen. Wie gut die Erbanlagen, das Familienleben oder die Ausbildung sein mögen, es gibt keine künftige Führungskraft, die einfach in ein Unternehmen spaziert und intuitiv weiß, wie man Dampfturbinengeneratoren an die Chinesen verkauft.

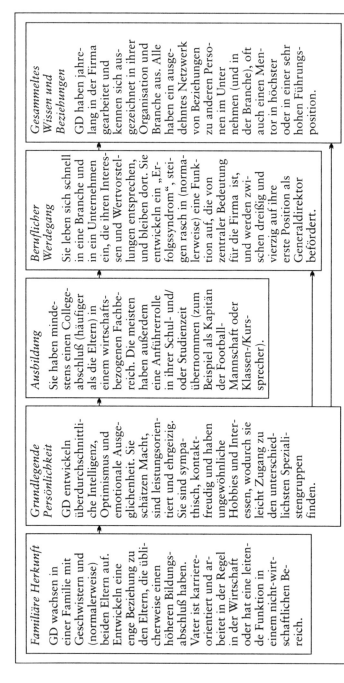

*Familiäre Herkunft*

GD wachsen in einer Familie mit Geschwistern und (normalerweise) beiden Eltern auf. Entwickeln eine enge Beziehung zu den Eltern, die üblicherweise einen höheren Bildungsabschluß haben. Vater ist karriereorientiert und arbeitet in der Regel in der Wirtschaft oder hat eine leitende Funktion in einem nicht-wirtschaftlichen Bereich.

*Grundlegende Persönlichkeit*

GD entwickeln überdurchschnittliche Intelligenz, Optimismus und emotionale Ausgeglichenheit. Sie schätzen Macht, sind leistungsorientiert und ehrgeizig. Sie sind sympathisch, kontaktfreudig und haben ungewöhnliche Hobbies und Interessen, wodurch sie leicht Zugang zu den unterschiedlichsten Spezialistengruppen finden.

*Ausbildung*

Sie haben mindestens einen Collegeabschluß (häufiger als die Eltern) in einem wirtschaftsbezogenen Fachbereich. Die meisten haben außerdem eine Anführerrolle in ihrer Schul- und/oder Studienzeit übernommen (zum Beispiel als Kapitän der Football-Mannschaft oder Klassen-/Kurssprecher).

*Beruflicher Werdegang*

Sie leben sich schnell in eine Branche und in ein Unternehmen ein, die ihren Interessen und Wertvorstellungen entsprechen, und bleiben dort. Sie entwickeln ein „Erfolgssyndrom", steigen rasch in (normalerweise) eine Funktion auf, die von zentraler Bedeutung für die Firma ist, und werden zwischen dreißig und vierzig auf ihre erste Position als Generaldirektor befördert.

*Gesammeltes Wissen und Beziehungen*

GD haben jahrelang in der Firma gearbeitet und kennen sich ausgezeichnet in ihrer Organisation und Branche aus. Alle haben ein ausgedehntes Netzwerk von Beziehungen zu anderen Personen im Unternehmen (und in der Branche), oft auch einen Mentor in höchster oder in einer sehr hohen Führungsposition.

Quelle: J.P. Kotter, *The General Managers* (New York: Free Press, 1982). Nachdruck mit freundlicher Genehmigung.

**Abbildung 1.1:** *Die Entwicklung von erfolgreichen Generaldirektoren*

Wer als Bewerber für eine Führungsposition in Frage kommt, bringt also möglicherweise viele Voraussetzungen mit, aber das Entscheidende ist, was am Arbeitsplatz mit ihm geschieht. Nur durch Erfahrung lernt man, wie das Geschäft läuft, wie man mit Vorgesetzten umgeht, wie man ehemalige Kollegen führt, wie man mit feindseligen ausländischen Regierungen verhandelt, wie man angespannte politische Situationen bewältigt oder nötigenfalls Mitarbeiter entläßt. Diese und viele andere Lektionen lernt man an vorderster Front, durch herausfordernde Aufgaben, durch gute oder schlechte Chefs und durch Fehler, Rückschläge und Mißgeschicke. Vielleicht sind Führungskräfte mit Eigenschaften gesegnet, die sie diese Dinge schneller lernen lassen, aber *lernen* müssen sie sie auf jeden Fall.

## Führungskräfte: Talent im Wachstum

Kotter zufolge dauert es zehn bis zwanzig Jahre, bis man eine Führungskraft „großgezogen“ hat.[11] Dieses Buch stellt die These auf, daß die Entwicklung in dieser Zeitspanne nicht nur vom Rohtalent, sondern auch von den gemachten Erfahrungen abhängt und davon, wie man sie nutzt. Genauer gesagt sind nicht alle Erfahrungen gleich beschaffen. Einige Erfahrungen treiben die Entwicklung einfach schwungvoller voran als andere. Darüber hinaus sind die Lehren, die man aus Erfahrungen zieht, nichts Zufälliges. Aus unterschiedlichen Erfahrungen lernt man unterschiedliche Dinge.

Wir sind der Ansicht, daß Firmen ihr Führungspotential weit besser fördern könnten, wenn sie Erfahrungen nicht wie bisher planlos, sondern gezielt nutzen würden. Unternehmen, denen ein besonders gutes Management nachgesagt wird, scheinen mehr Gebrauch von dieser Methode zu machen als weniger gut geführte Unternehmen[12], aber unser Wissen darüber, wie Führungskräfte durch Erfahrungen geformt werden, ist bestenfalls rudimentär. Wir beschreiben in diesem Buch einige der Erfahrungen, von denen Topmanager glauben, daß sie ihr Führungsverhalten nachhaltig geprägt haben, und wir erläutern, welche Lehren sie daraus gezogen haben. Wir zeigen einige Methoden auf, mit denen man das Entwicklungspotential einer beruflichen Erfahrung bewerten kann, und untersuchen die unterschiedlichen Lernanforderungen, die bestimmte Ereignisse stellen. Wir beschreiben, wie Manager ihre derzeitigen Erfahrungen besser nutzen könnten und machen schließlich einige Vorschläge, wie eine Organisation solche Erfahrungen gezielt als Förderinstrument anwenden könnte.

## Woher wissen wir das?

Die wissenschaftliche Suche nach Erkenntnis ist selten gut für absolute Wahrheiten. Das gilt sogar für die Physik: Als man gerade dachte, eine unumstößliche Wahrheit gefunden zu haben, warf kurz darauf die Newtonsche Kraft alles wieder über den Haufen.[13] In vielerlei Hinsicht sind die Sozialwissenschaften noch mehrdeutiger, immer noch auf der Suche nach den richtigen Fragen, ganz zu schweigen von den richtigen Antworten. Bei einer lebhaften Debatte mit Personalfachleuten aus Unternehmen, die unsere Forschung finanziell unterstützen, wurden wir mit einer berechtigten Frage konfrontiert: „Wir haben zu wenige Führungskräfte auf der Nachwuchsbank; wie können wir genügend Begabungen fördern, damit die Führung dieses Unternehmens auch in Zukunft gesichert ist?"

Diese Frage wurde uns im Jahr 1981 gestellt; sie schickte uns auf einen gewundenen Forschungsweg, der von Interviews über zeitlich unbegrenzte Meinungsumfragen bis hin zu verschickten Fragebögen reichte, der anfangs drei, schließlich jedoch mehr als ein Dutzend der größten US-Unternehmen umfaßte und der uns wiederholt an die vorderste Front führte, wo wir zusammen mit Personalfachleuten und Topmanagern versuchten, die gewonnenen Erkenntnisse in die Praxis umzusetzen. Dieses Buch ist eine Mischung aus diesen Erfahrungen, aber den Kern bilden vier Studien,[14] an denen 191 erfolgreiche Führungskräfte[15] aus sechs großen Unternehmen[16] teilnahmen. Sie alle antworteten auf die eine oder andere Version der folgenden Frage:

> Wenn Sie an Ihre Karriere als Manager denken, sind Ihnen sicher einige Ereignisse oder Episoden besonders stark in Erinnerung geblieben – Erlebnisse, die Ihr Führungsverhalten dauerhaft verändert haben. Bitte nennen Sie mindestens drei solcher Schlüsselerlebnisse in Ihrer Karriere, Ereignisse, die Ihren heutigen Führungsstil nachhaltig geprägt haben:
> 1. Was ist passiert?

2. Was haben Sie daraus gelernt (im positiven oder negativen Sinn)?

Die befragten Manager beschrieben 616 Ereignisse und 1547 damit verbundene Lektionen.[17] Bei den Erfahrungen handelte es sich allgemein gesprochen um Aufgaben (bestimmte Arbeiten, die den Managern übertragen wurden), um Vorgesetzte (andere Personen, die eine eigenständige Wirkung hatten) und um Härten (Rückschläge und schwere Zeiten). Diese drei Themenkomplexe werden in den Kapiteln 2, 3 und 4 dieses Buches erörtert.

## Die Stunde der Erfahrung?

Wir werden uns im Laufe dieses Buches immer wieder auf die „Lektionen" beziehen, die Topmanager ihren eigenen Angaben zufolge aus bestimmten Erfahrungen gelernt haben. Die Summe dieser Lektionen steht offenbar für einige grundlegende Führungsfähigkeiten und Denkweisen, die man nach einzelnen Themenschwerpunkten gliedern kann. In Abbildung 1.2 (siehe Seite 22) sind die einzelnen Lektionen, von denen Führungskräfte uns berichtet haben, aufgeführt und nach diesen Themen geordnet.[18]

Das erste Thema, das sechs einzelne Lektionen umfaßt, ähnelt dem, was John Kotter als „Aufstellen eines Aktionsplans" bezeichnet hat.[19] Kotter hat diesen Begriff bewußt gewählt, um die Methoden, mit denen Generaldirektoren tatsächlich die Richtung festlegen, von der formalen Strategieplanung zu unterscheiden. Die Aktionspläne der Generaldirektoren enthielten „locker verknüpfte Ziele und Pläne" mit unterschiedlichem Zeitrahmen, eine breite Palette von geschäftlichen Themen und sowohl „vage als auch spezifische Ziele und Pläne".[20] Diese Aktionspläne waren nur locker mit formalen Plänen verbunden.

Damit eine Führungskraft einen kurz- oder langfristigen Aktionsplan aufstellen kann, braucht sie einige Lektionen in geschäftlichem und technischem Wissen, in strategischem Denken, in der Übernahme von Führungsverantwortung und in alternativen Problemlösemethoden.

Die zweite Gruppe in Abbildung 1.2 (siehe Seite 22) enthält Lektionen über zwischenmenschliche Beziehungen. Die Arbeit mit und durch

*Aktionspläne aufstellen und umsetzen*
- Technische/fachliche Fähigkeiten
- Alles übers Geschäft
- Strategisches Denken
- Volle Verantwortung übernehmen
- Aufbau und Anwendung von Ordnungs- und Kontrollsystemen
- Innovative Methoden des Problemlösens

*Handhaben von Beziehungen*
- Handhaben von politischen Situationen
- Wie man Menschen dazu bringt, Lösungen umzusetzen
- Wie Führungskräfte sich benehmen
- Wie man mit Führungskräften zusammenarbeitet
- Verhandlungsstrategien
- Umgang mit Menschen, über die man keine formale Autorität hat
- Verständnis für andere Standpunkte
- Wie man Konflikte handhabt
- Mitarbeiter führen und motivieren
- Mitarbeiter fördern und entwickeln
- Auseinandersetzung mit Leistungsschwächen von Untergebenen
- Ehemalige Kollegen und Vorgesetzte führen

*Grundlegende Wertvorstellungen*
- Man kann nicht alles allein machen
- Sensibilität für die menschliche Seite des Management
- Grundlegende Führungswerte

*Führungscharakter*
- Nötigenfalls Härte zeigen
- Selbstvertrauen
- Situationen bewältigen, über die man keine Kontrolle hat
- Widrigkeiten standhalten
- Mehrdeutige Situationen bewältigen
- Gebrauch (und Mißbrauch) von Macht

*Selbsterkenntnis*
- Das Gleichgewicht zwischen Arbeit und Privatleben
- Welche Aspekte der Arbeit man wirklich spannend findet
- Persönliche Grenzen und wunde Punkte
- Verantwortung für die eigene Karriere übernehmen
- Chancen erkennen und nutzen

Siehe Esther Lindsey, Virginia Homes u. M.W. McCall, Jr., *Key Events in Executives' Lives*, Technical Report No. 32 (Greensboro, N.C.: Center for Creative Leadership, 1987), S. 227.

**Abbildung 1.2:** *Was man aus Erfahrung lernen kann*

andere bildet zweifellos das Herzstück der Führungstätigkeit. Die Fähigkeit, sich in andere Menschen einzufühlen, ist in dieser Hinsicht sicher eine Grundvoraussetzung. Aber die vielfältigen Lektionen, die diesem Thema zugeordnet sind, deuten darauf hin, daß man wahrscheinlich *unterschiedliche* Fähigkeiten braucht, um mit unterschiedlichen Menschen zurechtzukommen. Der erfolgreiche Umgang mit einem Mitarbeiter, den man früher zum Vorgesetzten hatte, erfordert zum Beispiel andere soziale Fertigkeiten als das Verhandeln mit einer ausländischen Regierung. In diesem Sinn gibt es offenkundig keine besonders herausragende interpersonale Fähigkeit. Topmanager müssen eine Vielzahl von interpersonalen Fähigkeiten entwickeln, weil sie mit den unterschiedlichsten Situationen und Menschen konfrontiert werden.

Das dritte Thema, grundlegende Wertvorstellungen, umfaßt drei Lektionen, die man als Leitprinzipien mit Implikationen für das allgemeine Verhalten betrachten könnte. Auch wenn ein Mensch zweifellos mit bestehenden Wertvorstellungen in eine Organisation eintritt, werden diese Grundsätze und neue Erfahrungswerte durch die spezifischen Herausforderungen der Organisationsumwelt immer wieder auf die Probe gestellt und umgeformt.

Die vierte Ansammlung von Lektionen – Führungscharakter – spiegelt wider, was eine Führungskraft „ausmacht". Diese Kategorie umfaßt einige der persönlichen Eigenschaften, die man braucht, um die Anforderungen und Mehrdeutigkeiten von Führungspositionen zu bewältigen. So muß eine Führungskraft die notwendigen Fertigkeiten entwickeln, um zwischen einer unkontrollierbaren Situation und einer Situation, die man durch persönliches Handeln beeinflussen kann, unterscheiden zu können; sie muß erkennen, wann man Härte demonstrieren und wann man Mitgefühl zeigen muß, und sie muß wissen, wann man flexibel reagieren und wann man am eingeschlagenen Kurs festhalten muß.

Fünf Lektionen beziehen sich schließlich auf ein Thema, das man als persönliche Einsicht bezeichnen könnte. Bei all diesen Lektionen spielt die Selbsterkenntnis eine große Rolle, sei es, daß man etwas über das Gleichgewicht von Arbeit und Privatleben lernt, über die Erwartungen, die man an seinen Beruf hat, oder über eigene Schwächen und wunde Punkte.

Es ist eine Sache, eine Liste mit Lektionen zusammenzustellen. Eine ganz andere Sache ist es, sie zu meistern. Diese Lektionen werden nicht mit faszinierender Klarheit vermittelt. Sie verbergen sich in komplexen, verwirrenden und mehrdeutigen Situationen. Sogar wenn sie auf dem Präsentierteller dargeboten werden, ist es schwer, sie richtig zu deuten. Vor allem Führungskräfte tappen beim Lernen anfangs durch einen dichten Nebel, der sich nur ganz langsam und sporadisch zu lichten beginnt. Die Lehren der Erfahrung sammeln sich an, entwickeln sich weiter, beeinflussen sich gegenseitig, gewinnen durch ihre Verknüpfung an Kraft, sitzen nicht gleich beim ersten Mal, bilden sich zurück und geraten wieder in Vergessenheit. Einige Lektionen sind viel schwerer zu lernen als andere, und das Allerschwerste ist oft, das Gelernte praktisch umzusetzen und für den Beruf zu nutzen.

Glücklicherweise sind diese Lektionen und die Themen, die sie zusammenhalten, nicht einfach eine bunte Mischung von angeborenen Eigenschaften, die jeder gern hätte. Die Lehren sind an bestimmte Erfahrungen gebunden und erhalten ihre Bedeutung aus diesem Kontext. So haben Führungskräfte zum Beispiel aus verschiedenen Quellen gelernt (siehe Kapitel 2), wie man Mitarbeiter führt und motiviert, zum Beispiel, indem sie etwas ganz Neues auf die Beine stellten oder ein Geschäft retteten, das in Schwierigkeiten steckte. Bei einer Startaktion hingen die Lektionen des Führens und Motivierens damit zusammen, daß der Manager andere Menschen inspirierte, indem er Seite an Seite mit ihnen arbeitete, in vertrackten Situationen eine klare Richtung vorgab und Schwierigkeiten standhielt. Der Manager mußte lernen, ein unerfahrenes Team in einer Situation zu motivieren, in der keiner wirklich wußte, wie es weitergehen würde. Im Gegensatz dazu erfordert die Aufpäppelung eines kränkelnden Unternehmens, daß man Widerstand und Inkompetenz überwindet und die Mitarbeiter dazu bewegt, gegebene Anweisungen zu befolgen. In dieser Situation bedeutet *Führen* und *Motivieren*, daß man andere Menschen überredet, manipuliert oder unter Druck setzt. Während Startaktionen im Motivieren unterrichten, unterrichtet Reorganisation im Führen. Hinter einer Lektion, deren Elemente auf der Liste qualitativ gleichwertig erscheinen, kann sich also eine tiefere und weitreichendere Bedeutung verbergen, die sich aus dem spezifischen Kontext ergibt und durch ineinandergreifende Lernprozesse verstärkt wird.

Weil wir diese tiefere Bedeutung bewahren möchten, erörtern wir

24

die Lektionen im Kontext der Ereignisse, die sie hervorgebracht haben. Abbildung 1.3 faßt die Entwicklungserfahrungen zusammen, die sich aus der Inhaltsanalyse der 616 beschriebenen Schlüsselerlebnisse ergaben. Wir werden in den folgenden Kapiteln ausführlich darauf eingehen.

Wenn wir diese Ereignisse besprechen, listen wir die damit verbundenen Lektionen auf und beschreiben den wichtigsten Lernschwerpunkt. Mit Lernschwerpunkt meinen wir, daß die Lektionen eine etwas andere Bedeutung annehmen, wenn man sie in ihrer Gesamtheit betrachtet, als wenn man sie einzeln betrachtet. So erwiesen sich Reorganisationen (nach Aussagen der Manager) als wichtige Quelle für elf verschiedene Lektionen; sie gaben zum Beispiel Unterricht im Übernehmen von Verantwortung, im Umgang mit Menschen, über die man

---

Die Weichen stellen
- Frühe Arbeitserfahrungen
- Erste Aufsichtstätigkeit

Führen durch Überreden
- Projekt-/Arbeitsgruppen
- Wechsel von Linie zu Stab

Führen an vorderster Front: Volle Verantwortung
- Etwas ganz Neues auf die Beine stellen
- Ein Unternehmen wieder flott machen
- Eine sprunghafte Erweiterung des Aufgabenumfangs

Wenn andere Menschen zählen
- Chefs

Härten
- Persönliches Trauma
- Karriererückschlag
- Radikaler Arbeitsplatzwechsel
- Geschäftliche Fehler
- Leistungsprobleme bei Untergebenen

* Zwei Ereignisse, „rein persönlich" und „Verlust von Wertvorstellungen", werden in diesem Buch nicht explizit behandelt. Sie werden aber ausführlich in Esther Lindsey et al. beschrieben, *Key Events in Executives' Lives*, Technical Report No. 32 (Greensboro, N.C.: Center for Creative Leadership, 1987). Ein weiteres Ereignis, „Kursarbeit" wird in Kapitel 6 erörtert.

**Abbildung 1.3:** *Entwicklungsereignisse**

keine formale Autorität hat, und in der Auseinandersetzung mit Leistungsschwächen von Untergebenen. Die Gesamtwirkung dieser Lektionen umfaßte mehr als die Summe ihrer Teile. Der Lernschwerpunkt war zweigeteilt: Zum einen lernten die Manager, hart und überzeugend aufzutreten, zum anderen lernten sie, hart und pragmatisch vorzugehen.

Die Schaubilder, die unsere Ausführungen zu den einzelnen Ereignissen begleiten, wiederholen das Schema von Abbildung 1.2. Wir heben darin noch einmal die spezifischen Lektionen hervor, die die Topmanager gelernt haben,[21] und fassen zusammen, wie wir die Gesamtwirkung dieser Lektionen bewerten.

## Der Wert der Praxis für die Weiterbildung von Führungskräften

Am Anfang dieses Kapitel stand die Behauptung, daß das Lernen durch praktische Arbeitserfahrungen zwar allgemein als wichtig anerkannt wird, aber nicht das Forschungsinteresse auf sich gezogen hat, das uns erlauben würde, diese Möglichkeit voll auszuschöpfen. Kotter kommt zu dem Schluß, daß die von ihm untersuchten Unternehmen, die alle im Ruf eines hervorragenden Managements stehen, besser in der Lage sind, Führungskräfte zu gewinnen, zu fördern, zu halten und zu motivieren. Er stellt die vielfältigen Maßnahmen vor, mit denen diese Firmen ihr Führungspotential fördern und weist zunächst darauf hin, daß sie „ihre knappen Entwicklungsressourcen auf diejenigen mit dem größten Potential konzentrieren". Wie werden die Unternehmen den Entwicklungsbedürfnissen ihrer Nachwuchsmanager gerecht? „Unter anderem steigern sie die Verantwortung der Positionen, schaffen spezielle Arbeitsplätze, bieten betriebsinterne und -externe Trainingsprogramme an, versetzen Mitarbeiter zwischen den Funktionen und Divisionen, weisen ihnen Mentoren und Trainer zu, geben ihnen ein Feedback über ihre Entwicklungsfortschritte und zeigen ihnen, wie sie ihre Entwicklung selbst gestalten können."[22]

Diese Dinge klingen alle unendlich vernünftig, bis man anfängt, sie in die Tat umzusetzen. Welche Art von Verantwortung muß ich steigern, damit eine Position die Entwicklung fördert? Wie schaffe ich einen speziellen Arbeitsplatz – welche Elemente muß er enthalten? Zu welchen Trainingsprogrammen soll ich die Mitarbeiter schicken und was sollen sie dabei lernen? Soll ich die Leute routinemäßig verschiedene Funktionen und Divisionen durchlaufen lassen oder nur unter bestimmten Umständen (und wenn ja, unter welchen Umständen)? Sollen wir Mentor- und Trainingsprogramme ansetzen, um Manager im Coaching zu unterrichten? Was für ein Feedback sollen wir geben, und wer soll es geben? Was bedeutet es für Mitarbeiter in einem gewinnorientierten Unternehmen, daß sie ihre Entwicklung selbst gestalten sollen?

Die von uns untersuchten Führungskräfte beantworteten einige dieser Fragen, füllten viele Lücken in unserem Wissen von Lernprozessen aus, erläuterten, warum manche Lernerfahrungen wertvoller sind als andere und äußerten einige überraschende Meinungen zu langgehegten Entwicklungsgrundsätzen. Wenn man näher untersucht, welche Aufgaben diesen Führungskräften besonders wichtig erschienen, erhält man einen Eindruck davon, wodurch sich eine berufliche Herausforderung auszeichnet; man erkennt, daß eine Erweiterung des Aufgabenumfangs nur eine von vielen Entwicklungsmöglichkeiten ist (Kapitel 2, Kapitel 5). Wenn man genauer betrachtet, was die Entwicklung vorantreibt und wodurch Menschen lernen, wie ein Geschäft läuft, stellt man fest, daß eine um ihrer selbst willen betriebene Job-Rotation ein fruchtloses Unterfangen sein kann; grenzüberschreitende Versetzungen sind nur sinnvoll, wenn der Manager neue Fertigkeiten erlernen muß, um bestimmte Unternehmensziele zu erreichen, oder wenn sich spezifische Führungsherausforderungen nur in anderen Bereichen stellen (Kapitel 6).[23]

Ob Trainingserfahrungen einen bleibenden Eindruck hinterließen, hing häufig vom richtigen Timing ab: Der Unterrichtsstoff mußte auf jeden Fall einen direkten Bezug zu einem konkreten Arbeitsziel des Managers haben. Etwas überraschend war, daß die Manager eine Stärkung des Selbstvertrauens zu den wichtigsten Lektionen zählten, die sie im Klassenzimmer gelernt hatten (Kapitel 5).

Mentoring, im Sinne einer langfristigen Schüler/Lehrer-Beziehung, spielte bei diesen erfolgreichen Topmanagern eine geringe oder gar keine Rolle. Bei ihrem rasanten Aufstieg hatten die Vorgesetzten so schnell gewechselt, daß die Manager selten länger als drei Jahre mit derselben Person zusammengearbeitet hatten. Wirklich wichtig schien in der Tat das genaue Gegenteil: eine bunte Mischung von vielen verschiedenen Vorgesetzten, guten und schlechten, die über außergewöhnliche Eigenschaften auf den unterschiedlichsten Gebieten verfügten (Kapitel 3).

Ein konstruktives Feedback, das von einer angesehenen Person gegeben wird, ist zweifellos eine gute und nützliche Sache. Aber die Manager berichteten, daß sie die wichtigsten Erkenntnisse über sich selbst und über ihre Stärken und Schwächen in der Regel nicht durch Beratungsgespräche gewonnen hatten. Unterricht in Bescheidenheit erteilten eher eigene Fehler, Auseinandersetzungen mit schwierigen Mitarbeitern, traumatische Erlebnisse und Karriererückschläge (Kapitel 4).

Daß Menschen lernen, ihre Entwicklung selbst in die Hand zu nehmen, ist aus gutem Grund eines der beiden Hauptziele dieses Buches. Wenn aufstrebende Manager und Führungskräfte besser verstehen, wie ungeheuer vielseitig Erfahrungen sind und welche Möglichkeiten sie eröffnen, können sie bessere Karriereentscheidungen treffen und die Lehren der Erfahrung besser nutzen. Aber in jeder Organisation sind den Einflußmöglichkeiten des einzelnen bestimmte Grenzen gesetzt. Ob es uns gefällt oder nicht, Unternehmen sind nicht in erster Linie damit beschäftigt, ihre Mitarbeiter zu fördern, und die Entwicklung wird immer ein sekundäres Ziel bleiben. Deshalb ist es das zweite Hauptanliegen dieses Buches, Organisationen zu zeigen, daß sie ihr Führungspotential weit effizienter fördern können, wenn sie das bestehende Angebot an praktischen Erfahrungen klüger und gezielter nutzen.

Der vielleicht größte Vorteil dieser Forschungsarbeit und ihrer Implikationen ist, daß sie *nicht* revolutionär sind. Sie greifen auf, was gut geführte Unternehmen und erfolgreiche Manager seit langem intuitiv tun, und bauen diese Grundlage weiter aus. Irgendwie ist uns schon klar, daß wir weit besser und bereitwilliger lernen, wenn wir voll gefordert werden, wenn wir etwas erreichen wollen, das uns wichtig ist. Wenn wir uns selbst überlassen bleiben, werden die Wißbegierigen sich selbst ihre Herausforderungen suchen, und viele Organisationen setzen ihre talentierten Mitarbeiter bereits routinemäßig schwierigen Situationen aus, um „zu sehen, was in ihnen steckt". Diese Studie lehrt uns, daß diese Methoden in die richtige Richtung weisen, aber sie zeigt auch, daß entwicklungsfördernde Erfahrungen und die Lehren, die man daraus zieht, nicht willkürlich sind. Sie folgen gewissen Regeln, gewissen Wahrscheinlichkeiten. Wir könnten die Entwicklung noch viel gezielter fördern, wenn wir die relevanten Erfahrungen ermitteln, anbieten und ausbauen, und wir könnten voraussagen, zumindest in groben Zügen, was man aus bestimmten Erfahrungen lernt.

# 2. Feuerproben:
## Aus übertragenen Aufgaben lernen[1]

Von der Tür des Hubschraubers aus beobachtete er, wie die Arbeiter mit ihren Kettensägen in den Dschungel herabgelassen wurden. Mehrere Tage lang stieg das wütende Kreischen der Sägen aus dem grünen Baldachin empor, bis schließlich eine genügend große Landefläche für einen Hubschrauber gerodet war. Mit diesem „bahnbrechenden" Akt begann der Aufbau einer neuen Niederlassung am Amazonas. Er sollte sich als symbolisch für die kommenden Schwierigkeiten erweisen.

Unser Manager war für alles verantwortlich – für 2000 Arbeiter, für die Kosten, für die Resultate. Er mußte sich mit einer feindseligen linken Regierung auseinandersetzen, in einer Sprache, die er erst nach seiner Ankunft gelernt hatte. Er mußte gegen Krankheiten kämpfen, mit politischen Unruhen fertigwerden und hilflos mitansehen, wie seine akribischen Pläne von launenhaften Beamten über den Haufen geworfen wurden. Aber allen Widrigkeiten zum Trotz wurde die Anlage gebaut und ist mittlerweile in Betrieb.

Zweifellos eine handfeste Erfahrung. Ein Paradebeispiel für Learning-by-doing. Aber was genau hat dieser Manager aus seinem Dschungelauftrag gelernt? „Na ja, zum einen findest du wirklich heraus, wie gut du dein Geschäft beherrschst, wenn du dich mit einer ausländischen Regierung herumschlagen mußt, die dir von einer Sekunde auf die andere sagen kann, daß du dich zum Teufel scheren sollst. Andere Dinge? Ich weiß nicht, es sind so viele, daß man sie kaum beschreiben kann, aber vor allem das überwältigende Gefühl, daß mir nichts Schlimmeres mehr passieren kann, wenn ich diese Sache heil überstehe."

Das war eine von über 300 Geschichten über eine bedeutsame Arbeitsaufgabe und ihre Auswirkungen auf die Entwicklung einer erfolgreichen Führungskraft. Genauer gesagt handelt es sich um eine der 34 Startaktionen, bei denen ein Manager etwas ganz Neues auf die Beine stellen mußte. In diesem Fall, wie bei fast allen beschriebenen Aufgaben, wurde die berufliche Herausforderung zur treibenden Kraft des Lernens.

Auch wenn unsere Studie sich mit der Beziehung zwischen Herausforderung und Lernen befaßt, deuten unsere und andere Untersuchungen[2] darauf hin, daß das Bewältigen anspruchsvoller Arbeitsaufgaben mit dem späterem Führungserfolg zusammenhängt. Bray und seine Mitarbeiter[3] bei At&T stellten fest, daß berufliche Herausforderungen, Streßbelastungen und unstrukturierte Aufgaben mit dem Führungserfolg verbunden sind; sie folgerten, daß Stabilität angesichts von Streß und Ungewißheit eine große Rolle in der Entwicklung von Führungskräften spielt.

Andere Studien gelangten zu ähnlichen Ergebnissen. MacKinnon[4] weist darauf hin, wie wichtig es ist, Führungskräfte mit anspruchsvollen Aufgaben zu betrauen, die ihre Fähigkeiten auf die Probe stellen, und Kotter[5] belegt, daß besser geführte Unternehmen dies in der Regel tun. Nach Jennings[6] zeigen Krisen (zweifellos eine mögliche Herausforderung), was Manager unter Streß leisten können, und verwandeln potentielle Begabungen in tatsächliche Begabungen. Schein[7] führt diesen Gedanken weiter aus und argumentiert, daß eine gute Führungskraft sich vor allem durch die Fähigkeit auszeichnet, schwierige Situationen emotional zu bewältigen – sie muß Entscheidungen unter risikoreichen und unsicheren Bedingungen treffen, in Krisen handeln, Verantwortung für die Aktionen anderer übernehmen und nötigenfalls Mitarbeiter entlassen. Dieser Standpunkt wird auch von Grey und Gordon[8] untermauert, die feststellten, daß risikofreudige Manager eher an die Spitze gelangen und sich dort länger halten. Hambrick[9] zufolge haben Führungskräfte, die sich in unsicheren Situationen behaupten können, mehr Macht in ihren Organisationen.

Es ist eine Sache, die Idee zu dokumentieren, daß berufliche Herausforderungen in ihren unterschiedlichen Ausprägungen wichtig sind. Schwieriger wird es, wenn man nachweisen will, wo und wie ein Manager die Fähigkeiten erwirbt, um solche anspruchsvollen Aufgaben zu meistern, und was er aus verschiedenen Herausforderungen lernt. Es gibt ein paar Hinweise auf wichtige Lektionen (zum Beispiel auf die Bedeutung lateralen und vertikalen Handelns), aber wir haben kaum Studien gefunden, die sich gezielt mit der Frage beschäftigen, wie erfolgreiche Führungskräfte diese Lektionen lernen.[10] Allerdings geben Untersuchungen über schlechte Führungskräfte Aufschluß über Lernversäumnisse. Skinner und Sasser[11] stellten fest, daß ineffiziente Manager ineffiziente Mitarbeiter duldeten und nicht über die notwendige Risikobereitschaft und Nervenkraft verfügten. Eine von Allen[12] durchgeführte Studie über Spitzenmanager kommt zu dem Schluß, daß Unentschlossenheit, ein Mangel an Initiative und Scheu vor Verantwortung die gravierendsten Führungsschwächen sind.

Alles in allem stimmen viele Forscher darin überein, daß berufliche Herausforderungen und besonders schwierige Aufgaben tatsächlich die besten Lehrer für vielversprechende Führungskräfte sind. Kotter[13] stellte fest, daß Unternehmen, denen ein besonders gutes Management nachgesagt wird, intensiven Gebrauch von beruflichen Herausforderungen machten, um ihren Nachwuchs zu fördern. Wir werden in diesem Kapitel ausführlich erörtern, welche Aufgaben die von uns befragten Führungskräfte als besonders herausfordernd empfanden und was sie ihren eigenen Angaben zufolge daraus gelernt haben.

Die Führungskräfte in unserer Studie waren in ihrer Karriere recht weit vorangeschritten und im Durchschnitt zwischen 40 und 45 Jahren alt. Als sie sich die Erfahrungen ins Gedächtnis riefen, die sie nachhaltig geprägt hatten, blickten sie auf einen Zeitraum von mehr als zwanzig Jahren zurück. Weil wir sie baten, nur drei Ereignisse aus dieser langen Karriere zu schildern, sind wir sicher, daß die ausgewählten tatsächlich eine dauerhafte Veränderung bewirkten.

Einige Manager erinnerten sich lebhaft an Erfahrungen aus den allererersten Anfängen ihrer Laufbahn – eine *frühe Arbeitserfahrung* in einem technischen oder funktionalen Fachbereich oder an ihre *erste Aufsichtstätigkeit*. Diese Erfahrungen schufen oft die Voraussetzungen für spätere, dramatischere Herausforderungen.

Viele Führungskräfte beschrieben Aufgaben, deren größte Herausforderung darin bestand, durch Überzeugen zu führen. Dazu gehörten konkrete, zeitlich begrenzte *Projekt-* und *Gruppenarbeiten* zur Lösung größerer geschäftlicher Probleme. Bei diesen Tätigkeiten handelte es sich normalerweise um kurzfristige Aufgaben mit klarer Zielsetzung, die zusätzlich zur laufenden Arbeit übernommen wurden und in der Regel einige Monate bis ein Jahr dauerten. Zu den Aufgaben, die Überzeugungsarbeit forderten, gehörten ferner *Wechsel von Linie zu Stab*. Die Manager verließen eine Linienstellung, in der sie die Verantwortung getragen hatten und ihre Leistung meßbar gewesen war, um einige Erfahrungen mit einer Stabstätigkeit zu sammeln. Ob in der Unternehmenszentrale oder einer Division, Stabsaufgaben forderten vom Manager, daß er sich in ein neues Fachgebiet einarbeitete – zum Beispiel

Marktforschung, Strategie- oder Finanzplanung. Die meisten Führungskräfte empfanden diese Aufgaben als geistige Herausforderung und als ein bißchen furchteinflößend.

Dann gab es Aufgaben, wie die eingangs beschriebene, bei der das Hauptgewicht auf der individuellen, vollverantwortlichen Führungstätigkeit lag. Diese Manager, die *etwas ganz Neues auf die Beine stellten*, schufen eine geschäftliche Unternehmung aus dem Nichts oder aus so gut wie nichts. Sie trugen die alleinige Verantwortung für den Bau einer neuen Betriebsstätte, für die Einführung einer neuen Produktlinie, den Start eines neuen Geschäftszweigs, für das Erschließen neuer Märkte oder die Gründung von Tochtergesellschaften. Andere berichteten von Aufgaben, die unter dem Motto standen: *„Mach den Laden wieder flott"* oder *„Reiß das Ruder herum"*. Bei diesen Aufgaben wurden Manager angewiesen, bestehende Unternehmen, die kränkelnd daniederlagen, auseinanderzunehmen und neu aufzubauen. Die Manager übernahmen ein vollständiges Schlamassel mit unerfahrenen Mitarbeitern, schlecht laufenden Produkten oder chaotischen Geschäftsbereichen. In der Regel hatten sie den Auftrag, den Geschäftsbereich zu reorganisieren, und in der Regel hatten sie keine Ahnung, wie das im einzelnen funktionieren sollte. Und dann gab es die am häufigsten berichtete Erfahrung, eine *sprunghafte Erweiterung des Aufgabenumfangs*. Dazu gehörte ein Anstieg der Verantwortung, die sowohl erweitert als auch verändert wurde. In extremen Fällen mußte sich der Manager bei einem solchen Verantwortungssprung in einen völlig neuen Geschäftsbereich einarbeiten und gleichzeitig mit einem massiven Anstieg der Mitarbeiterzahlen, Finanzmittel und Leitungsfunktionen fertigwerden.

Wie wir in diesem Kapitel aufzeigen werden, sind es nicht die Aufgaben an sich, die die Entwicklung vorantreiben. Jede dieser Aufgaben steht für eine bestimmte charakteristische Mischung von Elementen. Es geht darum, welche Anforderungen die Tätigkeit stellt, was der Manager *tun* muß, um die Aufgabe zu bewältigen: Bei einer Reorganisation muß er zum Beispiel Strategien entwickeln, um das Unternehmen zu retten, und gleichzeitig Leistungsschwächen der Mitarbeiter überwinden. Wir bezeichnen diese zentralen Herausforderungen und Schwierigkeiten als die „Kernelemente" einer Erfahrung, und sie sind es, die unserer Ansicht nach das Lernen steuern. Ob die Teilnahme an einer Arbeitsgruppe zu einer wichtigen Lernerfahrung wird oder gleich wieder in Vergessenheit gerät, hängt vermutlich vom Vorhandensein oder Fehlen bestimmter Kernelemente ab. Bei der Erörterung der einzelnen Aufgabentypen (und anderer Schlüsselerlebnisse) werden wir daher die Elemente beschreiben, aus denen sich die jeweilige Erfahrung zusammensetzt und die unserer Ansicht nach die Lernmöglichkeit schaffen. In Kapitel 5 geben wir einen zusammenfassenden Überblick über diese Elemente und erläutern die These, daß jede Arbeit, die solche Elemente umfaßt, die Entwicklung fördern kann. Kurz, es ist nichts Magisches an Reorganisationen oder Verantwortungssprüngen oder irgendeiner anderen Aufgabe. Es sind Situationen, in denen bestimmte Herausforderungen zusammentreffen, die den Manager zum Lernen zwingen, wenn er nicht scheitern will.

## Die Weichen stellen

Die im letzten Kapitel angesprochene Bedeutung von *frühen* beruflichen Herausforderungen ist von zahlreichen wissenschaftlichen Studien und Artikeln belegt. Eine Durchsicht der Forschungsliteratur zu diesem Thema kommt zum Beispiel zu folgendem Schluß: „Es ist klar ersichtlich, daß die ersten Erfahrungen in einer Organisation, wie zum Beispiel die ersten regulären Aufgaben, starke Auswirkungen auf den späteren Karriereverlauf haben."[14]

Eine Umfrage bei über 700 Topmanagern, die Charles Margerison und Andrew Kakabadse im Auftrag der American Management Association durchführten, ergab, daß „frühe Führungserfahrungen" zu den entscheidenden Einflüssen für die eigene berufliche Entwicklung gerechnet wurden. Diesen Unternehmensleitern zufolge ist Führung eine praktische Fertigkeit, die sich nur durch praktische Erfahrung, vorzugsweise vor dem dreißigsten Lebensjahr, erwerben läßt.[15]

Viele Forscher haben dies darauf zurückgeführt, daß wenig von dem, was im Studium oder sogar in Wirtschafsschulen gelehrt wird, die künftigen Manager tatsächlich auf die Praxis der Führungsarbeit vorbereitet. Wie William F. Dowling ausführt: „Es gibt kein Buch, in dem sie nachschlagen könnten, was sie tun müssen."[16] In einer weiteren Studie berichteten 73 Prozent der befragten Betriebswirte, daß sie ihre im Studium erworbenen Kenntnisse bei ihren ersten Führungstätigkeiten „nur marginal oder überhaupt nicht" anwenden konnten. Die Studie folgerte, daß „man zu führen lernt, indem man führt“[17].

Viele Untersuchungen der Führungsleistung ergaben, daß die soziale Kompetenz oder die Fähigkeit, mit „menschlichen Problemen“ umzugehen, die wichtigste und zugleich seltenste Eigenschaft bei jungen Managern ist. Wenige Hochschulabsolventen haben gelernt, wie man Untergebene motiviert, Kollegen überzeugt und beeinflußt oder skeptischen Vorgesetzten neue Ideen schmackhaft macht.

Edgar H. Schein weist in seinem Buch *Career Dynamics* darauf hin, daß sich die meisten Führungskräfte viel lieber mit technischen als mit menschlichen Problemen auseinandersetzen.[18] In der Tat halten offenbar viele Manager menschliche Probleme für „illegitime“ Übergriffe auf ihre Zeit und Arbeitskraft. Diese Haltung, so Schein, müssen sie „verlernen“, wenn sie auf eine Karriere als Führungskraft hoffen.

Doch für jene, die ihre ersten Führungstätigkeiten trotz allem erfolgreich meistern, kann der Erfolg zur Sucht und damit doppelt lohnend werden; das stellten Douglas Bray und Ann Howard fest, die eine Langzeituntersuchung über die Managerentwicklung bei AT&T durchführten. „Der Erfolg“, so Howard über eine Gruppe von Managern bei Bell System, „war eine lustvolle Erfahrung – ein Gefühl, das sie dazu motivierte, noch mehr Erfolge zu erringen. Ihre Kompetenz und ihr Selbstvertrauen stiegen an, was sie wiederum ermutigte, noch schwierigere Probleme in Angriff zu nehmen.“[19]

Die nachhaltige Wirkung von frühen beruflichen Herausforderungen zeigte sich bei den von uns befragten Managern sehr deutlich. Auch wenn die frühen Arbeitserfahrungen und ersten Aufsichtstätigkeiten weit zurücklagen, hielten viele Manager sie nach wie vor für ihre wichtigsten Entwicklungserfahrungen. Diese Art von Schlüsselerlebnissen hatte den Führungskräften, die davon berichteten, offenbar eine Einführung in die Grundlagen vermittelt – einige Lektionen über die tatsächlichen Abläufe in einer Organisation im Gegensatz zu dem, was man im Klassenzimmer gelernt hatte, und einige Lektionen über den Umgang mit Menschen. Diese Lektionen wiederholten sich bei anderen Erfahrungen, normalerweise in anspruchsvollerer Form und unter schwierigeren Bedingungen, aber gerade die frühzeitige Herausforderung erwies sich später oft als ungeheuer nützlich. Tatsächlich bedauerten einige Manager, daß solche Initiationserfahrungen mittlerweile selten geworden sind.

Ich begann meine Arbeit für das Unternehmen als Feldingenieur im Süden von Texas. Sie gaben mir eine Gehaltserhöhung von 25 Dollar, drückten mir eine Taschenlampe in die Hand und sagten: „Mach dich an die Arbeit."

Mein Job da draußen bestand darin, ein Öl- und Gasfeld 24 Stunden am Tag in Betrieb zu halten. Offen gesagt, war es einfach erheblich billiger für sie, einen Grünschnabel wie mich, der einen festen Monatslohn bekam, mit dieser Aufgabe zu betrauen, als ein Heer von Technikern für die regelmäßige Wartung zu bezahlen.

In den kalten texanischen Wintern froren regelmäßig die Leitungen zu, und ich wurde praktisch jede Nacht aus dem Bett geklingelt. Meine lebhafteste Erinnerung an diesen Job ist, daß ich sehr wenig Schlaf bekam. Wir wurden nicht gerade fürstlich bezahlt, und wir haben wirklich schwer gearbeitet. Aber wissen Sie, ich war jung, und wenn man jung ist, kann man solche Sachen ganz gut durchhalten. Ich denke, daß diese fünf Jahre, in denen ich das Feld in Betrieb hielt, mir persönlich sehr viel gebracht haben. Ich habe gelernt, mit vielen verschiedenen Menschen zusammenzuarbeiten, und ich habe erkannt, wie wichtig es ist, loyal zu ihnen zu stehen. Dieser Job hat mich auch gelehrt, was Disziplin bedeutet, und er hat mir Respekt eingebracht. In der Firma sagten sie von mir: „Er hat keine Angst vor schwerer Arbeit."

Als ich die Schule abgeschlossen hatte, war ich genauso unbedarft wie alle jungen Burschen dort. Ich verstand nicht die Bohne von Ölfeldern. Ich hatte keine Ahnung, wie die Pumpen und Maschinen funktionierten. Aber ich habe wirklich eine Menge gelernt, einfach weil ich Stunde um Stunde auf diesem Ölfeld verbracht habe, weil ich persönlich um drei Uhr morgens angerückt bin, um irgend etwas zu reparieren, obwohl ich mir nichts Schöneres vorstellen konnte, als mich zuhause aufs Ohr zu hauen. Ich mußte Entscheidungen treffen. Natürlich keine großen Sachen. Kleine Entscheidungen über irgendwelche Reparaturen. Aber ich mußte eben ganz allein entscheiden, wie man die Sache wieder in Gang bekam, ohne daß alles in die Luft flog. Schon dadurch, daß ich allein dort draußen auf dem Feld gearbeitet habe, in den kalten Winternächten, habe ich viel gelernt.

Ich denke, das ist eines der Probleme, die wir heute mit den jungen Leuten haben: Wir lassen sie nicht durch die harte Schule solcher Lernerfahrungen gehen. Wir holen sie frisch von der Uni und stecken sie sofort hinter einen Ingenieursschreibtisch. Wir geben ihnen von Anfang an Projekte, an denen sie arbeiten müssen. Aber sie haben nicht die Möglichkeit, die Dinge von der Pike auf zu lernen. Wir geben ihnen keine Gelegenheit, da draußen im Feld zu arbeiten, diese Pumpen und Maschinen selbst zu reparieren und Dinge zum Laufen zu bringen, von denen sie nicht einmal wissen, wie sie zusammengesetzt sind. Sie versäumen wirklich eine wertvolle Erfahrung.

Frühe Arbeitserfahrungen, die als wichtige Schlüsselerlebnisse beschrieben wurden, waren Debüts in der Geschäfts- oder Organisationswelt. Diese Erfahrungen, ob im Ingenieurswesen, beim Militär, im Rechnungswesen oder auf dem Ölfeld, zeichneten sich durch drei Grundelemente aus: Die Person wurde zum ersten Mal den Realitäten einer Organisation „ausgesetzt" (es war billiger, das Ölfeld von jemandem überwachen zu lassen, der monatlich bezahlt wurde); sie mußte sich in irgendeiner Form mit diesen Realitäten auseinandersetzen, vor allem mit jenen Aspekten, die außerhalb des eigenen Fachgebiets lagen, („Ich verstand nicht die Bohne von Ölfeldern. Ich hatte keine Ahnung, wie die Pumpen und Maschinen funktionierten."); und sie stellte fest, daß die Zusammenarbeit mit anderen Menschen – Kunden, Kollegen oder Vorgesetzten –, Probleme aufwerfen konnte („Ich habe gelernt, mit vielen verschiedenen Menschen zusammenzuarbeiten, und ich habe erkannt, wie wichtig es ist, loyal zu ihnen zu stehen.").

Was diese Leute aus ihrem ersten Job und frühen Arbeitserfahrungen lernten – zum Beispiel wie man seine Zeit einteilt oder wie man mit anderen Menschen auskommt – mag gestandenen Managern banal und selbstverständlich erscheinen. Aber für junge Menschen, die am Anfang ihrer Karriere standen, waren es wertvolle Lektionen, die sie in ihrer gesamten späteren Laufbahn beherzigten. Diese Lehren umfaßten einige Einsichten in die Realität einer Organisation, die sich am besten als „Willkommen in der Arbeitswelt" umschreiben lassen, ferner einige Erkenntnisse über Menschen und einige Erkenntnisse über sich selbst.

*Willkommen in der Arbeitswelt.* Bei vielen dieser Tätigkeiten handelte es sich um die erste Arbeitsstelle, die der Manager nach Abschluß seiner schulischen Ausbildung angetreten hatte. Der abrupte Wechsel vom Schüler- oder Studentenleben in die harte Realität der Arbeitswelt führte häufig zu einem unsanften Erwachen. Während der eine lernte, unausgeschlafen aufs Ölfeld zu gehen, erkannte ein anderer zum Beispiel, „daß es in der Geschäftswelt nicht immer ‚gerecht‘ zugeht; Glück und Beziehungen sind manchmal genauso wichtig wie harte Arbeit."

„Nach Abschluß des Studiums", berichtete ein weiterer Manager, „arbeitete ich drei Jahre bei einem Wirtschaftsprüfungsunternehmen. Ich mußte mich von dem rein akademischen Leben, das mir wirklich Spaß gemacht hatte, auf eine Welt mit sehr viel Druck, Überstunden und einigen schikanösen Vorgesetzten umstellen. Es war, als ob man noch einmal eine ganz neue Ausbildung durchlaufen würde – manchmal eine sehr frustrierende Erfahrung."

Alles in allem waren es simple Lektionen: Menschen entdeckten, daß sie in der Schule nicht alles gelernt hatten, was sie wissen mußten. Organisationen erwiesen sich als ganz neue Welt.

*Hunderterlei Leute: Menschenkunde am Arbeitsplatz.* Viele dieser jungen Leute hatten sich im College sehr gut geschlagen, stellten aber zu ihrer Überraschung fest, daß ihre neuen Tätigkeiten weit mehr als intellektuelle Fähigkeiten erforderten: „Am College", so ein Topmanager, „hatte ich nur das Ziel, in allen Fächern gute Zensuren zu erhalten. Die Arbeit war ein böser Schock. Wenn ich bei einer Collegeprüfung 86 Punkte bekam, hieß das mit anderen Worten, daß ich die meisten Fragen richtig beantwortet hatte. Aber bei der Arbeit stellte ich fest, daß man die Schlacht erst zu 10 Prozent gewonnen hatte, wenn man alle richtigen Antworten kannte: die restlichen 90 Prozent hingen davon ab, wie gut man mit anderen Menschen zusammenarbeitete. Das hatten wir am College nicht gelernt."

Sogar in diesen größtenteils weisungsgebundenen Tätigkeiten, oft bevor die künfigen Manager auch nur davon träumten, in die Vorstandsetage aufzusteigen, konnten sie einige wertvolle Lektionen über den Umgang mit anderen Menschen lernen – jedenfalls wenn sie die Augen offenhielten. Wie einer es ausdrückte: „Ich habe gelernt, wie die Leute in der Fabrik ihre Arbeit empfinden, was sie zu besseren Leistungen motiviert und was sie abstumpfen läßt." Ein anderer erzählte: „Ich habe die Erfahrung gemacht, daß alle Menschen im Grunde gleich sind, vom Hausmeister über die Sekretärin bis hin zum Betriebsleiter. Sie alle wollen dasselbe – daß man sie mit Respekt behandelt und ihre Leistungen anerkennt."

Mehr Verständnis für die Gefühle anderer Menschen – das war ein wiederkehrendes Thema in den Erinnerungen der von uns befragten Manager, und viele erklärten, daß sie dieses Wissen in ihrer späteren Laufbahn praktisch nutzen konnten. Wie einer es formulierte: „Ich habe gelernt, mich in einen einfachen Arbeiter einzufühlen. Ich habe erkannt, was wichtig für ihn ist, warum er denkt, wie er denkt, und warum man unbedingt ehrlich und gradeheraus mit ihm umgehen muß. Dieses Wissen hat mir später, als ich selbst Manager war, unschätzbare Dienste erwiesen."

*Selbsterkenntnis.* Das erfolgreiche Meistern der ersten beruflichen Herausforderungen gab einigen dieser Führungskräfte einen kräftigen Schuß Selbstvertrauen. Auch wenn die Manager nicht fünf Jahre lang ein Ölfeld beaufsichtigten, ohne es in die Luft zu sprengen, konnten frühe Tätigkeiten das Selbstwertgefühl stärken und dazu beitragen, daß der Manager zuversichtlich an weit schwierigere Aufgaben heranging. Wie ein Manager erklärte: „Es hat mein Selbstvertrauen gestärkt, daß ich mich mit vielen unterschiedlichen Aufgaben auseinandersetzen mußte und sie erfolgreich bewältigt habe. Und es hat mir den Respekt meines Vorgesetzten eingebracht." Ein anderer berichtete: „Ich habe gelernt, daß ich durch eigene Kraft und Intelligenz erfolgreich mit erfahreneren Kollegen konkurrieren konnte. Das hat mir eine Menge Vertrauen in mich selbst und in mein Können gegeben."

Frühe Arbeitserfahrungen boten auch den Vorteil, daß man ohne den Druck und die Verantwortung einer Managementposition in andere Geschäftsbereiche hineinschnuppern konnte. Wie ein Mann erklärte, als er auf eine solche relativ sorgenfreie Zeit zurückblickte: „Ich konnte Risiken eingehen und neue Methoden ausprobieren, ohne für einen Fehler schwer bestraft zu werden."

Oft resultierte das Selbstvertrauen auch aus der Erkenntnis der eigenen Anpassungsfähigkeit. Einige Manager merkten, daß sie eigene Lösungsstrategien für eine Aufgabe entwickeln konnten, obwohl ihnen die angeblich erforderlichen Fertigkeiten oder Kenntnisse fehlten. Mit anderen Worten, sie lernten zu lernen, während sie sich praktisch mit den Dingen auseindersetzten, oder sie lernten, ihre vorhandenen Fertigkeiten und Kenntnisse so gut wie möglich an neue Situationen anzupassen. Wie ein Mann es formulierte: „Ich habe festgestellt, daß ich Schläge einstecken, aus Fehlern lernen und mit Unsicherheit fertig werden konnte. Ich habe gelernt, mich auf das wirklich Wichtige zu konzentrieren, intuitiv zu spüren, welches der dreißig Buschfeuer sich zu einem wirklichen Waldbrand entwickeln könnte und mich damit zuerst zu beschäftigen."

Manchmal wurde den Managern durch diese frühen Erfahrungen sehr deutlich bewußt, was sie sich von einem Beruf erwarteten und was nicht. „Nach einem ernüchternden Jahr am College", berichtete eine Führungskraft, „arbeitete ich zunächst an der Fertigungsstraße in einer Fabrik. Aber nach sechs Monaten kehrte ich tagsüber auf die Schulbank zurück, während ich weiterhin volle Nachtschichten arbeitete. Ich beschloß, in die Chefetage dieser Fabrik aufzusteigen, weil ich überzeugt war, daß es bessere Methoden der Menschenführung geben mußte."

Ein weiterer Manager, ein früherer Ingenieur, erinnerte sich: „Der damalige Stellenwechsel machte mir bewußt, daß ich für die Produktion viel besser geeignet war als für die Qualitätskontrolle, für die ich ausgebildet war. Ich habe auch erkannt, daß die Produktion viel wichtiger für das Geschäft ist. Und mir wurde klar, daß ich genau dort hingehörte, wenn ich diesem Unternehmen irgend etwas erreichen wollte. Dieser Job stellte die Weichen für meine weitere Karriere."

Nicht alle frühen Arbeitserfahrungen waren interessant und fesselnd, aber sogar die trostlosen konnten wertvolle Lektionen erteilen. In einigen Fällen war es gerade die Stumpfsinnigkeit der frühen Tätigkeiten, die den jungen Menschen klar machte, daß sie mehr wollten als „bloß einen Job" oder nur eine Möglichkeit, um ihren Lebensunterhalt zu bestreiten. „Nach dem College", so einer der Manager, „arbeitete ich für eine kleine Wirtschaftsprüfungsfirma in meiner Heimatstadt. Aber die monotone Arbeit und die Oberflächlichkeit der Kollegen haben mich wachgerüttelt. Ich fing an, ernsthaft über meine Zukunft nachzudenken und zu überlegen, was ich mit meinem Leben anfangen wollte. Ich beschloß, weiter zur Schule zu gehen und einen höheren Abschluß zu machen, um nicht in einer untergeordneten Position hängenzubleiben."

Wie in Abbildung 2.1 (siehe Seite 42) zusammengefaßt, boten demnach frühe weisungsgebundene Tätigkeiten ein Smörgåsbord an Lektionen, die einige Manager auf die Herausforderungen ihrer späteren „großen Zeit" vorbereiteten. Ähnliches galt für die erste Führungstätigkeit, die vielen Managern einen ersten Eindruck von den Realitäten der Organisationswelt verschaffte.

### Die erste Aufsichtstätigkeit

Im Alter von 24 Jahren wurde ich ohne die geringste Vorwarnung auf meine erste Führungsposition als Leiter des Büro- und Wartungsservice befördert. Ich übernahm die Stelle von einem Mitarbeiter, der einen Herzinfarkt erlitten hatte und der 15 Jahre lang in der Position gewesen war. Ich hatte damals absolut keine Erfahrung mit irgendwelchen Führungsaufgaben, und plötzlich war ich dafür verantwortlich, den Bedarf von 600 Mitarbeitern zu decken.

Ich fand schnell heraus, daß es wesentlich leichter war, die technisch richtige Antwort zu kennen, als sie den Leuten schmackhaft zu machen, die sie praktisch umsetzen sollten. Um ein guter Manager zu sein, mußte ich den technischen Kleinkram vergessen. Nach und nach habe ich erkannt, daß man nicht unbedingt versuchen muß, die Arbeit seiner Untergebenen besser zu verstehen als sie selbst und trotzdem kompetent sein kann.

Außerdem habe ich gelernt, daß man Rücksicht auf die Gefühle von Kollegen und Freunden nehmen muß, wenn man ihr Vorgesetzter wird. Man muß sich klar machen, daß man es nicht jedem recht machen und nicht immer gewinnen kann. Zumindest einige werden immer der Ansicht sein, daß eigentlich sie auf deinem Posten sitzen sollten. Aber die meisten Leute wollen Führung und reagieren positiv auf jemanden, der eine klare Richtung vorgibt. Damals habe ich etwas Wichtiges gelernt: daß Führung genausoviel zum Erfolg einer Organisation beiträgt wie die Technik.

Das Führungsdebüt als kleiner Vorgesetzter oder als Abteilungsleiter, ob in einem Wirtschaftsunternehmen oder beim Militär, wurde für einige Teilnehmer unserer Studie zu einer zentralen Entwicklungser-

*Einzelne Lektionen*

*Aktionspläne aufstellen und umsetzen*
- Technische/fachliche Fähigkeiten
- Alles übers Geschäft
- STRATEGISCHES DENKEN
- Volle Verantwortung übernehmen
- Aufbau und Anwendung von Ordnungs- und Kontrollsystemen
- INNOVATIVE METHODEN DES PROBLEMLÖSENS

*Handhaben von Beziehungen*
- Handhaben von politischen Situationen
- WIE MAN MENSCHEN DAZU BRINGT, LÖSUNGEN UMZUSETZEN
- Wie Führungskräfte sich benehmen
- Wie man mit Führungskräften zusammenarbeitet
- VERHANDLUNGSSTRATEGIEN
- Umgang mit Menschen, über die man keine Autorität hat
- Verständnis für andere Standpunkte
- Wie man Konflikte handhabt
- Mitarbeiter führen und motivieren
- Mitarbeiter fördern und entwickeln
- Auseinandersetzung mit Leistungsschwächen von Untergebenen
- Ehemalige Kollegen und Vorgesetzte führen

*Grundlegende Wertvorstellungen*
- Man kann nicht alles allein machen
- Sensibilität für die menschliche Seite des Management
- Grundlegende Führungswerte

*Führungscharakter*
- NÖTIGENFALLS HÄRTE ZEIGEN
- Selbstvertrauen
- Situationen bewältigen, über die man keine Kontrolle hat
- Widrigkeiten standhalten
- MEHRDEUTIGE SITUATIONEN BEWÄLTIGEN
- Gebrauch (und Mißbrauch) von Macht

*Selbsterkenntnis*
- Das Gleichgewicht zwischen Arbeit und Privatleben
- Welche Aspekte der Arbeit man wirklich spannend findet
- Persönliche Grenzen und wunde Punkte
- Verantwortung für die eigene Karriere übernehmen
- Chancen erkennen und nutzen

> *Die wichtigsten Lernschwerpunkte*
>
> - Eintritt in die Arbeitswelt. Erste Kostproben von der Realität führen zu der Einsicht, daß es noch viel zu lernen gibt, was in der Schule nicht unterrichtet wurde.
> - Menschen am Arbeitsplatz. Erkenntnisse über die Verschiedenartigkeit von Menschen und über die Dinge, die sie motivieren.
> - Selbsterkenntnis. Vertrauen auf die eigene Fähigkeit, in einer Organisation zu bestehen und neue Situationen zu handhaben.
>
> Siehe Esther Lindsey, Virginia Homes u. M.W. McCall, Jr., *Key Events in Executives' Lives*, Technical Report No. 32 (Greensboro, N.C.: Center for Creative Leadership, 1987), S. 203–213.

**Abbildung 2.1:** *Was man aus frühen Arbeitserfahrungen lernen kann*

fahrung. Diese erste Aufsichtstätigkeit machte ihnen klar, daß zu einem guten Management mehr gehörte als technischer Sachverstand oder Handbücher über Arbeitsabläufe. Einige lernten darüber hinaus, daß eine Führungskraft, auch wenn sie nur für eine kleine Gruppe oder Abteilung verantwortlich ist, herausfinden muß, wie deren Aktivitäten – und eigene Entscheidungen – mit den Aktivitäten und Entscheidungen der Gesamtorganisation zusammenhängen. Diese erweiterte Sichtweise führte sie in die Anfangsgründe des strategischen Denkens ein.

Aber auch wenn erste Aufsichtstätigkeiten einige Lektionen über größere Zusammenhänge und das Entwickeln von Plänen und Strategien boten, lag der Lernschwerpunkt auf der Menschenkunde.

Wenn eine künftige Führungskraft aus dem Heer der Mitarbeiter in ihre erste leitende Position aufsteigt, muß sie offenbar als allererstes lernen, daß das Management eine Kunst für sich ist, die sich stark von der reinen Fachkompetenz unterscheidet und ganz eigene, komplexe Fertigkeiten verlangt. Manchen schien die Fähigkeit, andere Menschen zu führen, wie von selbst in den Schoß zu fallen. Andere mußten es lernen, was ein mühsamer und manchmal schmerzlicher Prozeß sein konnte.

Um erfolgreich zu führen, mußten diese frischgebackenen Vorgesetzten zuerst lernen, die psychologischen Bedürfnisse ihrer Untergebenen zu erkennen und einfühlsam darauf zu reagieren. Wenn sich die vorherige Ausbildung und Erfahrung auf die engen Grenzen des Verkaufs, der Technik oder Finanzen beschränkte, stellten die Vorgesetzten häufig zu ihrem Erstaunen fest, daß sie ihre Mitarbeiter nicht wie Zahlen in einer chemischen Gleichung behandeln konnten. Andere zu notwendigen Handlungen zu bewegen, erwies sich als psychologisch schwierige Aufgabe, die es erforderlich machte, viele neue Fähigkeiten zu erlernen. Dazu gehörte, daß man sich den Respekt und das Vertrauen der Mitarbeiter verdienen mußte – eine Grundvoraussetzung erfolgreicher Führung. Ingenieure (die eine große Gruppe in unserer Studie bildeten) fanden es offenbar besonders schwierig, sich vom Lösen technischer Probleme auf das Lösen menschlicher Probleme umzustellen, vielleicht weil das menschliche Verhalten einfach nicht den strengen Gesetzen der Logik folgt und nicht so präzise berechenbar ist, wie Techniker es gewohnt sind. Ein Ingenieur, der gerade auf seine erste Managementposition befördert worden war, lernte das auf die harte Tour:

> Als ich zum ersten Mal eine Gruppe von Entwicklungsingenieuren leitete, ging ich auf typische Ingenieursmanier ans Management heran. Ich las alles über Leistungsbeurteilungen, und machte mich mit Feuereifer daran, Leistungen zu beurteilen. Ich erzählte den Leuten in allen Einzelheiten, was sie falsch machten und was sie richtig machten. So viel Feedback hatten sie noch nie bekommen. Aber ich habe diesen Ingenieuren den letzten Nerv getötet, und beinahe die Moral der Organisation untergraben. Ich war eindeutig kein erfahrener Lehrer. Also suchte ich mir Hilfe. Ich habe schließlich gelernt, daß man, um ein guter Manager zu sein, die Gesetze der Psychologie kennen muß, so wie man als guter Ingenieur die Gesetze der Physik kennen muß.
> Ich habe ungeheuer viel daraus gelernt – man kann die Erfahrungen, die man in einem bestimmten Beruf sammelt, nicht einfach auf einen anderen übertragen. Wenn man in einen neuen Beruf geht, sollte man so viel wie möglich darüber lernen, bevor man den Sprung macht. Du mußt dich gründlich über die Unterschiede informieren, damit du deine Erfahrungen nicht in einem Bereich anwendest, in dem sie völlig unbrauchbar sind.

Wer zum ersten Mal eine Führungsposition übernahm, machte die Erfahrung, daß Probleme im Umgang mit Menschen in vielerlei Gestalt auftreten konnten. So standen zum Beispiel viele junge Offiziere vor dem Problem, daß ihre Untergebenen älter waren als sie, und der höhere Rang allein konnte dieses Problem nicht lösen:

> Meine erste Führungserfahrung machte ich als junger Leutnant, gleich nach der Offiziersschule mit 21 Jahren. Ich stand einer Einheit von 18 Leuten vor, die fast alle älter und erfahrener waren als ich. Zuerst versuchte ich, den Chef zu markieren, aber es war eine Katastrophe. Ich brauchte ungefähr ein Jahr, um zu begreifen, daß der Führende die Aufgabe hat, seinen Leuten zu dienen, und dieser Lernprozeß hat mich einige Freunde gekostet. Diese Erfahrung hat meine Führungsauffassung mehr als jedes andere Erlebnis beeinflußt.

Wer diese Art von Verantwortung zum ersten Mal übernahm, hielt die Menschenführung oft irrtümlich für ein Kinderspiel. Aber die Grundlektion der ersten Aufsichtstätigkeit war, daß Menschen Probleme bereiten können. „Ich habe gelernt, daß Menschen unterschiedlich sind", erklärte ein Manager, „und daß man nicht jeden auf die gleiche Weise führen kann."

Schon bevor sie in eine leitende Stellung aufstiegen, hatten einige dieser jungen Leute herausgefunden, wie wichtig ein gutes Verhältnis zu Arbeitskollegen ist. Aber in ihrer neuen Position als Manager mußten sie lernen, eben diese Kollegen zu führen, eine Fähigkeit, auf die nur wenige vorbereitet waren. Die potentiellen Lektionen dieser ersten Führungserfahrungen sind in Abbildung 2.2 (siehe Seite 46) zusammengefaßt.

## Dakapo

Die ersten Berufserfahrungen, ob in leitender oder rein weisungsgebundener Funktion, erwiesen sich in jedem Fall als fundamentales Vermächtnis für die weitere Entwicklung. Organisationen sind eine Welt für sich, und die Arbeit in ihnen ist wie eine neue Ausbildung. Man trifft auf Menschen in allen Größen und Ausführungen – und eine erfolgreiche Zusammenarbeit beginnt damit, daß man sie versteht. Das sind die Grundlektionen, und man lernt sie in Situationen, die einem rückblickend relativ simpel vorkommen. Diese Grundlektionen, die einem zunächst wie ein Kinderspiel erscheinen, wiederholen sich

*Aktionspläne aufstellen und umsetzen*
- Technische/fachliche Fähigkeiten
- Alles übers Geschäft
- STRATEGISCHES DENKEN
- VOLLE VERANTWORTUNG ÜBERNEHMEN
- Aufbau und Anwendung von Ordnungs- und Kontrollsystemen
- Innovative Methoden des Problemlösens

*Handhaben von Beziehungen*
- Handhaben von politischen Situationen
- WIE MAN MENSCHEN DAZU BRINGT, LÖSUNGEN UMZUSETZEN
- Wie Führungskräfte sich benehmen
- Wie man mit Führungskräften zusammenarbeitet
- Verhandlungsstrategien
- Umgang mit Menschen, über die man keine formale Autorität hat
- Verständnis für andere Standpunkte
- Wie man Konflikte handhabt
- Mitarbeiter führen und motivieren
- Mitarbeiter fördern und entwickeln
- Auseinandersetzung mit Leistungsschwächen von Untergebenen
- EHEMALIGE KOLLEGEN UND VORGESETZTE FÜHREN

*Grundlegende Wertvorstellungen*
- Man kann nicht alles allein machen
- SENSIBILITÄT FÜR DIE MENSCHLICHE SEITE DES MANAGEMENT
- Grundlegende Führungswerte

*Führungscharakter*
- Nötigenfalls Härte zeigen
- Selbstvertrauen
- Situationen bewältigen, über die man keine Kontrolle hat
- Widrigkeiten standhalten
- Mehrdeutige Situationen bewältigen
- Gebrauch (und Mißbrauch) von Macht

*Selbsterkenntnis*
- Das Gleichgewicht zwischen Arbeit und Privatleben
- Welche Aspekte der Arbeit man wirklich spannend findet
- Persönliche Grenzen und wunde Punkte
- Verantwortung für die eigene Karriere übernehmen
- Chancen erkennen und nutzen

**Abbildung 2.2:** *Was man aus der ersten Aufsichtstätigkeit lernen kann*

unter schwierigeren Bedingungen, sie werden komplizierter und vielschichtiger.

Die Lektionen werden immer schwieriger, weil die Situationen schwieriger werden. Frühe Arbeitserfahrungen können kompliziert erscheinen – und sind es zu jenem Zeitpunkt tatsächlich –, aber im Vergleich zu späteren Herausforderungen, mit denen eine Führungskraft konfrontiert wird, sind die Kernelemente relativ unkompliziert. Aber wer das Glück hatte, wertvolle Lernerfahrungen bei seinen ersten Aufgaben zu sammeln, verfügte über ein solides Grundlagenwissen, das ihm später, wenn die Herausforderungen größer wurden, zugute kam.

## Führen durch Überzeugen

Auch wenn frühe Arbeitserfahrungen im nachhinein als wichtige Entwicklungsereignisse bewertet wurden, umfaßten diese Tätigkeiten entweder gar keine oder nur die allergrundsätzlichsten Führungsherausforderungen. In der Regel kamen die komplizierteren Führungslektionen erst, wenn die Situationen schwieriger und komplexer wurden. Ironischerweise erforderten einige der härtesten Führungssituationen, daß man andere Menschen zum Handeln bewegte, wenn sie nicht dazu verpflichtet und vielleicht auch nicht dazu bereit waren. Während Anfangstätigkeiten relativ harmlose Varianten dieses Problems mit sich brachten, stiegen die Anforderungen und die Risiken bei einigen Projekt- oder Arbeitsgruppen und bei vielen Stabstätigkeiten drastisch an. Solche Aufgaben stellen hohe Ansprüche an die Überredungskunst, weil Autorität und Verantwortung hier selten in einer Hand liegen und man endlos darüber rätseln kann, wer die Sache eigentlich leitet.

47

Eine erfolgreiche Führungskraft muß in ihrer Karriere immer wieder unter Beweis stellen, daß sie andere Menschen überreden und beeinflussen kann, unabhängig von ihrer offiziellen Weisungsbefugnis. Projekt-/Arbeitsgruppen und Wechsel von Linie zu Stab bieten die Chance, diese Fähigkeiten zu lernen. Und sie haben den zusätzlichen Vorteil, daß sie den Manager zwingen, die Welt aus einer anderen Perspektive zu betrachten. Wer ein Produkt oder Projekt sehr gründlich und von allen Seiten betrachtet, zum Beispiel in der Rolle des Stabsanalytikers, sieht die Welt möglicherweise mit ganz anderen Augen als eine Linienkraft, die ihren Blick „gekonnt über die Oberflächen" schweifen läßt.[20]

Man könnte tatsächlich argumentieren, daß einige der allergrößten Führungsherausforderungen außerhalb der Linie zu finden sind. Angenommen Sie sollen eine Empfehlung für das Topmanagement ausarbeiten, zu einer Frage, die von großer strategischer Bedeutung für das Unternehmen ist. Stellen Sie sich die Herausforderung vor, wenn Ihr Bericht auf Sach- und Insiderinformationen basieren soll, von denen Sie nicht die geringste Ahnung haben, wenn Sie keinen direkten Vorgesetzten (nur einige Stabsmitarbeiter) um Rat bitten können, wenn sie den Auftrag innerhalb eines lächerlich kurzen Zeitraums ausführen müssen und wenn Sie wissen, daß Ihre Karriere davon abhängt, ob sie gute Argumente vortragen (worauf Sie einen gewissen Einfluß haben) und ob ihre Empfehlung zu einem geschäftlichen Erfolg führt (worauf Sie unter Umständen überhaupt keinen Einfluß haben).

### Entwicklungsfördernde Projekt- und Gruppenarbeiten

Ein Projekt- oder Gruppenauftrag stieß bei den Managern häufig auf wenig Begeisterung, auch wenn sie ihn im nachhinein als wichtige Lernerfahrung bewerteten. Die neue Aufgabe mußte häufig zusätzlich zu einer ohnehin schon aufreibenden Tätigkeit übernommen werden, war von großer Bedeutung für die Organisation (und daher ständig im Blickfeld der Unternehmensleitung) und hatte meistens einen festen (und eng gesteckten) Zeitrahmen (sechs bis zwölf Monate).

Die Führungskräfte beschrieben drei typische Aufgabenstellungen bei Projekt- und Gruppenarbeiten: Die Manager sollten neue Ideen ausprobieren oder neue Systeme installieren; sie sollten Verträge mit externen Parteien aushandeln, zum Beispiel mit Joint Venture-Partnern, Gewerkschaften und ausländischen Regierungen; oder sie wurden als Feuerwehrleute in brenzlige Situationen geschickt, zum Beispiel wenn es einen schweren Unfall gegeben hatte oder eine Betriebsschließung anstand. Unabhängig vom spezifischen Aufgabentyp hätte man jede dieser Projekt-/Gruppenarbeiten auch mit „Dies ist ein Test" umschreiben können. Lernte der Manager etwas Neues? Kam er mit Personengruppen zurecht, mit denen er vorher noch nie zusammengearbeitet hatte? Löste er die Aufgabe schnell genug? Konnte er dem Druck des für alle sichtbaren Erfolgs oder Mißerfolgs standhalten? Ebenfalls unabhängig vom Aufgabentyp lag der Lernschwerpunkt bei Projekt- und Gruppenarbeiten auf zwei Bereichen: Die Manager lernten, mit der eigenen Unwissenheit umzugehen (was für einen technischen oder funktionalen Experten das erste Mal sein kann), und sie lernten, wie man andere Personen, über die man keine Weisungsbefugnis hat, zur Kooperation bewegt (was extrem schwierig sein kann, wenn sehr viel auf dem Spiel steht).

*Man kann nicht alles wissen.* Viele Manager beginnen ihre Karriere in einem technischen oder funktionalen Fachbereich, zum Beispiel als Ingenieur, Jurist oder Finanzexperte, und steigen aufgrund ihrer hervorragenden Fachkompetenz auf. Projektaufgaben katapultieren sie in eine Welt, in der ihre bisherigen Fertigkeiten mitunter wenig bedeuten, oder wo andere über weit mehr Kenntnisse verfügen als sie.

Eine Führungskraft wurde zum Beispiel in ein geheimes Akquisitionsteam versetzt, das eine Lieferfirma für Computerteile aufkaufen sollte. Der Mann wußte wenig über die Akquisition und da das Projekt geheim war, konnte er nicht offen nach den dringend benötigten Informationen fragen. Aber als er den Verdacht entwickelte, daß etwas an dem Geschäft faul war, brach er die Verhandlungen ab – gegen den Rat seiner vorgesetzten Manager. Später verschwand die Firma, die man um ein Haar akquiriert hätte, abrupt vom Markt, und das Urteil des Managers erwies sich als richtig. Er war das Risiko eingegangen, sich dem oberen Management zu widersetzen, in einem Bereich, in dem er ein Neuling war. Es war eine wertvolle Erfahrung für ihn, aus der er nicht nur lernte, daß er neuen Situationen gewachsen war, sondern auch, wie wichtig es sein konnte, zu seiner Überzeugung zu stehen und dem eigenen Urteil zu vertrauen.

Solche Projektaufgaben stellen den Manager an einen Scheideweg.

Er kann den bequemen Weg wählen, das heißt auf gewohnte Weise vorgehen und seine ganze Kraft in den Versuch stecken, sich so schnell wie möglich zum Experten zu mausern. Immerhin hat sein fachliches Können ihn bisher immer zum Erfolg geführt, warum sollte es also diesmal anders sein? Der andere Weg ist dunkel und unüberschaubar und erfordert, daß man sich auf ein unbekanntes Wagnis einläßt. Wer diesen Weg beschreitet, muß die Illusion der fachlichen Allwissenheit aufgeben und statt dessen die Fähigkeiten anderer nutzen, um das Projekt erfolgreich abzuschließen.

Ein Manager, der diesen dunklen Weg einschlug, beschrieb seine Erfahrungen so:

> Ich war Marketingexperte und erhielt den Auftrag, das allererste Computerisierungsprojekt unserer Firma in die Wege zu leiten. Damals waren Rechenmaschinen unsere modernste Technik. Ich machte mich also an die Arbeit, obwohl ich nicht einmal genau wußte, was ein Computer war, und stieß auf diese Computerfreaks, die bereit waren, unsere Arbeitsabläufe zu revolutionieren. Vielleicht war meine Unwissenheit meine Rettung, denn schließlich konnte ich mich schlecht in Pose werfen, wenn ich von nichts eine Ahnung hatte. Wie auch immer, ich sagte jedenfalls: „Also Leute, laßt mich drei Dinge klarstellen. Erstens, Ihr habt einen Leiter, der absolut nichts von Computern, aber eine Menge vom Marketing versteht, also können wir viel voneinander lernen. Zweitens, ich habe keine Angst, dumme Fragen zu stellen und zu sagen ‚Ich weiß es nicht‘, also solltet Ihr auch keine Angst davor haben. Drittens, laßt uns nicht zu viel über unsere Unterschiede nachgrübeln. Laßt uns sehen, was wir tun können, um dieses System zum Laufen zu bringen, und während wir dabei sind, sollten wir die Kunst des Marketing zwanzig Jahre weiterbringen."

So vernünftig das klingen mag – die meisten Manager wählen den anderen Weg. Man hält sich lieber an das, was man kennt, oder vertieft sich in die technischen Einzelheiten eines neuen Gebiets, während man gleichzeitig zur beliebteste Ausrede eines mittelmäßigen Managers greift: „Tu nichts, bevor du nicht alle Informationen hast."

Dieser Ansatz unterstellt, daß ein Manager der überlegene Experte sein muß, der die Materie beherrscht und andere entsprechend führt – ein technischer Leiter für alle Gelegenheiten, ein wandelndes Lexikon fachlicher Brillanz. Einige mögen das Arroganz nennen, und das stimmt vielleicht zum Teil, aber häufiger resultiert eine solche Überzeugung aus der Angst, daß man die Kontrolle verlieren könnte, daß man als inkompetenter Grünschnabel entlarvt wird oder – größtes Schreckgespenst – öffentlich bei einem Fehler ertappt wird.

Aber der Test bei einer Projektaufgabe ist nicht, ob ein Manager ein neues Fachgebiet in sechs Monaten beherrscht. Der wahre Test und eine wichtige Frage für jede komplexe Organisation ist: „Kannst du etwas Neues *managen*, ohne es zuvor zu *meistern*?" Was wirklich auf die Probe gestellt wird – wie bei dem Marketingsexperten mit dem Computerprojekt – ist die Fähigkeit, schnell zu lernen: Bist du in der Lage, die richtigen Fragen zu stellen, das Wesentliche zu begreifen und mit anderen zusammenarbeiten, um die Aufgabe zu lösen?

*Du mußt den Standpunkt des anderen verstehen.* Der zweite Lernschwerpunkt bei Projektaufgaben hing damit zusammen, daß die Führungskraft gezwungen war, mit und durch andere zu arbeiten. Weil der Manager nicht die Fachkenntnisse hatte, über die seine Mitarbeiter verfügten, er aber trotzdem für das Umsetzen der Projektziele verantwortlich war, mußte er irgendeine gemeinsame Grundlage finden.

Für den Marketingleiter, der mit dem Computerprojekt betraut wurde, bedeutete die Schaffung einer gemeinsamen Basis, daß er sich aus zwei Richtungen an das Problem heranarbeitete. Er mußte sich für Computer und ihre Möglichkeiten begeistern, und er mußte die Computerfreaks motivieren, jede erdenkliche Computeranwendung in Betracht zu ziehen, nicht nur die allgemeinen administrativen und rechnerischen Anwendungen, auf die sie spezialisiert waren. Gemeinsam entwickelten sie eines der ersten computergesteuerten Marktforschungsprogramme, weil es ihnen gelang, zwei unterschiedliche Fachgebiete – Marketing und Computer – miteinander zu verknüpfen. „Das Entscheidende war immer wieder, daß wir diese Sache als Team bewältigten. Ich habe selten auf meine Autorität gepocht, auch wenn ich anderer Meinung war als sie. Immerhin hätten wir ein gravierendes Problem gehabt, wenn sie nicht tatsächlich wesentlich mehr von der Materie verstanden hätten als ich."

Die von uns befragten Manager haben alle in der einen oder anderen

Form gelernt, daß sie ihre Ziele nur umsetzen konnten, wenn sie erfolgreich mit anderen zusammenarbeiteten, über die sie wenig Autorität und wenig Kontrolle hatten. Außerdem erkannten sie, daß es gar nicht darum ging, Macht oder Kontrolle auszuüben; entscheidend war vielmehr, daß man andere durch Geduld und Verständnis überzeugte. Sie merkten, daß man nur gewinnen konnte, wenn man die Meinungen anderer ernst nahm und gemeinsame Ziele entwickelte.

Darüber hinaus gewannen sie an Selbstvertrauen, wenn sie fremde Standpunkte einnehmen konnten und unbekannte Probleme bewältigten. Aber die Hauptwirkung von Projekterfahrungen war das Gefühl, einen wichtigen Übergang geschafft zu haben. Ein erfolgreich abgeschlossenes Projekt erweiterte den Horizont des Managers und befreite ihn mit einem Schlag von seiner früheren Kurzsichtigkeit („Ich muß der Experte sein"). Viele gestanden sich selbst zum ersten Mal ein, daß sie weder jede technische Einzelheit wissen mußten noch jede Handlung innerhalb einer Arbeitsgruppe kontrollieren konnten. Mitunter lief die Führung letzten Endes darauf hinaus, daß man innehielt, Fragen stellte und andere Meinungen anhörte. „Du mußt verstehen, wie *sie* die Welt sehen – sie sehen sie anders als du." „Wenn du sie auf deine Seite ziehen willst, mußt du in ihre Haut schlüpfen." „Sie [japanische Geschäftsleute] respektieren dich erst, wenn du Erbsen mit Stäbchen essen kannst." Konkreter können Lektionen nicht sein. (In Abbildung 2.3 (siehe Seite 54) sind die Lektionen der Projekt- und Gruppenarbeit zusammengefaßt).

### Wechsel von Linie zu Stab

Einige Manager in unserer Studie wurden für ein oder zwei Jahre in eine Stabsposition versetzt, manchmal auch regelrecht gezerrt. Alle hatten vorher eine reine Linientätigkeit ausgeübt, bei der sie für klare Gewinn- und Verlustzahlen verantwortlich waren. Mit dem Wechsel zu einer Stabsaufgabe befanden sie sich plötzlich auf unbekanntem Terrain. Der Manager mußte für gewöhnlich in die Unternehmenszentrale umziehen und mit Führungskräften zusammenarbeiten, die einige Stufen über ihm standen, und sich gleichzeitig mit einem neuen Fachgebiet herumschlagen. Die übertragenen Aufgaben waren vielfältig: Am häufigsten wurden den Managern bestimmte Arbeiten in der Planungs- und Finanzanalyse zugewiesen. Seltener wurden sie mit Aufgaben in den Bereichen allgemeine Verwaltung, Forschung und Entwicklung, Training und Personal oder Produktivitätsverbesserung betraut.

Die erklärten Ziele dieser Stabsaufgaben waren vielfältig: Sie sollten der Führungskraft Einblicke in andere Seiten des Geschäfts gewähren, sie mit der Unternehmensstrategie und -kultur vertraut machen und mit den obersten Führungskräften des Unternehmens zusammenbringen. Aber Stabsaufgaben stellten auch noch andere Anforderungen. Bei Führungskräften, die an klar strukturierte Arbeiten mit klar definierten Zuständigkeiten gewöhnt waren, lösten Stabsaufgaben Unbehagen aus. Das war zum Teil darauf zurückzuführen, daß die Aufgaben eher abstrakt als konkret waren, und eher strategisch als taktisch. Aber das Frustrierendste an Stabsaufgaben war, daß die Führungsleistung nicht an dem Kriterium gemessen werden konnte, das die Manager kannten und respektierten – an dem, was unterm Strich herauskam.

Wie bei Projektaufgaben gab es auch beim Wechsel zu Stabstätigkeiten zwei Lernschwerpunkte: Das Bewältigen mehrdeutiger Situationen und ein besseres Verständnis der Unternehmensstrategie und -kultur.

*Lernen, mit komplizierten Situationen umzugehen.* „Ich war nie zuvor in einer Position ohne konkretes Grundgeschäft", berichtete eine Führungskraft. „Es war zwar eine geistige Herausforderung, aber ich hatte Probleme mit der Sterilität – diese ganzen Zahlen hatten etwas Totes. Die Sache hat mir nicht sehr viel Spaß gemacht, auch wenn es aufregend war, die hohen Tiere hautnah zu erleben."

Viele Manager arbeiten ungern in der Unternehmenszentrale, vielleicht weil sie den Eindruck haben, daß sie nichts Greifbares schaffen. Sie überreden, sie empfehlen und gelegentlich sehen sie, daß etwas auf ihre Veranlassung hin geschieht. Aber sie führen keine handfeste Arbeit aus. Noch schlimmer ist vielleicht, daß es keine Verkaufszahlen, Produktionspläne oder Gewinnerklärungen gibt, die ihnen bestätigen, daß sie tatsächlich gute Arbeit leisten.

Die Manager in unserer Studie lernten, daß der Schlüssel zum Umgang mit mehrdeutigen Situationen im Sammeln und Ordnen von Informationen lag. Der Wechsel zu einer Stabstätigkeit führte zu ähnlichen Erkenntnissen wie eine Projektaufgabe: Man mußte auf die Fähigkeiten anderer vertrauen, Fragen stellen, um das Wichtigste her-

*Aktionspläne aufstellen und umsetzen*
- Technische/fachliche Fähigkeiten
- Alles übers Geschäft
- Strategisches Denken
- Volle Verantwortung übernehmen
- Aufbau und Anwendung von Ordnungs- und Kontrollsystemen
- Innovative Methoden des Problemlösens

*Handhaben von Beziehungen*
- Handhaben von politischen Situationen
- Wie man Menschen dazu bringt, Lösungen umzusetzen
- Wie Führungskräfte sich benehmen
- WIE MAN MIT FÜHRUNGSKRÄFTEN ZUSAMMENARBEITET
- VERHANDLUNGSSTRATEGIEN
- Umgang mit Menschen, über die man keine formale Autorität hat
- Verständnis für andere Standpunkte
- WIE MAN KONFLIKTE HANDHABT
- Mitarbeiter führen und motivieren
- Mitarbeiter fördern und entwickeln
- Auseinandersetzung mit Leistungsschwächen von Untergebenen
- Ehemalige Kollegen und Vorgesetzte führen

*Grundlegende Wertvorstellungen*
- Man kann nicht alles allein machen
- Sensibilität für die menschliche Seite des Management
- Grundlegende Führungswerte

*Führungscharakter*
- Nötigenfalls Härte zeigen
- SELBSTVERTRAUEN
- Situationen bewältigen, über die man keine Kontrolle hat
- Widrigkeiten standhalten
- MEHRDEUTIGE SITUATIONEN BEWÄLTIGEN
- Gebrauch (und Mißbrauch) von Macht

*Selbsterkenntnis*
- Das Gleichgewicht zwischen Arbeit und Privatleben
- Welche Aspekte der Arbeit man wirklich spannend findet
- Persönliche Grenzen und wunde Punkte
- Verantwortung für die eigene Karriere übernehmen
- Chancen erkennen und nutzen

*Die wichtigsten Lernschwerpunkte*

*Verständnis für andere Standpunkte*

Weil andere Personen über Sachkenntnisse verfügten, die dem Manager fehlten, und er die Situation häufig nicht beeinflussen konnte, lernte er zu begeistern, zu überreden und Fragen zu stellen, um auf diese Weise herauszufinden, was die anderen dachten. Er nutzte dieses Wissen, um gemeinsame Ziele und Strategien zu entwickeln, die zum erfolgreichen Abschluß des Projekts beitrugen.

*Das Streben nach fachlicher Überlegenheit aufgeben.*

Der Manager eignete sich schnell die wichtigsten Grundkenntnisse in einem neuen Sachgebiet an. Er änderte seine Einstellung und wandelte sich vom fachkundigen Praktiker zu einer Führungskraft, die Arbeiten delegiert und auf die Fähigkeiten anderer vertraut.

Siehe Esther Lindsey, Virginia Homes u. M.W. McCall, Jr., *Key Events in Executives' Lives*, Technical Report No. 32 (Greensboro, N.C.: Center for Creative Leadership, 1987), S. 41–54.

**Abbildung 2.3:** *Was man aus Projekt- und Arbeitsgruppen lernen kann*

auszufinden, und neue Sachgebiete Stück für Stück in Angriff nehmen. Aber auch wenn der Manager die Informationen zusammengetragen hatte, blieb das Bild unvollständig, weil er ein Szenario des hypothetisch Möglichen entwerfen sollte. Und dieses Szenario mit all seinen Ungewißheiten bildete normalerweise die Grundlage für die Empfehlungen oder Präsentationen, die man dem Topmanagement geben mußte.

Sogar der selbstsicherste Manager fand es nervenaufreibend, in einen Raum voller Unternehmensleiter zu marschieren und sich über ein Thema auszubreiten, von dem er vor sechs oder zwölf Monaten kaum gewußt hatte, daß es überhaupt existierte. Die intellektuelle Herausforderung gepaart mit der offenkundigen Prüfungssituation zehrte an den Kräften. Viele erinnerten sich noch lebhaft daran, daß sie vor ihrer ersten Präsentation Blut und Wasser geschwitzt hatten.

Von solchen Präsentationen hing einiges ab. Gleichgültig, welches Thema behandelt wurde, meistens ging es um wichtige Entscheidungen, und gleichgültig, was man sagte, es mußte auf jeden Fall forsch, richtig und aufschlußreich klingen. „Informationen sind das A&O der Führung“, sagte ein Manager. „Deine Argumente sollten also Hand und Fuß haben, und du solltest an das glauben, was du sagst. Du kannst ruhig zugeben, wenn du etwas nicht weißt, aber du darfst auf keinen Fall einen Rückzieher machen, wenn du einen Punkt sorgfältig vorbereitet hast. Dann fangen die Leute an, sich zu fragen, was du dort treibst, wenn du keine eigene Meinung hast.«

Wenn die Führungskräfte an ihre ersten Präsentationen zurückdachten, stand eine zentrale Lektion im Vordergrund: Das Wichtigste war, daß man sich eine eigene Meinung bildete und den Mut faßte, sie öffentlich zu vertreten. Wenn sie ihren Standpunkt einmal behauptet hatten, gleichgültig mit welchem Ergebnis, verloren sie die Angst vor mehrdeutigen Situationen und sahen sie mit anderen Augen. Die Mehrdeutigkeit des Unbekannten verlor ihren bedrohlichen Charakter und wurde zu etwas, mit dem man sich abfinden mußte. »Die Ambiguität ist einfach da«, erklärte eine Führungskraft. »Du wirst nie alle Informationen haben, und mußt trotzdem handeln.«

*Unterricht in Unternehmensstrategie und -kultur.* Die Manager berichteten, daß sie im Lauf von entwicklungsrelevanten Stabsaufgaben wichtige fachliche Kenntnisse sammelten und allmählich verstanden, wie ein Unternehmen auf äußere Bedingungen reagieren muß – auf Kunden, Wettbewerber, Behördenvertreter und Wall Street-Analytiker.

Sie lernten, daß Wissen und Intuition gleichermaßen wichtig waren, wenn man auf äußere Veränderungen reagieren und entsprechende Anpassungen vornehmen wollte. Die Wirksamkeit einer Strategie hing davon ab, ob der Manager die Erfolgschancen ein bißchen steigern konnte, indem er verschiedene Szenarien durchspielte, alternative Lösungen in Betracht zog und ein Problem unter vielen unterschiedlichen Blickwinkeln betrachtete.

Obwohl diese Manager noch keine Strategien festlegten, erkannten sie allmählich, welche Einstellung dazu erforderlich war. Strategien waren Zukunftsprognosen von fehlbaren Menschen. »Wenn man überlegt, wie man eine Akquisition finanzieren will«, erklärte ein Finanzleiter, »kann man mit Finanzierungsmodellen die schlechten Methoden ausschließen, aber es bleiben immer noch mindestens fünf Alternativen übrig. Es gibt kein Computerprogramm, daß dir die Zukunft voraussagt. Also läuft es letzten Endes immer wieder auf das menschliche Urteilsvermögen hinaus.«

Indem die Manager etwas über Strategien lernten, lernten sie gleichzeitig etwas über geschäftliche Möglichkeiten; aber welche geschäftlichen Möglichkeiten realisierbar waren, hing von der einzelnen Unternehmenskultur ab: Wie groß war die Risikobereitschaft des Unternehmens und wie behandelte es seine Mitarbeiter? Wenn die Manager erkannten, welche Gesetze die Unternehmenskultur steuerten, wußten sie auch, was in ihrer spezifischen Umwelt tatsächlich möglich war.

Diese Erkenntnis der bestehenden Möglichkeiten wurde von zwei Hauptfaktoren bestimmt: vom Wesen des Firmengeschäfts und von der Haltung der Führungsspitze. Ein stabiles Unternehmen in einem stabilen Wirtschaftszweig zeichnete sich selten durch eine hohe Risikobereitschaft aus. Eine Firma, in der es üblich war, jede Aktion zu besprechen und jedermanns Zustimmung einzuholen, begünstigte kein schnelles und entschlossenes Handeln. Um sich in einer gegebenen Unternehmenskultur erfolgreich zu behaupten, mußten die Manager lernen, innerhalb der Normen und Wertvorstellungen ihrer Organisation zu arbeiten.

Aus Stabsaufgaben lernten die Manager etwas über die Strategie, die Kultur und die Risikobereitschaft ihres Unternehmens, weil sie die Einstellung des Topmanagement zu diesen Fragen aus erster Hand kennenlernten. Wie andere Entwicklungsaufgaben führten auch ein- oder zweijährige Stabsaufgaben zu einer veränderten Denkweise, in diesem Fall von einem eher taktischen zu einem mehr strategischen Denken. Die Manager erkannten allmählich die größeren Zusammenhänge, in denen Entscheidungen getroffen wurden; sie lernten, daß es zu den Aufgaben einer Führungskraft gehört, Zukunftstrategien zu entwickeln, daß sie es aber anderen überlassen muß, diese Strategien in die Praxis umzusetzen. (Die Lektionen der Stabsaufgaben sind in Abbildung 2.4 aufgeführt [siehe Seite 58].)

### Überredung und Strategie

Wenn Projekt-/Arbeitsgruppen oder Wechsel von Linie zu Stab die Kernelemente enthalten, die zum Lernen zwingen, können sie künftige Manager mit der Unternehmensstrategie vertraut machen und ihnen beibringen, wie man Probleme in den Griff bekommt, auch wenn wichtige Schlüsselfiguren fehlen. Aber trotz dieser und anderer Lektionen, die man aus solchen Erfahrungen lernen kann, reichen sie nicht aus. Führen durch Überzeugen ist wichtig, aber Manager müssen auch ihre

*Aktionspläne aufstellen und umsetzen*
- TECHNISCHE/FACHLICHE FÄHIGKEITEN
- ALLES ÜBERS GESCHÄFT
- STRATEGISCHES DENKEN
- Volle Verantwortung übernehmen
- Aufbau und Anwendung von Ordnungs- und Kontrollsystemen
- Innovative Methoden des Problemlösens

*Handhaben von Beziehungen*
- Handhaben von politischen Situationen
- Wie man Menschen dazu bringt, Lösungen umzusetzen
- WIE FÜHRUNGSKRÄFTE SICH BENEHMEN
- WIE MAN MIT FÜHRUNGSKRÄFTEN ZUSAMMENARBEITET
- Verhandlungsstrategien
- Umgang mit Menschen, über die man keine formale Autorität hat
- Verständnis für andere Standpunkte
- Wie man Konflikte handhabt
- Mitarbeiter führen und motivieren
- Mitarbeiter fördern und entwickeln
- Auseinandersetzung mit Leistungsschwächen von Untergebenen
- Ehemalige Kollegen und Vorgesetzte führen

*Grundlegende Wertvorstellungen*
- Man kann nicht alles allein machen
- Sensibilität für die menschliche Seite des Management
- Grundlegende Führungswerte

*Führungscharakter*
- Nötigenfalls Härte zeigen
- Selbstvertrauen
- Situationen bewältigen, über die man keine Kontrolle hat
- Widrigkeiten standhalten
- MEHRDEUTIGE SITUATIONEN BEWÄLTIGEN
- Gebrauch (und Mißbrauch) von Macht

*Selbsterkenntnis*
- Das Gleichgewicht zwischen Arbeit und Privatleben
- Welche Aspekte der Arbeit man wirklich spannend findet
- Persönliche Grenzen und wunde Punkte
- Verantwortung für die eigene Karriere übernehmen
- Chancen erkennen und nutzen

*Die wichtigsten Lernschwerpunkte*

*Einsichten in die Unternehmensstrategie und -kultur*

Die Manager entwickelten mehr Verständnis für die unternehmens- und branchenspezifischen Rahmenbedingungen, unter denen man die geschäftlichen Möglichkeiten betrachten mußte, und erkannten, daß auch die Unternehmenskultur einen erheblichen Einfluß darauf hatte, welche Möglichkeiten realisierbar waren.

*Das Bewältigen von mehrdeutigen Situationen*

Die Manager lernten, mit eigenen Ängsten umzugehen, wenn sie mit hochkarätigen Führungskräften über Fragen verhandeln mußten, für die es keine eindeutigen Antworten und wenig greifbare Lösungen gab. Sie entwickelten die erforderlichen Einstellungen, um geschäftliche Risiken einzugehen, die mit der grundlegenden Unternehmensstrategie im Einklang standen.

Siehe Esther Lindsey, Virginia Homes u. M.W. McCall, Jr., *Key Events in Executives' Lives*, Technical Report No. 32 (Greensboro, N.C.: Center for Creative Leadership, 1987).

**Abbildung 2.4:** *Was man aus Wechseln von Linie zu Stab lernen kann*

Autorität einsetzen und volle Verantwortung übernehmen – kurz, Führungsarbeit an vorderster Front leisten. Die Fähigkeiten, die man für diese Art von Führung brauchte, lernte man nicht durch die Ambiguität und die unklaren Zuständigkeiten von Stabstätigkeiten, nicht durch die gemeinsame Verantwortung einer Arbeitsgruppe oder durch die klare Zielvorgabe einer Projektaufgabe. Wie an anderer Stelle ausgeführt, muß man auch als vollverantwortliche Führungskraft in der Lage sein, andere zu überzeugen. In der Tat gibt es Situationen, in denen auch die größte formale Autorität wenig nützt. Und strategisches Denken ist zweifellos wichtig, auch wenn die verantwortliche Person vor zahllosen Problemen steht, die sofortige oder kurzfristige Lösungen verlangen. Die erfolgreichsten Führungskräfte haben so ausgewogene Fähigkeiten, daß sie beiden Seiten gerecht werden: Sie überzeugen und sie nutzen ihre Autorität, um im hier und jetzt Entscheidungen zu treffen, die in eine strategische Zukunft führen.

So wichtig also Projekt/Arbeitsgruppen und Stabstätigkeiten sein können, sind sie doch kein Ersatz für herausfordernde Linienerfahrungen. Wie der nächste Abschnitt zeigen wird, stellen diese ganz andere Anforderungen und bieten andere Lektionen.

# Führen an vorderster Front: Volle Verantwortung

Während man durch Projekte, Arbeitsgruppen und Stabsaufgaben lernt, durch Überzeugen zu führen, lernt man durch entwicklungsrelevante Linienaufgaben etwas über Macht und Verantwortlichkeit. Wenn man näher untersucht, was diese Führungskräfte tun mußten, versteht man, warum viele von ihnen skeptisch auf Menschen reagieren, die „nie ihren Kopf hinhalten und das volle Risiko tragen mußten". Während überzeugungsorientierte Aufgaben verlangten, daß man auf analytische Distanz ging, den Schulterschluß mit wesentlich höhergestellten Vorgesetzten probte und mehrdeutige, amorphe Situationen meisterte, erforderten Führungsaufgaben in der Linie das genaue Gegenteil. Hier ging es um handfeste Führungsarbeit, um praxis- und handlungsorientierte Aufgaben, bei denen die Manager volle Gewinn- und Verlustverantwortung trugen und mitunter mehrere Tausend Mitarbeiter führen mußten.

Dieses Führen an vorderster Front, das dem klassischen Verständnis von Führung als Übernahme von Verantwortung entspricht, zeichnete sich durch drei Hauptaufgabenstellungen aus: Etwas ganz Neues aufbauen, ein bestehendes Unternehmen umformen oder eine Unternehmung größeren Umfangs leiten. Jeder Aufgabentyp brachte ein etwas abgewandeltes Sortiment von Entwicklungsimplikationen und Lernangeboten mit sich. Eine Startaktion, bei der die Manager der Welt ihren Stempel aufdrückten, bot Führungslektionen in ihrer reinsten Form.

### Etwas ganz Neues aufbauen

Sie boten mir die Stellung in Südamerika an, und gaben mir zu verstehen, daß sie die Reihen hinter mir schließen würden, wenn ich das Angebot annahm. Sie konnten mir nicht versprechen, daß ich weiter für das Unternehmen arbeiten könnte, falls ich je in die Staaten zurückkehren würde. Es ist schon etwas unheimlich für einen jungen Mann mit zwei kleinen Kindern, sich auf so etwas einzulassen. Ich wußte nicht, ob es mir dort gefallen würde, ich war auf meinen Reisen nie über die Grenzen der USA hinausgekommen; ich war eben ein richtiger Kleinstadtjunge. Tatsächlich habe ich nicht einmal meiner Frau erzählt, daß wir vielleicht nicht zurückkommen könnten, weil sie sowieso schon ein bißchen in Panik war. Ihr Vater hatte mich wutschnaubend zur Rede gestellt und gefragt, wieso ich seine Tochter und Enkelkinder außer Landes schleppte. Ich bin inzwischen selbst Großvater und kann seine Gefühle verstehen, aber wie auch immer – ich habe das Angebot angenommen.

Ich ging nach Houston und verbrachte drei Jahre mit der Planung der Betriebsstätte, die einmal zur größten Offshore-Gasanlage der Welt werden sollte. Dann übersiedelte ich nach Venezuela, wir haben die Anlage gebaut und ich wurde schließlich ihr Leiter. Ich war etwa 3 000 Meilen von jeder nennenswerten Hilfe entfernt und traf schwerwiegende Entscheidungen, die auf sehr wackligen Beinen standen. Ich beschaffte mir einfach so viele Informationen wie möglich und traf eine Entscheidung. In dem Alter, mit acht- oder neunundzwanzig, haben mir solche Entscheidungen eine Heidenangst eingejagt. Glücklicherweise haben sie sich in den meisten Fällen als richtig erwiesen.

Diese Erfahrung hat viel dazu beigetragen, daß ich die Angst vor Entscheidungen verloren habe. Ich habe gelernt, Entscheidungen zu treffen, weil mir gar nichts anderes übrig blieb. Das hatte nichts mit Talent zu tun – es war einfach niemand da, der mir diese Aufgabe abgenommen hätte. Später mußte man dann zu den Partnern gehen und rechtfertigen, was man im Schilde führte. Wenn man sein Budget überschritt, mußte man erklären warum und ihnen sagen, was man dagegen zu tun gedachte. Es ist schwierig, einer Gruppe von Investoren gegenüberzutreten und ihnen ins Gesicht zu sagen, daß man zu viel ausgegeben hat. Man muß schon eine gute Geschichte und einige handfeste Argumente parat haben. Also lernt man gleichzeitig, gute Vorträge zu halten.

Die Herausforderung einer Startaktion läßt sich leicht beschreiben: Es bedeutet, daß man etwas aus dem Nichts aufbaut. Bei diesem Etwas kann es sich um Betriebsstätten, Produktlinien, neue Märkte oder Tochtergesellschaften handeln. Bei solchen Startaktionen können Manager mit allen nur erdenklichen Widrigkeiten unabhängig von ihrer eigentlichen Arbeit konfrontiert werden. Die Führungskräfte, die wir interviewten, bauten Städte in der Wildnis, machten Politik, stießen auf soziale, politische und kulturelle Probleme, von denen sie vorher nicht die leiseste Ahnung hatten, und schlugen sich mit den schlimmsten Witterungsverhältnissen der Welt herum.

Inmitten dieser ganzen Schwierigkeiten wurden sie normalerweise nur locker beaufsichtigt. „Ich wurde nach Übersee geschickt, um einen neuen Markt für unser Produkt zu erschließen", berichtete ein Manager. „Man gab mir unbeschränkte Vollmacht und absolut keine Anleitung. Ich mußte ein Büro finden, Mitarbeiter einstellen und einen ganz neuen Markt aufbauen, während ich gleichzeitig die Gewinn- und Verlustverantwortung für ein Kerngeschäft trug."

Viele der entwicklungsfördernden Startaktionen waren Auslandsaufträge; die Manager waren geographisch isoliert und stießen bei der lokalen Bevölkerung häufig auf Mißtrauen. Manchmal mußten sie eine ganz neue Belegschaft zusammenstellen, unerfahrene Mitarbeiter einstellen (die kein Wort Englisch sprachen) oder Gruppen, die sich feindselig und argwöhnisch gegenüberstanden, in ein effizientes Team verwandeln.

Mitunter gab es noch weitere Stolpersteine. Manchmal stand die Unternehmenszentrale dem Vorhaben skeptisch gegenüber oder betrachtete das Geschäft als sekundär. Manchmal war die Tätigkeit stigmatisiert: „Mit einem Auslandsauftrag bist du in dieser Firma tot und begraben."

Startaktionen waren fast ausnahmslos durch eine zentrale Führungsherausforderung gekennzeichnet: Überleben durch individuelle Führung, ein Fortgeschrittenenkurs in Eigenständigkeit. Dies und die reine Zahl der Anforderungen machten die individuelle Initiative zum Dreh- und Angelpunkt des Erfolgs. Die Dringlichkeit, der Mangel an Struktur und ein häufig unerfahrenes Personal führten dazu, daß die Manager jedes verfügbare Mittel nutzten, um Probleme zu lösen. Strategien, die den Fortschritt verlangsamt hätten, wurden als unbrauchbar verworfen, wie vernünftig sie auch sein mochten. Zeit zum Nachdenken hatte man erst sehr viel später. Startaktionen zeichneten sich durch vier Lernschwerpunkte aus (siehe Abbildung 2.5, Seite 64):

• Aus chaotischen und schwierigen Situationen lernten die Manager, Wesentliches von Unwesentlichem zu unterscheiden und sich selbst in den Griff zu bekommen.

• Durch das Zusammenstellen einer neuen Belegschaft lernten sie, wie man Mitarbeiter auswählt, schult und motiviert.

62

- Sie erkannten, daß sie auch unter schwierigsten Bedingungen überleben konnten, weil sie die Situation erfolgreich durchgestanden hatten. Dieses reine Ausharren steigerte das Selbstvertrauen und die Risikobereitschaft.
- Sie lernten aus erster Hand, wie wichtig Führung ist und wie einsam die Rolle sein kann.

Nicht alle von den Managern beschriebenen Startaktionen waren so anspruchsvoll wie der Aufbau des Gaswerks in Venezuela. Anstatt etwas buchstäblich aus dem Nichts zu schaffen, bauten einige Manager eine bestehende Betriebsstätte aus oder verbreiteten einfach ein neues Produkt. Aber je geringer die Herausforderungen waren, desto weniger lernte man auch aus der Erfahrung. Wenn die Startaktion höchste Anforderungen stellte, war sie quasi ein einziger Adrenalinstoß, den ein Manager als „Leben pur" umschrieb. Und wenn der Auftrag erfüllt war, ließen die Manager, anders als bei vielen anderen Tätigkeiten, etwas Bleibendes zurück, etwas, das sie allein geschaffen hatten. Einige Führungskräfte fanden nie wieder eine Tätigkeit, die sie genauso befriedigte, und manche konnten sich tatsächlich nie wieder an eine Arbeit in der Unternehmenszentrale gewöhnen.

### Ein kränkelndes Unternehmen wieder aufpäppeln

Probleme und sogar Katastrophen sind etwas Alltägliches in der Geschäftswelt: Es gibt Unternehmenseinheiten, die von Betrügereien und Skandalen erschüttert werden, Teams, die zum Gespött der ganzen Firma werden, Gruppen mit unkontrollierten Finanzen, Divisionen, die jedes Jahr Verluste machen und Unternehmen, deren Gewinne jäh in den Keller stürzen. Eine oft beschriebene Entwicklungserfahrung bestand darin, daß der Manager den Auftrag erhielt, „das Ruder herumzureißen" und ein Unternehmen wieder „flott zu machen".

Die Aufgabenstellung wurde von allen Managern ähnlich beschrieben: Sie wurden losgeschickt, um Systeme und Belegschaften auseinanderzunehmen und neu aufzubauen. Sie hatten den Auftrag, eine Sache zu reorganisieren, auch wenn keiner genau wußte, wie das im einzelnen zu bewerkstelligen war. Zur Reorganisation gehörte häufig das Einführen neuer Systeme (zum Beispiel finanzielle oder materielle Kontrollen), mit denen die Führungskräfte nicht vertraut waren.

*Aktionspläne aufstellen und umsetzen*
- Technische/fachliche Fähigkeiten
- ALLES ÜBERS GESCHÄFT
- Strategisches Denken
- VOLLE VERANTWORTUNG ÜBERNEHMEN
- Aufbau und Anwendung von Ordnungs- und Kontrollsystemen
- Innovative Methoden des Problemlösens

*Handhaben von Beziehungen*
- Handhaben von politischen Situationen
- Wie man Menschen dazu bringt, Lösungen umzusetzen
- Wie Führungskräfte sich benehmen
- Wie man mit Führungskräften zusammenarbeitet
- Verhandlungsstrategien
- UMGANG MIT MENSCHEN, ÜBER DIE MAN KEINE FORMALE AUTORITÄT HAT
- VERSTÄNDNIS FÜR ANDERE STANDPUNKTE
- Wie man Konflikte handhabt
- MITARBEITER FÜHREN UND MOTIVIEREN
- Mitarbeiter fördern und entwickeln
- Auseinandersetzung mit Leistungsschwächen von Untergebenen
- Ehemalige Kollegen und Vorgesetzte führen

*Grundlegende Wertvorstellungen*
- Man kann nicht alles allein machen
- Sensibilität für die menschliche Seite des Management
- Grundlegende Führungswerte

*Führungscharakter*
- Nötigenfalls Härte zeigen
- Selbstvertrauen
- Situationen bewältigen, über die man keine Kontrolle hat
- Widrigkeiten standhalten
- Mehrdeutige Situationen bewältigen
- Gebrauch (und Mißbrauch) von Macht

*Selbsterkenntnis*
- Das Gleichgewicht zwischen Arbeit und Privatleben
- WELCHE ASPEKTE DER ARBEIT MAN WIRKLICH SPANNEND FINDET
- Persönliche Grenzen und wunde Punkte
- Verantwortung für die eigene Karriere übernehmen
- Chancen erkennen und nutzen

*Die wichtigsten Lernschwerpunkte*

- Durch Chaos und hohe Anforderungen lernten Manager, wie man das Wesentliche vom Unwesentlichen unterscheidet und wie man sich selbst diszipliniert, um eine Aufgabe erfolgreich zu meistern.
- Das Zusammenstellen einer neuen Belegschaft unterrichtete die Manager in der Auswahl, Schulung und Motivation von Mitarbeitern.
- Die Manager erkannten, daß sie „überlebensfähig" waren, weil sie das Ereignis erfolgreich durchgestanden hatten. Diese reine Standhaftigkeit steigerte das Selbstvertrauen und die Risikobereitschaft.
- Sie lernten aus erster Hand, wie wichtig Führung ist und wie einsam die Rolle sein kann.

Siehe Esther Lindsey, Virginia Homes u. M.W. McCall, Jr., *Key Events in Executives' Lives*, Technical Report No. 32 (Greensboro, N.C.: Center for Creative Leadership, 1987), S. 7–20.

**Abbildung 2.5:** *Was man aus Startaktionen lernen kann*

Der Auftrag brachte es mit sich, daß man mit ernsthaften Personalproblemen konfrontiert wurde. Die Mitarbeiter waren demoralisiert, unerfahren und orientierungslos oder untereinander zerstritten. Manchmal mußte sich der neue Manager auch mit dem Vermächtnis eines früheren Leiters herumschlagen.

Führungskräfte, die angewiesen wurden, ein Unternehmen wieder auf Vordermann zu bringen, wurden mit der notwendigen formellen Autorität ausgestattet, um ihren Reparaturauftrag zu erfüllen. Ein Manager beschrieb, wie er diese Autorität nutzte, um gründlich aufzuräumen:

> Ich übernahm eine Finanzfunktion, die sich in einem absoluten Chaos befand. Ich hatte Mitarbeiter, die alkoholabhängig waren, und Untergebene, die sich so rüpelhaft aufführten, daß kein interner Kunde mit ihnen zusammenarbeiten wollte. Um das Ruder herumzureißen, feuerte ich einen leitenden Angestellten, versetzte einige Mitarbeiter auf neue Arbeitsplätze, schickte andere in Rente und stellte eine Mischung aus erfahrenenen Außenseitern und jüngeren Mitarbeitern ein. Ich nahm einige strukturelle Veränderungen vor und ernannte zwei Stellvertreter, einen für den praktischen Ablauf und einen für die Verwaltung. Gleich-

zeitig stellte ich eine Studiengruppe zusammen und gab ihnen sechs Monate Zeit, um die Arbeitsabläufe zu reorganisieren.

Nicht alle Manager, die mit einer Reorganisation betraut wurden, hatten die notwendigen Machtbefugnisse, um die aufgetragenen Veränderungen durchzuführen. Auch wenn es grausam oder zumindest dumm erscheinen mag, jemanden mit einem Reparaturauftrag loszuschicken und ihn nicht mit der erforderlichen Handlungsvollmacht auszustatten, gibt es Situationen, in denen diese Form von Autorität nutzlos, ja sogar destruktiv sein kann. Die Manager hatten nahezu ausnahmslos Handlungsvollmacht, soweit ihr Reorganisationsauftrag eine einzelne Division oder Funktion betraf; manchmal fehlte ihnen jedoch die formale Autorität, wenn sie sich in Folge einer Reorganisation mit den unterschiedlichsten Divisionen oder Funktionen auseinandersetzen mußten. So konnte ein Manager zum Beispiel nach einer Fusion oder Firmenübernahme vor der Aufgabe stehen, mehrere zerstrittene Divisionen oder Gruppen zu befrieden. Ein Manager mußte ein sehr kompliziertes finanzielles und administratives System einführen, obwohl die Divisionen sehr unterschiedliche Führungspraktiken aufwiesen und sich mit Händen und Füßen gegen die Veränderung sträubten. „Ich konnte die Leute zwingen, miteinander zu reden", erinnerte sich der Manager, „Aber wie sollte ich sie zur Zusammenarbeit zwingen, wenn sie vorher nie zusammengearbeitet hatten und es auch für überflüssig hielten? Wo sollte ich diese Art von Autorität hernehmen und was würde sie nützen? Der Job war ein Einführungskurs in die Kunst des vorsichtigen Anstubsens."

Reorganisationen zeichneten sich durch zwei wichtige Lernschwerpunkte aus: Die Manager lernten einerseits, hart und überzeugend aufzutreten, andererseits hart und rein pragmatisch vorzugehen.

### Hart und überzeugend

Als Kind dachte ich, daß es bei Entscheidungen darum geht, zwischen richtig und falsch zu wählen … Ich versuche immer noch, mich bei Entscheidungen an diese Regel zu halten. Aber es scheint, daß ich immer nur zwischen zwei guten oder zwei schlechten Möglichkeiten wählen kann.

Bei Reorganisationen müssen Manager harte Entscheidungen treffen, Entscheidungen, die unweigerlich menschliches Leid verursachen. Eine Führungskraft, die wir interviewten, mußte während der Revolution von 1979 eine Niederlassung im Iran schließen. Ein anderer Manager mußte alle Mitarbeiter einer Abteilung entlassen und ihnen im 15-Minuten-Takt kündigen. „Es war humaner, als die Leute tagelang Blut und Wasser schwitzen zu lassen, bis sie an der Reihe waren ..." Die Alternative hätte darin bestanden, den Geschäftsbereich gegen überwältigende Widerstände zu verändern oder ihn weiter schlingern zu lassen, bis die meisten der Beteiligten letztlich doch entlassen oder zurückgestuft worden wären.

Die Manager mußten also Härte zeigen, aber sie mußten gleichzeitig überzeugen. Ein Manager, der eine kränkelnde Finanzfunktion als Teil einer Reorganisationsaufgabe übernahm, stand vor dem Problem, daß der Finanzleiter schlechte Arbeit leistete. Aber der Mann war seit vierzig Jahren in dem Unternehmen. Er war ein anständiger Kerl, der einfach den Anschluß an die neuesten Entwicklungen verpaßt hatte. Sollte der Manager ihn also ohne viel Federlesens feuern oder sollte er ihm die Chance geben, das Gesicht zu wahren? Nachdem der Manager sich eine Weile mit dieser Frage herumgequält hatte, erkannte er, daß er sich nicht unbedingt an den genauen Wortlaut halten mußte, wenn er das angeordnete neue Finanzsystem und Berichtswesen einführte. *Was* geschehen mußte, stand fest; *wie* und mit welchem Grad an Kooperation es geschehen würde, hing von den beteiligten Personen ab. Auch wenn es also auf den ersten Blick sehr viel einfacher scheinen mochte, jeden zu entlassen, der ungeeignet wirkte, mußte der Manager in Wirklichkeit auf die eine oder andere Weise mit anderen Menschen zusammenarbeiten.

Als er zu dieser Erkenntnis gelangt war, hatte er offenbar das Wesentliche der Situation erfaßt: daß es möglich war, eine Sache völlig auseinanderzunehmen, ohne die beteiligten Menschen zu beschädigen. Er konnte den Mitarbeitern erklären, was geschehen würde und warum, ihre Sorgen und Ängste anhören, sie über die Fakten informieren und ihnen sogar die Möglichkeit geben, bessere Vorschläge zu machen. Auch wenn man vielleicht ein paar Leute entlassen mußte, war es besser, die alte Belegschaft zu übernehmen. Oft fehlte den Mitarbeitern nur eine gewisse Anleitung, ein Ordnungssystem oder ein einleuchtender Standard.

Die wichtigste Lektion war eindeutig. Man kann Dinge auf dem Verordnungsweg abschaffen, aber sie wieder aufzubauen, ist eine ganz andere Sache. Weisungsgewalt ist wenig hilfreich, wenn man jemanden zur Zusammenarbeit bewegen will. Menschen müssen daran glauben können, daß sie für ein lohnendes Ziel arbeiten und daß sich die Veränderung auf lange Sicht auszahlen wird. Die Manager lernten, daß sie auch dann noch mit ihren Mitarbeitern auskommen mußten, wenn die Veränderungen einmal durchgesetzt waren.

*Härte und Instrumentalismus.* Die Möglichkeit, daß der Manager eine gleichgültige Haltung gegenüber anderen Menschen entwickelt, ist die dunkle Seite von Reorganisationsaufgaben. Der Druck durch das obere Management ist ungeheuer groß, die Veränderungen sind absolut notwendig und die Zeit, die den Managern für die Reorganisation zur Verfügung steht, ist begrenzt – in unserer Studie lag sie zwischen sechs Monaten und zwei Jahren. Wir haben festgestellt, daß es manchmal notwendig und manchmal einfach leichter war, Anweisungen zu erteilen anstatt zu diskutieren oder zu entlassen anstatt zu fördern.

Die von uns interviewten Führungskräfte mußten sich mit Betrug, grober Fahrlässigkeit, dem Mißbrauch von Krankheits- und Urlaubsregelungen und weitverbreiteten Mogeleien bei Spesenabrechnungen auseinandersetzen. Sie übernahmen Unternehmenseinheiten, die rote Zahlen in Millionenhöhe schrieben, oder mußten sich mit feindseligen Gewerkschaften herumschlagen. Häufig standen sie vor der Wahl, entweder einige Mitarbeiter zu entlassen oder so lange um den heißen Brei herumzureden, bis das Damoklesschwert auf die ganze Gruppe niedersauste. Das führte dazu, daß die Aufgabe in psychologischer Hinsicht sehr brutal sein konnte. „Menschen zu entlassen ist niemals leicht, gleichgültig wie gerechtfertigt die Maßnahme sein mag." Die Manager entwickelten eine dickere Haut und manchmal auch eine Hornhaut für ihre Gefühle.

Einige Manager konzentrierten sich ausschließlich auf Systeme und Standards und auf die Frage, wie man das Arbeitstempo steigern könnte. Später, wenn die Reorganisation erfolgreich abgeschlossen war, fiel es ihnen leicht, ihre Handlungsweise zu rationalisieren. Sie hatten Arbeitsplätze gerettet und eine lausige Division in eine belebende Arbeitsstätte verwandelt. Alle Zahlen sahen gut aus. Manchmal wurde man befördert. Aber die Manager zahlten einen Preis für ihren Erfolg. Einige Führungskräfte, vor allem solche, die zu Reorganisationsexperten wurden, machten sich mehr oder minder immun gegen jede Form von Mitgefühl.

Die Grundspannung einer Reorganisationsaufgabe (Einreißen und Wiederaufbauen) erfordert einen gewissen Widerspruch im Verhalten des Managers: Einerseits braucht er eine dicke Haut, damit er die Probleme anpacken und handeln kann, andererseits muß er Menschen überreden und beeinflussen können, weil er mit Personengruppen verhandeln muß, über die er keine Weisungsbefugnis hat, oder weil er Situationen meistern muß, in denen die formale Autorität keine Rolle spielt. Im Gegensatz zu einer Startaktion, bei der die Führungskraft „es gleich beim ersten Mal richtig machen konnte", mußte man bei einer Reorganisation gezielt Überflüssiges entfernen und das, was übrigblieb, so gut wie möglich nutzen. „Es nützt dir nichts, wenn du zwei Nullen durch vier Nullen ersetzt", sagte ein Manager, der durch eigene bittere Erfahrungen lernte, daß es leichter war, schlechte Leute zu entlassen, als bessere einzustellen. Einige Führungskräfte fanden Reorganisationen so schwierig, daß sie versuchten, eine Startaktion daraus zu machen: „Ich hätte dieses Unternehmen für mein Leben gern geleitet, als es brandneu war. Es ist viel leichter, die richtigen Verfahren einzuleiten, wenn man etwas ganz von vorn anfängt, als wenn man falsche Verfahren in richtige umwandeln soll."

Eine Reorganisation unterscheidet sich also erheblich von einer Startaktion (siehe Abbildung 2.6 [siehe Seite 70] für eine Zusammenfassung der Lektionen) und beide unterscheiden sich wiederum von der Leitung eines großen Unternehmens, das im großen und ganzen gut läuft. Mit dieser Aufgabe befaßt sich der folgende Abschnitt.

### Eine sprunghafte Erweiterung des Aufgabenumfangs

Bevor ich diese Aufgabe übernahm, leitete ich eine Division mit einem jährlichen Umsatz von etwa 80 Millionen Dollar. Bei diesem Unternehmen wurden jedes Jahr Milliarden umgesetzt. Das war ein ziemlicher Sprung für mich, in ein Geschäft, von dem ich absolut nichts verstand. Ich kannte das Produkt nicht. Ich kannte die Kunden nicht. Ich hatte einen fürchterlichen Bammel davor.

*Aktionspläne aufstellen und umsetzen*
- Technische/fachliche Fähigkeiten
- ALLES ÜBERS GESCHÄFT
- Strategisches Denken
- VOLLE VERANTWORTUNG ÜBERNEHMEN
- AUFBAU UND ANWENDUNG VON ORDNUNGS- UND KONTROLLSYSTEMEN
- INNOVATIVE METHODEN DES PROBLEMLÖSENS

*Handhaben von Beziehungen*
- Handhaben von politischen Situationen
- Wie man Menschen dazu bringt, Lösungen umzusetzen
- Wie Führungskräfte sich benehmen
- Wie man mit Führungskräften zusammenarbeitet
- VERHANDLUNGSSTRATEGIEN
- UMGANG MIT MENSCHEN, ÜBER DIE MAN KEINE FORMALE AUTORITÄT HAT
- Verständnis für andere Standpunkte
- Wie man Konflikte handhabt
- MITARBEITER FÜHREN UND MOTIVIEREN
- Mitarbeiter fördern und entwickeln
- AUSEINANDERSETZUNG MIT LEISTUNGSSCHWÄCHEN VON UNTERGEBENEN
- EHEMALIGE KOLLEGEN UND VORGESETZTE FÜHREN

*Grundlegende Wertvorstellungen*
- Man kann nicht alles allein machen
- Sensibilität für die menschliche Seite des Management
- Grundlegende Führungswerte

*Führungscharakter*
- NÖTIGENFALLS HÄRTE ZEIGEN
- Selbstvertrauen
- Situationen bewältigen, über die man keine Kontrolle hat
- WIDRIGKEITEN STANDHALTEN
- Mehrdeutige Situationen bewältigen
- Gebrauch (und Mißbrauch) von Macht

*Selbsterkenntnis*
- Das Gleichgewicht zwischen Arbeit und Privatleben
- Welche Aspekte der Arbeit man wirklich spannend findet
- Persönliche Grenzen und wunde Punkte
- Verantwortung für die eigene Karriere übernehmen
- Chancen erkennen und nutzen

*Die wichtigsten Lernschwerpunkte*

*Härte und Überredungskunst*

Manager lernten, harte Entscheidungen zu treffen, wenn jede Lösung, die sie in Betracht zogen, einen menschlichen Preis kostete. Sie lernten außerdem, daß die beste Methode, um ein Unternehmen auseinanderzunehmen und neu aufzubauen, darin bestand, andere Menschen für die Veränderungen zu begeistern.

*Härte und Instrumentalismus*

Einige Manager konzentrierten sich ganz auf die zu lösende Aufgabe und orientierten ihre Veränderungsbemühungen eher an Zahlen als an Menschen. Auch wenn dies in einer völlig verfahrenen Situation mitunter notwendig war, erwies sich die Gleichgültigkeit des Managers häufig als kontraproduktiv.

Reorganisationen unterrichten in Härte und lehren, wie man die notwendigen Ordnungs- und Kontrollsysteme installiert, um ein Unternehmen wieder auf Erfolgskurs zu bringen. Zum Mittel der Überredung griffen die Manager am häufigsten, wenn sie dazu gezwungen waren. Wenn sie uneingeschränkte Weisungsbefugnisse hatten, war ihr Verhalten gegenüber anderen häufiger von reinen Zweckerwägungen geleitet.

Siehe Esther Lindsey, Virginia Homes u. M.W. McCall, Jr., *Key Events in Executives' Lives*, Technical Report No. 32 (Greensboro, N.C.: Center for Creative Leadership, 1987), S. 21–40.

**Abbildung 2.6:** *Was man aus Reorganisationen lernen kann*

> Der Chef meines Chefs sagte mir, daß ich ein neues Schiff übernehmen würde. Er meinte, vorher sei ich Kapitän eines Ruderboots gewesen und dies sei die Queen Mary. Wenn du in einem Ruderboot eine kleine Kurskorrektur vornimmst, reagiert es sofort. Die Queen Mary reagiert nicht so schnell auf das Ruder. Du mußt eine Menge Geduld haben, oder du machst einige Riesenfehler.

Eine plötzliche Erweiterung des Aufgabenumfangs – der Sprung von einem Ruderboot zur Queen Mary – förderte die Entwicklung, wenn die größere Verantwortung sowohl mit mehr Vielfalt als auch mit ganz neuen Anforderungen verbunden war. Dieser Aufgabentyp unterschied sich von einer Startaktion oder einer Reorganisation (bei denen es sich ebenfalls um sehr umfangreiche Aufgaben handeln konnte), weil das Unternehmen im wesentlichen zufriedenstellend lief und das Ziel darin bestand, es noch weiter voranzubringen.

Die Führungskräfte in unserer Studie beschrieben drei typische Veränderungen des Aufgabenumfangs: Beförderungen in derselben Funktion oder im selben Bereich, Beförderungen in neue Funktionen oder Bereiche sowie laterale Versetzungen. Diese Veränderungen konnten sehr massiv sein (zum Beispiel eine Beförderung um zwei Stufen in ein anderes Unternehmen) oder bescheiden sein, aber ein Anwachsen des Aufgabenumfangs bedeutete einen entsprechenden Anstieg in der Zahl der Mitarbeiter, des Budgets und der zu leitenden Funktionen.

Ob die Manager etwas aus dem Sprung in einen größeren Aufgabenbereich lernten, hing zum Teil davon ab, wie groß die Veränderung war. Je größer der Sprung, desto größere Herausforderungen stellte die Veränderung und desto größer waren die Lernanforderungen. Aber sogar ein eher bescheidener Wechsel brachte irgendeine Variante der Lernschwerpunkte: Die Manager lernten, ihre Mitarbeiter zu fördern, und zu denken wie eine Führungskraft.

*Lernen, Mitarbeiter zu fördern.* Führungskräfte behaupten vielleicht, sie wüßten, wie man delegiert, aber viele haben erst entdeckt, was das wirklich bedeutet, als sie mit einer Aufgabe konfrontiert wurden, die sie unmöglich allein bewältigen konnten. Wie jeder andere erwachsene Schüler, lernten sie etwas Neues, als sie es mußten, und es war der überwältigende Umfang der Anforderungen, der einigen Führungskräften klar machte, daß „sie die Sache nicht allein schaukeln konnten". Erst als die Manager die volle Verantwortung trugen („Ich war unternehmensweit für alles zuständig") haben sie sich gezielt für die Förderung und Weiterbildung von Mitarbeitern engagiert. Sie hatten keine andere Wahl.

Aber das war nicht das einzige Problem. Der Manager mußte nicht nur Mitarbeiter weiterbilden, denen er zutraute, einen bestimmten Geschäftsbereich für ihn zu leiten, sondern er mußte auch eine anregende Arbeitsumwelt schaffen und den Mitarbeitern genügend Raum und Ressourcen bieten, damit sie ihre Entwicklung selbst in die Hand nehmen konnten. Dazu mußte die Führungskraft dafür sorgen, daß die Mitarbeiter die Strategie kannten, die sich hinter einzelnen Entscheidungen verbarg; sie mußten wissen, was von ihnen erwartet wurde und warum es von ihnen erwartet wurde. „Wenn du 15 Prozent Wachstum erwartest", so ein Manager, „mußt du ihnen sagen, warum diese Zahl festgesetzt wurde." Diese erfolgreichen Führungskräfte gaben Informationen an Einheiten und Funktionen weiter, auch Informationen, die für den praktischen Arbeitsablauf scheinbar unbedeutend waren. Wer waren sie, daß sie sagen konnten, welche Assoziationen, Ideen und indirekten Folgen die Kenntnis der Strategie hervorbringen würde?

*Lernen, wie eine Führungskraft zu denken.* Weil die Manager nicht alles im Griff haben konnten und Verantwortung delegieren *mußten*, waren sie gezwungen, sich anders zu verhalten als in ihren früheren Positionen. Sie mußten Fehler tolerieren und Leistungen anerkennen, die ihre Erwartungen vielleicht nur zu 90 Prozent erfüllten. Sie mußten nach und nach lernen, „per Fernsteuerung zu führen" – informiert bleiben, anspornen, antreiben, viele Fragen stellen, aber nicht selbst Hand anlegen. Ein Großteil ihrer Tätigkeit bestand darin, ihren Mitarbeitern alle Hindernisse aus dem Weg zu räumen; die Führungskräfte stellten die notwendigen Informationen und Finanzen bereit und sorgten dafür, daß die anderen ungestört arbeiten konnten.

Der Manager trug nach wie vor die volle Verantwortung, auch wenn sie eine andere Form annahm. Anstatt die Arbeit selbst zu tun, war er jetzt dafür verantwortlich, daß sie getan wurde – er mußte dafür sorgen, daß die notwendigen Systeme und Arbeitsverfahren installiert wurden, die einen reibungslosen Ablauf ermöglichten. Wie gut der Manager die Arbeit steuern konnte, hing von seiner Fähigkeit ab, das Wesentliche vom Unwesentlichen zu unterscheiden.

Die meisten Führungskräfte benutzten Klischees und Schlagworte, um deutlich zu machen, was sie für wichtig hielten, aber die besten von ihnen lebten tatsächlich nach diesen Schlagworten. Wenn sie vom Wert der „Kundennähe" überzeugt waren, verbrachten sie viel Zeit mit den Kunden. Wenn sie von Qualität schwärmten, waren sie bereit, dafür zu zahlen und neue Methoden auszuprobieren, um die Qualität zu verbessern. Wenn die Kosten ein Problem bildeten, flogen sie nicht mit dem Unternehmensjet an exotische Badestrände. Als ihre Rolle zunehmend symbolisch wurde, merkten sie, daß eine genaue Beobachtung durch die Unternehmenszentrale ein Zuckerschlecken war, verglichen mit der genauen Beobachtung durch *alle* Mitarbeiter. Redete der Manager unentwegt von Fürsorge und hatte sich noch nie bei seiner Sekretärin bedankt? Sprach er in den höchsten Tönen von Innovationen und rümpfte die Nase über jede neue Idee? Propagierte er lauthals ein aggressives Vorgehen und zog den Schwanz ein, sobald jemand mit einer Klage drohte?

Die Übereinstimmung von Worten und Taten war wichtig. Konsequenz war wichtig. Astronomische Ziele zu setzen und dann sich selbst und alle anderen zur Realisierung dieser Ziele anzutreiben, war wichtig. Die Mitarbeiter erwarteten nicht, daß der Manager allwissend war oder alles allein machte, aber sie erwarteten, daß er sie führte, daß er sie unermüdlich anspornte und seinen Mut praktisch unter Beweis stellte.

Nichts könnte weiter vom Leben einer Führungskraft entfernt sein als das oft von den Medien präsentierte Bild der heiteren Konferenzsäle und kahlen, blankpolierten Schreibtische. Über vierzig Studien zur Führungstätigkeit, die bis in die 50er Jahre zurückreichen, haben gezeigt, daß „Führungskräfte in gewisser Weise ständig in Bewegung sind". Führungskräfte arbeiten an vielen Problemen gleichzeitig, ertragen zahlreiche Unterbrechungen und pflegen Kontakt zu unzähligen Leuten, die sich die Klinke in die Hand geben. Sie verbringen wenig Zeit mit dem Erteilen von Anweisungen. Sie sind überwiegend damit beschäftigt, im Laufe einer nie abreißenden Kette von Ereignissen mit den verschiedensten Problemen zu jonglieren und anderen Leuten um den Bart zu gehen. Eine Führungskraft, die eben noch über eine Investition in Milliardenhöhe verhandelt hat, befaßt sich oft schon im nächsten Moment mit einer Kundenbeschwerde und einige Augenblicke später mit der Reparatur eines defekten Kopierers.[21] Die von uns befragten Manager wußten, daß sie ihre Zeit oder auftauchende Problemen nur bis zu einem gewissen Grad unter Kontrolle hatten.

Mit wachsendem Aufgabenumfang mußten die Führungskräfte lernen, den Dingen ihren Lauf zu lassen. Sie konnten anspornen, beharren, strukturieren, die Bedeutung einiger Prioritäten hervorheben, fehlerhafte Argumente aufdecken und die Ereignisse beobachten. Sie hatten ihre derzeitige Position erreicht, weil sie auf sich selbst vertraut hatten. Jetzt, wie in Abbildung 2.7 (siehe Seite 76) dargestellt, lernten sie, auf ihren Mitarbeiterstab zu vertrauen, ihn zu fördern und anzuleiten. Das ist keine geringe Leistung.

Ein gemeinsames Merkmal dieser drei recht unterschiedlichen Aufgabentypen ist, daß die Führungsperson die Verantwortung übernehmen muß. Das unterscheidet diese Aufgaben von Erfahrungen, aus denen man lernt, durch Überreden zu führen. Startaktionen, Reorganisationen und Erweiterungen des Aufgabenumfangs betonen alle die Eigenständigkeit, das selbständige Entscheiden und die Übernahme von Verantwortung. Kurz, die Führungskraft ist nicht nur für ihre eigene Aktionen verantwortlich, sondern auch für die Aktionen ihrer Mitarbeiter und für die geschäftlichen Ergebnisse (für das, was unterm Strich herauskommt).

Diese Verantwortlichkeit ist mit einem variierenden Grad an Autorität, manchmal mit absoluter Autorität, verknüpft. Zu lernen, wie und wann man diese Macht ausübt, ist die größte Herausforderung von derartigen Linientätigkeiten.

## Ein Überblick über entwicklungsfördernde Aufgaben

Es gibt viele längst vergessene Jobs in einer Laufbahn. Es mag stimmen, daß man aus jeder Arbeit etwas lernen kann, aber von den über 300 entwicklungsrelevanten Arbeitsaufgaben, die von den Führungskräften als wichtige Lernerfahrungen beschrieben wurden, bezog sich keine auf eine stabile, vorhersehbare Tätigkeit mit festen Verhaltensregeln oder Anleitungen. Kaum ein Manager beschrieb zum Beispiel die Gruppenarbeit an einem marginalen Thema – wie zum Beispiel das Ausarbeiten eines neuen Formulars für die Leistungsbeurteilung – als wichtige Lernerfahrung. Die Führungskräfte erwähnten auch selten einen Arbeitsplatzwechsel, bei dem sie mit haargenau denselben Leuten zusammenblieben, eine vertraute Arbeit fortsetzten oder ihren Erfolg nicht einschätzen konnten. Die Tatsache, daß solche Erfahrungen nicht beschrieben wurden, legt den Schluß nahe, daß risikoarme Stellenwechsel bei diesen Managern keine bleibenden Veränderungen auslösten.

Sogar die etwas risikoreichere und verbreitete Praxis, daß man junge Führungskräfte lateral versetzt oder in derselben Einheit befördert, wurde in unserer Studie selten als wichtiges Schlüsselerlebnis beschrie-

*Einzelne Lektionen*

*Aktionspläne aufstellen und umsetzen*
- Technische/fachliche Fähigkeiten
- ALLES ÜBERS GESCHÄFT
- Strategisches Denken
- Volle Verantwortung übernehmen
- AUFBAU UND ANWENDUNG VON ORDNUNGS- UND KONTROLLSYSTEMEN
- Innovative Methoden des Problemlösens

*Handhaben von Beziehungen*
- Handhaben von politischen Situationen
- WIE MAN MENSCHEN DAZU BRINGT, LÖSUNGEN UMZUSETZEN
- Wie Führungskräfte sich benehmen
- Wie man mit Führungskräften zusammenarbeitet
- Verhandlungsstrategien
- Umgang mit Menschen, über die man keine formale Autorität hat
- Verständnis für andere Standpunkte
- Wie man Konflikte handhabt
- MITARBEITER FÜHREN UND MOTIVIEREN
- MITARBEITER FÖRDERN UND ENTWICKELN
- Auseinandersetzung mit Leistungsschwächen von Untergebenen
- EHEMALIGE KOLLEGEN UND VORGESETZTE FÜHREN

*Grundlegende Wertvorstellungen*
- MAN KANN NICHT ALLES GANZ ALLEIN MACHEN
- Sensibilität für die menschliche Seite des Management
- Grundlegende Führungswerte

*Führungscharakter*
- Nötigenfalls Härte zeigen
- Selbstvertrauen
- Situationen bewältigen, über die man keine Kontrolle hat
- Widrigkeiten standhalten
- Mehrdeutige Situationen bewältigen
- Gebrauch (und Mißbrauch) von Macht

*Selbsterkenntnis*
- Das Gleichgewicht zwischen Arbeit und Privatleben
- Welche Aspekte der Arbeit man wirklich spannend findet
- Persönliche Grenzen und wunde Punkte
- Verantwortung für die eigene Karriere übernehmen
- Chancen erkennen und nutzen

> *Die wichtigsten Lernschwerpunkte*
>
> *Sich auf andere Menschen verlassen*
> Weil die Arbeit zu umfangreich wurde, war der Manager gezwungen,
> mehr zu tun, als seine Mitarbeiter zu führen und zu motivieren, wenn
> er seine Ziele erreichen wollte; er mußte seine Mitarbeiter fördern,
> damit diese selbst über die richtigen Maßnahmen entscheiden
> konnten.
>
> *Denken wie eine Führungskraft*
> Der Manager änderte seine innere Einstellung – anstatt die Arbeit
> selbst „gut zu machen", sorgte er dafür, daß andere sie gut machten.
>
> Siehe Esther Lindsey, Virginia Homes u. M.W. McCall, Jr., *Key Events in Executives'*
> *Lives*, Technical Report No. 32 (Greensboro, N.C.: Center for Creative Leadership,
> 1987), S. 55–69.

**Abbildung 2.7:** *Was man aus einer Erweiterung des Aufgabenumfangs lernen kann*

ben. Job Rotation per se – zum Beispiel ein Wechsel von einer Marketingabteilung in eine andere, kurze Stippvisiten in verschiedenen Positionen oder einfache Beförderungen wie der Aufstieg vom Controllingleiter eines kleinen Unternehmens zum Controllingleiter eines großen Unternehmens – sind keine vollwertigen Entwicklungserfahrungen. Auch wenn der Manager durch solche Veränderungen mit anderen Problemen konfrontiert wurde, oder sich mit neuen Mitarbeitern, Gruppen oder Produkten auseinandersetzen mußte, blieb die Aufgabe mehr oder weniger die gleiche.

Es scheint, daß eine bunte Mischung unterschiedlicher Aufgaben wertvoller für die Entwicklung ist, als wenn man Tätigkeiten ohne Verantwortlichkeit ausgesetzt wird oder die Verantwortung nur geringfügig steigt. Hier fehlt das wichtigste Entwicklungsmoment – der Manager ist nicht gezwungen, mit plötzlichen unerwarteten Veränderungen fertig zu werden oder neue Fertigkeiten herauszubilden. Für die Entwicklung ist es von wesentlicher Bedeutung, daß Vielfalt und Schwierigkeiten jede Wiederholung ausschließen. Je dramatischer die neuen Anforderungen, je ernster die Personalprobleme, je härter die Zwänge des Grundgeschäfts, je dunkler und unüberschaubarer die Wege, desto größer die Lernmöglichkeiten. So abschreckend es klingen mag – am meisten lernen wir, wenn wir auf unerwartete Schwierigkei-

77

ten stoßen, unter Druck stehen und Probleme mit anderen Menschen haben. Wer an die Spitze will, sollte keine gemütliche Reise erwarten.

### Die Kernelemente von Entwicklungsaufgaben

Wir haben zu Beginn des Kapitels darauf hingewiesen, daß diese fünf Aufgabentypen besonders entwicklungsfördernd waren, weil sie bestimmte Herausforderungen – Kernelemente – enthielten. Um diese erfolgreich zu meistern, *mußten* die Führungskräfte lernen. Sie mußten im Laufschritt neue Fertigkeiten erwerben, sie mußten lernen zu handeln, wenn viel auf dem Spiel stand, sie mußten lernen, mit schwierigen Menschen unter schwierigen Bedingungen zu arbeiten und mit einem erschöpfenden Arbeitspensum fertig zu werden. Sie haben sich weiterentwickelt, weil sie es mußten.

*Im Laufschritt neue Fertigkeiten erwerben.* Diese fünf Aufgabentypen stellten Manager vor Situationen, in denen vorhandene Fähigkeiten unbrauchbar waren. Fehlende Kenntnisse, Erfahrungen, Hintergrundinformationen oder Fertigkeiten waren so typisch für die beschriebenen Aufgaben, daß man dieses Defizit als Entwicklungsvoraussetzung betrachten kann. Unterschiedlich war das Ausmaß des Defizits, das zwischen mäßig und massiv schwanken konnte. Dieser Wissensmangel wäre vielleicht relativ unproblematisch gewesen, wenn der Manager nichts anderes zu tun gehabt hätte, als die fehlenden Trümpfe durch ein geschicktes Spiel wettzumachen. Das Spannende war, daß er die Lücken wettmachen und gleichzeitig die Kernherausforderung des Jobs meistern mußte – zum Beispiel das Unternehmen so lange über Wasser halten, bis die Reorgansiation abgeschlossen war.

*Um hohe Einsätze spielen.* Alle fünf Aufgabentypen setzten die Manager unter Hochdruck. Oft spielten die Führungspersonen um enorm hohe Einsätze. Sie trugen die Gewinn-und-Verlust-Verantwortung für Multimillionen-Dollar-Geschäfte; sie arbeiteten an Projekten, bei denen ihre Empfehlung über die Zukunft des Unternehmens entscheiden konnte. Ohne offizielle Weisungsgewalt waren sie für die Koordination vieler widerstreitender und geographisch weit verstreuter Funktionen zuständig. Sie übernahmen Unternehmen, die in ernsthaften finanziellen Schwierigkeiten steckten, oder mußten mitten im Chaos einer vollständigen Reorganisation eine bestimmte Funktion aufbauen. Dieser Druck machte die fünf Aufgabentypen häufig zu einem reinen Test. Das Topmanagement schickte seine besten Leute los und sah ihnen dann fortwährend über die Schulter, um zu überprüfen, wie erfolgreich sie die Aufgabe bewältigten.

*Schwierige Menschen, schwierige Zeiten.* Die Aufgaben machten es notwendig, mit schwierigen Menschen unter schwierigen Bedingungen zusammenzuarbeiten. Die Manager gerieten in direkten Konflikt mit vielen Gruppen, die ihnen fremd waren, einschließlich ausländischer Regierungen, Gewerkschaften und Joint Venture-Partnern. Die Führungskräfte mußten Mitarbeiter zurückstufen, Mitarbeiter entlassen oder Systeme und Verfahren einführen, die auf den Widerstand der Belegschaft stießen, was höchste Anforderungen an interpersonale Fähigkeiten stellte.

Ein Manager erklärte, er sei „so willkommen gewesen wie ein Stinktier in der Kirche", als er versuchte, die Betriebe in sieben verschiedenen Ländern zur Zusammenarbeit zu bewegen. Ein anderer schilderte, wie man ihm quasi den Boden unter den Füßen weggezogen hatte:

> Ich hatte den Sonderauftrag, eine Betriebsstätte zu modernisieren und auf Computer umzurüsten. Gleichzeitig mußte ich mich mit vielen problematischen Mitarbeitern auseinandersetzen, die ich übernommen hatte. Es gab ungeheure Persönlichkeitskonflikte, imkompetente Mitarbeiter und außerdem war ich zum Vorgesetzten meines ehemaligen Chefs und einiger früherer Kollegen geworden. Nachdem ich mich wirklich voll ins Zeug gelegt hatte, um die Probleme direkt anzupacken, wurde ich aufgrund zögernder Gewinnentwicklungen angewiesen, das Personal zu reduzieren. Laut Gewerkschaftsvorschriften entschied die Dauer der Betriebszugehörigkeit darüber, wer seinen Arbeitsplatz behielt und wer nicht. Die ganze Mühe, die ich investiert hatte, um die Fähigkeiten und die Beziehungen zu verbessern – alles umsonst! Plötzlich zählte nur noch das Dienstalter.
>
> Ich habe die Leute entlassen, mich wieder aufgerappelt und noch mal ganz von vorn angefangen. Ich habe das Vertrauen wieder aufgebaut, mir die Sorgen der Mitarbeiter angehört und

versucht, ihnen trotz einer scheinbar willkürlichen Welt einen gewissen Besitzerstolz einzuflößen.

*Die physische Belastung bewältigen.* Solche Aufgaben zehrten in der Regel an den physischen und psychischen Kräften. Das unnachgiebige Tempo, die Überstunden und die Geschäftsreisen forderten ihren Tribut von den Managern. „Im ersten Jahr habe ich 365 Tage gearbeitet", berichtete ein Manager. (Er hatte gerade die Leitung einer Tochtergesellschaft übernommen, die allgemein als „Problemkind" verschrien war.) „Die Tochtergesellschaft hatte keine Personalfunktion für über 4000 Mitarbeiter, stand in dem Ruf, schrecklich heimlichtuerisch und unkooperativ zu sein, und hatte chronische Probleme mit der Gewerkschaft." Solche Nonstop-Probleme machten einige Manager nur fürchterlich nervös, während sie andere zutiefst frustrierten. Tätigkeiten, die die Entwicklung nachhaltig beeinflußten, waren genauso aufregend wie aufreibend.

### Aus Aufgaben lernen

In den Abbildungen 2.8 und 2.9 (siehe Seite 81/82) sind die Lektionen zusammengefaßt, die die Manager ihren eigenen Angaben zufolge aus frühen Arbeitserfahrungen und aus den fünf wichtigsten Aufgabentypen lernten. Es ist eine eindrucksvolle Liste, eine wahre Enzyklopädie der Führungsausbildung. Wie wir zeigen werden, ist das nicht die ganze Geschichte, aber es ist klar, daß herausfordernde Aufgaben wichtige Lernquellen für die von uns befragten Manager darstellten.

Wenn man diese Ergebnisse aufgelistet vor sich sieht, ist man versucht, in grob vereinfachenden Kategorien an Entwicklung zu denken. Warum sollte man die Förderung von Führungskräften nicht einfach programmieren? Man läßt sie eine Weile Aufsicht führen, versetzt sie anschließend in eine Arbeitsgruppe, schickt sie los, um etwas Neues auf die Beine zu stellen, überträgt ihnen im folgenden Jahr eine Stabsarbeit, dann einen anspruchsvollen Linienjob und schließlich einen Reorganisationsauftrag. Es gibt einige gute Gründe, warum diese Methode nicht funktionieren kann. Eine einheitliche Durchmarschmethode steht tatsächlich im Widerspruch zu allem, was wir über die Entwicklung dieser erfolgreichen Führungskräfte gelernt haben. Um Entwicklungsaufgaben wirksam zu nutzen, muß man verstehen, *wie* diese Führungskräfte aus den Aufgaben gelernt haben und begreifen, welche Unausgewogenheiten dabei auftreten können.

*Wie diese Führungskräfte gelernt haben.* Im allgemeinen lernen Erwachsene, wenn sie es müssen, und die von uns befragten Führungskräfte bildeten da keine Ausnahme. Weil diese Aufgaben höchste Anforderungen stellten, war das Lernen alles andere als ein frei gewählter Luxus – nichts, das man aus Lust und Laune betreibt oder weil es irgendwann in ferner Zukunft nützlich sein könnte. Diese Manager haben etwas Neues gelernt, weil sie keine andere Wahl hatten, als zu handeln; sie mußten die Probleme in Angriff nehmen, auch wenn sie sich unsicher fühlten, denn Untätigkeit war das einzige, was mit Sicherheit falsch war. Sie machten sich in einem Schnellkurs mit unbekannten Themen vertraut, probierten etwas aus und lernten aus den

| Entwicklungsfördernde Aufgaben | Lernschwerpunkte |
| --- | --- |
| Frühe Arbeitserfahrungen | Eintritt in die Arbeitswelt<br>Menschen am Arbeitsplatz<br>Selbsterkenntnis |
| Erste Führungserfahrung | Management ist etwas anderes als<br>Spezialistentum |
| Projekt-/Gruppenarbeiten | Fachliche Überlegenheit aufgeben<br>Verständnis für andere Standpunkte |
| Wechsel von Linie zu Stab | Das Bewältigen von mehrdeutigen<br>Situationen<br>Kenntnisse von der Unternehmens-<br>strategie und -kultur |
| Startaktionen | Das Wesentliche erkennen<br>Ein Team aufbauen<br>Schwere Situationen durchstehen<br>Was gute Führung bedeutet |
| Reorganisationen | Härte und Überredungskunst<br>Härte und Instrumentalismus |
| Erweiterungen des<br>Aufgabenumfangs | Auf andere Menschen vertrauen<br>Wie eine Führungskraft denken |

**Abbildung 2.8:** *Das Lernpotential von Aufgaben*

*Einzelne Lektionen*

*Aktionspläne aufstellen und umsetzen*
- TECHNISCHE/FACHLICHE FÄHIGKEITEN
- ALLES ÜBERS GESCHÄFT
- STRATEGISCHES DENKEN
- VOLLE VERANTWORTUNG ÜBERNEHMEN
- AUFBAU UND ANWENDUNG VON ORDNUNGS- UND KONTROLLSYSTEMEN
- INNOVATIVE METHODEN DES PROBLEMLÖSENS

*Handhaben von Beziehungen*
- HANDHABEN VON POLITISCHEN SITUATIONEN
- WIE MAN MENSCHEN DAZU BRINGT, LÖSUNGEN UMZUSETZEN
- WIE FÜHRUNGSKRÄFTE SICH BENEHMEN
- WIE MAN MIT FÜHRUNGSKRÄFTEN ZUSAMMENARBEITET
- VERHANDLUNGSSTRATEGIEN
- UMGANG MIT MENSCHEN, ÜBER DIE MAN KEINE FORMALE AUTORITÄT HAT
- VERSTÄNDNIS FÜR ANDERE STANDPUNKTE
- WIE MAN KONFLIKTE HANDHABT
- MITARBEITER FÜHREN UND MOTIVIEREN
- MITARBEITER FÖRDERN UND ENTWICKELN
- AUSEINANDERSETZUNG MIT LEISTUNGSSCHWÄCHEN VON UNTERGEBENEN
- EHEMALIGE KOLLEGEN UND VORGESETZTE FÜHREN

*Grundlegende Wertvorstellungen*
- MAN KANN NICHT ALLES GANZ ALLEIN MACHEN
- SENSIBILITÄT FÜR DIE MENSCHLICHE SEITE DES MANAGEMENT
- Grundlegende Führungswerte

*Führungscharakter*
- NÖTIGENFALLS HÄRTE ZEIGEN
- SELBSTVERTRAUEN
- Situationen bewältigen, über die man keine Kontrolle hat
- WIDRIGKEITEN STANDHALTEN
- MEHRDEUTIGE SITUATIONEN BEWÄLTIGEN
- Gebrauch (und Mißbrauch) von Macht

*Selbsterkenntnis*
- Das Gleichgewicht zwischen Arbeit und Privatleben
- WELCHE ASPEKTE DER ARBEIT MAN WIRKLICH SPANNEND FINDET

- Persönliche Grenzen und wunde Punkte
- Verantwortung für die eigene Karriere übernehmen
- Chancen erkennen und nutzen

Siehe Esther Lindsey, Virginia Homes u. M.W. McCall, Jr., *Key Events in Executives' Lives*, Technical Report No. 32 (Greensboro, N.C.: Center for Creative Leadership, 1987).

**Abbildung 2.9:** *Was man aus Aufgaben lernen kann*

Ergebnissen. Sie lernten, wo sie konnten, wann sie konnten und von wem sie konnten.

Die Lektionen saßen, weil die Manager aus ihrem eigenen Handeln lernten, nicht anderen beim Handeln zuschauten. Wenn sie erfolgreich waren, hatten sie einem Betrieb oder einem Verfahrenssystem ihren Stempel aufgedrückt. Sie hatten viele Hindernisse überwunden, um diese Spuren zu hinterlassen, und große Risiken auf sich genommen, deshalb war das Lernen untrennbar mit ihrem eigenem Erfolg verknüpft. Manchmal wurden sie süchtig nach Erfolg und Risiken. Eine Führungskraft, die im Regenwald nach Öl gebohrt hatte, drückte das so aus: „Es war Leben pur – reines, unverfälschtes Leben. Keine Büros, keine Memos. Die äußeren Bedingungen waren schrecklich, aber es war unglaublich spannend. Ich kann gar nicht beschreiben, wie intensiv und aufregend diese Zeit gewesen ist."

Weil das Lernen eine Voraussetzung für den Erfolg war und weil das Gelernte durch den Erfolg verstärkt wurde, erwiesen sich die Aufgaben als ausgezeichnete Lehrmeister. Aber solche Mechanismen lassen sich nur schwer steuern – und Menschen merken sehr schnell, wenn ein anderer die Fäden in der Hand hält. Diese Führungskräfte spielten um alles oder nichts, und das war entscheidend für den Lernprozeß. Ihre Vorgesetzten, die Organisation oder Personalfachleute konnten Ratschläge geben und Sicherheitsnetze hinter den Kulissen knüpfen, aber lernen konnte man nur, wenn man mit vollem Risiko spielte. Wie wir noch zeigen werden, muß die Arbeit eine „echte" Aufgabe bleiben, wenn man die Erfahrung für die Entwicklung nutzen will.

## Unausgewogenheiten bei Aufgaben

> Wir sollten sorgfältig darauf achten, daß wir aus einer Erfahrung nur die
> Lehre ziehen, die sie enthält – und es damit bewenden lassen; andernfalls
> geht es uns wie der Katze, die sich auf eine heiße Ofenplatte legt. Sie wird
> sich nie wieder auf eine heiße Ofenplatte legen – und das ist gut so; aber
> sie wird sich auch nie wieder auf eine kalte legen.
>
> Mark Twain

Die Gefahr von herausfordernden Aufgaben ist nicht, daß Manager –
wie die Katze in *Pudd'nhead Wilson* – einen Bogen um heiße Ofenplatten machen. Die Gefahr ist, daß sie glauben, die Welt bestehe ausschließlich aus heißen Ofenplatten. Weil die Aufgaben so spannend,
so aufreibend sind – und der Erfolg so befriedigend –, wird die Aktivität um ihrer selbst willen zur Sucht. Wie John Kotter in seiner Studie
über Generaldirektoren anmerkte: „Weil [sie] so erfolgreich waren,
weil sie häufig auf eine zwanzig- oder dreißigjährige Laufbahn zurück-
blicken konnten, in der sich Sieg an Sieg gereiht hatte, schienen viele
eine ‚Ich kann alles‘-Haltung entwickelt zu haben.[22]

Wenn der Führungserfolg eine Strichliste wäre, auf der man eine
bestimmte Fähigkeit oder eine einmal bewältigte Aufgabe abhaken
könnte, wären diese herausfordernden Aufgaben eine rundum gute
Sache. Aber so reich das Entwicklungspotential von übertragenen Aufgaben ist, reicht es doch nicht aus, um ein keimendes Führungstalent
voll zu entfalten. Aufgaben haben drei mögliche Schattenseiten:
• Sie fördern das Selbstvertrauen auf Kosten der Einsicht in eigene
  Grenzen und Schwächen, was zur Arroganz führen kann.
• Sie fördern Härte auf Kosten des Einfühlungsvermögens, was dazu
  führen kann, daß man Menschen instrumentalisiert.
• Sie fördern die Unabhängigkeit auf Kosten einer guten Mitarbeiterförderung, was zum „Übermanagement" führen kann.

Diese Entwicklungen sind nicht unvermeidlich, aber sie sind potentielle Ursachen eines Ungleichgewichts. Wer eine Aufgabe erfolgreich
bewältigt, wird eher lernen, auf seine eigenen Fähigkeiten zu vertrauen
als an ihnen zu zweifeln; er wird seine Aufmerksamkeit eher auf die
Arbeitseffizienz seiner Mitarbeiter richten als auf ihre Gefühle; und er
wird eher dazu neigen, seinen Einzelbeitrag wichtig zu nehmen als über
seine Verantwortung als Führungskraft nachzudenken.

Natürlich gibt es Führungskräfte, die Selbstvertrauen entwickeln, wenn sie Aufgaben erfolgreich meistern, und dennoch ihre Grenzen kennen, die hart und dennoch einfühlsam sind. Aber wie bei anderen Dingen, die wir als Erwachsene lernen, lernen wir auch Bescheidenheit und Mitgefühl am bereitwilligsten, wenn wir es müssen. Aber für den Erfolg bei einer Aufgabe spielen diese Eigenschaften für gewöhnlich keine entscheidende Rolle. Manager lernen normalerweise etwas über ihre Grenzen und Fehler, wenn sie damit konfrontiert werden – wenn sie schwere geschäftliche Fehlentscheidungen treffen, wenn sie zurückgestuft oder nicht befördert werden, wenn ihre Familie auseinanderbricht. Sie lernen am häufigsten etwas über den einfühlsamen Umgang mit anderen und über Fragen der Integrität, wenn sie selbst der Gegenstand solcher Verhaltensweisen sind – wenn eine bunte Mischung von bewundernswerten und rüpelhaften Menschen diese Werte (oder den Mangel daran) praktisch demonstriert. Aus dem eigenen Erfolg und dem eigenen Verhalten gegenüber anderen ziehen wir also andere Lehren als aus Niederlagen oder aus der Behandlung, die uns selbst zuteil wird.

Im nächsten Kapitel werden wir uns einer ganz anderen Erfahrung zuwenden, die bei den von uns befragten Managern ebenfalls eine tiefe Wirkung hinterließ. Einige Führungskräfte berichteten nicht von einer Aufgabe und den damit verbundenen Schwierigkeiten, sondern beschrieben einen anderen Menschen – fast ausnahmslos einen Vorgesetzten –, der sie nachhaltig geprägt hatte. Was die Manager von diesen ganz besonderen Vorgesetzten lernten, unterschied sich erheblich von den Lehren einer erfolgreich bewältigten Aufgabe.

# 3. Wenn andere Menschen zählen

Aus übertragenen Aufgaben lernen Manager, daß sie mit den verschiedensten Menschen zurechtzukommen *müssen*. Sie haben keine andere Wahl, wenn sie ihre Arbeit erfolgreich bewältigen wollen. So wie man sich bei jeder neuen Aufgabe schnell in fremde Geschäftsbereiche oder Fachgebiete einarbeiten muß, muß man auch lernen, alle beteiligten Personen einzuschätzen und mit ihnen zusammenzuarbeiten. In diesem Sinn ist fast alles, was Manager durch Aufgaben über andere Menschen lernen, instrumentell. Um ein bestimmtes Ziel zu erreichen, muß der Manager die Aktivitäten anderer aufeinander abstimmen, sie als Ressourcen benutzen, wenn sie den vorgegebenen Kurs einhalten, und sie als zu lösende Probleme behandeln, wenn sie sich querstellen. Aus Aufgaben lernt ein Manager, zu überreden, zu schmeicheln, zu „verkaufen", anzuleiten, zu verhandeln und Härte zu zeigen, weil diese Fähigkeiten von entscheidender Bedeutung sind. Von diesen Fähigkeiten hängt der Erfolg ab, ohne sie ist die Niederlage vorprogrammiert. Der beste Plan aller Zeiten ist wertlos, wenn der Vorgesetzte kein grünes Licht gibt. Die brillanteste Strategie ist nichts als graue Theorie, wenn keiner sie in die Praxis umsetzt.

Aber nicht alles, was man über andere Menschen lernt, lernt man aus Aufgaben. Fast 20 Prozent der beruflichen Schlüsselerlebnisse, die von den befragten Managern beschrieben wurden, handelten von einer bestimmten Person und nicht von einer Aufgabe. Im Mittelpunkt dieser Ereignisse standen Menschen, die durch ihre Persönlichkeit einen ganz eigenen und weit tieferen Eindruck bei den Manager hinterlassen hatten als die zu bewältigende Aufgabe. Diese Geschichten handelten von Personen, die durch ihre Position, durch ihre Überzeugungen oder durch ihre Taten eine starke und dauerhafte Veränderung bei den künftigen Managern bewirkten. Sie stellten die Arbeitsherausforderungen und andere Ereignisse, mit denen der Manager zu jenem Zeitpunkt konfrontiert wurde, in den Schatten. Diese Menschen, nicht die anstehenden geschäftlichen Angelegenheiten, wurden zum wichtigsten Lernantrieb bei diesen Schlüsselerlebnissen.

Wie sich herausstellte, waren die meisten dieser Personen – volle

90 Prozent – Vorgesetzte in der Organisation. Man denkt spontan an die Tradition des Mentors, also an eine langfristige Beziehung zu einem Chef, der seinen Management-„Schüler" berät und ausbildet. Aber wir haben festgestellt, daß die Kontakte zu Vorgesetzten, die von den Managern als entscheidende Lernerfahrungen beschrieben wurden, manchmal nur wenige Minuten und selten länger als einige Jahre dauerten. Levinson kommt in seinem Buch *Das Leben des Mannes* zu dem Schluß, daß intensive Mentorbeziehungen zwar wichtig für die Entwicklung im Erwachsenenalter sind, bei der Arbeit jedoch selten auftreten.[1]

Aber wenn langfristige Mentorbeziehungen nicht den Kern der Lernerfahrung bildeten, warum wurden dann Vorgesetzte so häufig als Quellen wichtiger Erkenntnisse genannt? Warum nicht Kollegen oder Untergebene oder Freunde? Tatsächlich spielten neben den Vorgesetzten auch andere Personen eine Rolle beim Erlernen von Führungsfähigkeiten. Die Manager berichteten, daß sie von Untergebenen gelernt hätten, zum Beispiel durch eine erfolgreiche Führung (vor allem bei Erweiterungen des Aufgabenumfangs und bei Startaktionen), durch das direkte Ausprobieren von (für sie) neuen Führungs- und Motivationsmethoden und durch offene Konfrontationen (ein typisches Merkmal von Reorganisationen und Härten). Aber wenn Mitarbeiter einen bleibenden Eindruck hinterlassen hatten, ging es meistens darum, welche Rolle sie in einem größeren Zusammenhang spielten oder wie sie auf die Handlungsweise der Führungskraft reagierten. Anders als bei Vorgesetzten wurde in diesen Fällen nie ein einzelner Mitarbeiter herausgehoben, der als primäres Rollenmodell fungierte.

Ähnlich verhielt es sich bei gleichgestellten Kollegen. Die Manager entwickelten mehr Einfühlungsvermögen und die Fähigkeit zur Kooperation, wenn sie im Lauf der Zeit die verschiedensten Aufgaben übernahmen (zum Beispiel Gruppenprojekte, die oft eine enge Zusammenarbeit erforderten) oder wenn sie nicht genügend Rücksicht auf gleichgestellte Manager nahmen und deshalb einen Mißerfolg erlebten. Sie lernten auch von Kollegen, weil sie beobachteten, was diesen – meist durch die Handlungen von Vorgesetzten – passierte. Gleichgestellte erwiesen sich auch als wichtige Vergleichsmaßstäbe, wenn Führungskräfte außerbetriebliche Kurse besuchten. Aber auch hier stand selten ein einzelner Kollege im Mittelpunkt des berichteten Schlüsselerlebnisses. Die Bedeutung von Kollegen ergab sich wie bei Untergebenen in erster Linie aus der Rolle, die sie in einem größeren Kontext spielten.

Dasselbe galt für andere wichtige Menschen im Leben dieser Führungskräfte. Außenstehende bildeten einen wichtigen Teilaspekt von Verhandlungen und interkulturellen Aufgaben. Ehefrauen, Väter, Lehrer und Trainer tauchten nur sporadisch als bedeutsame Rollenmodelle auf.

Wenn eine andere Person im Mittelpunkt einer entscheidenden Lernerfahrung stand, handelte es sich also meistens um einen Vorgesetzten. Und dafür gibt es gute Gründe. Vorgesetzte haben immerhin die Macht, den Alltag und häufig auch das berufliche Vorankommen ihrer Untergebenen direkt zu beeinflussen. McGregor geht in *The Human Side of Enterprise* sogar so weit zu behaupten, daß jeder Kontakt mit dem Vorgesetzten die Ansichten, Gewohnheiten oder Erwartungen eines Mitarbeiters verstärkt oder modifiziert.[2] Das mag zwar zutreffend sein, aber die entscheidende Frage ist, ob diese Begegnungen eine dauerhafte Veränderung bewirken. In dieser Hinsicht waren nicht alle beschriebenen Vorgesetzten bedeutsam. Einige hinterließen nur geringe oder überhaupt keine bleibenden Spuren. Manche waren nur deshalb wichtig, weil sie Teil einer wichtigen Arbeitsaufgabe waren. (Das galt insbesondere für die ersten Führungstätigkeiten und für erhebliche Erweiterungen des Aufgabenumfangs). Aber bestimmte Vorgesetzte beeinflußten die Entwicklung der von uns befragten Manager nachhaltig und stärker als jede andere Personengruppe. Der Kontakt zu diesen besonderen Vorgesetzten wurde zu einer ganz eigenen Lernerfahrung.

## Drei besondere Sorten von Vorgesetzten

Einige der prägenden Ereignisse im Zusammenhang mit Vorgesetzten dauerten wie gesagt nur wenige Augenblicke. Andere erstreckten sich über mehrere Jahre. Bei manchen Erfahrungen war der befragte Manager direkt beteiligt, bei anderen stand das Verhalten des Vorgesetzten gegenüber Dritten im Mittelpunkt. Aber immer hatte die Erfahrung sehr starke Gefühle ausgelöst. Vielleicht lag es an der Emotionsgeladenheit dieser Erinnerungen, daß unsere Manager diese speziellen Vorgesetzten nur in ganz einfachen Schwarzweißbegriffen beschrieben: Die Chefs waren gut, sie waren schlecht oder eine Mischung aus beidem.

Wenn die Manager eine bestimmte Person als wichtigsten Einfluß bezeichneten, handelte es sich in der Mehrheit der Fälle um einen „guten Chef", der ihnen in angenehmer Erinnerung geblieben war. Aber es gab keine besonders hervorstechende Eigenschaft, die einen guten Chef kennzeichnete. Einige dieser Vorgesetzten gaben dem Manager viel Freiheit, damit er selbst etwas ausprobieren konnte; andere sorgten dafür, daß er Aufmerksamkeit und Anerkennung erhielt; wieder andere waren echte Genies in einem bestimmten Geschäftsbereich oder auf einem fachlichen Gebiet. Einige waren warmherzig, fürsorglich und ermutigend; andere erteilten kluge und wohldosierte Ratschläge. Es gab Vorgesetzte, die ihren Mitarbeitern Türen öffneten, und Vorgesetzte, die ihre Mitarbeiter vor den Widrigkeiten des Organisationslebens schützten. Einige Chefs bewerteten die Leistung ihrer Untergebenen ehrlich und direkt, andere machten sie mit den Hauptakteuren und der Politik des Unternehmens vertraut, und manche übertrugen ihren Untergebenen einfach aufregende und anspruchsvolle Aufgaben.

Kurzum – einige „gute" Chefs waren warmherzig und andere nicht. Einige kümmerten sich um ihre Mitarbeiter und andere nicht. Einige waren fähige Lehrer, und andere zeigten keinerlei pädagogischen Ehrgeiz. Aber alle hatten etwas Positives anzubieten, das der Untergebene bewunderte oder brauchte. Ob sie ihrem Mitarbeiter eine große Chance verschafften oder ihm genügend Spielraum für Fehler ließen, ob sie ihm Unterstützung und Ermutigung anboten oder sogar die bittere Pille ehrlicher Kritik zu schlucken gaben – diese Chefs spielten eine Schlüsselrolle in der Entwicklung der ihnen unterstellten Manager. Manchmal hing diese Schlüsselrolle nicht nur damit zusammen, daß der Vorgesetzte in der einen oder anderen Form bemerkenswert war, sondern auch damit, daß er eine besonders enge und persönliche Beziehung zu dem aufstrebenden Manager entwickelte.

Ein ganz anderes Bild zeichnet sich ab, wenn wir uns den Schattenseiten von Vorgesetzten zuwenden. Bei einem Drittel dieser einflußreichen Chefs war den Managern kaum ein versöhnender Zug in Erinnerung geblieben. In diesen Fällen beobachteten die Manager nicht nur die Handlungsweise des Vorgesetzten und deren Auswirkungen, sondern mußten gleichzeitig mit einer schwierigen Beziehung fertig werden. Die Führungskräfte fühlten sich „abgestoßen" von Vorgesetzten, die sie als „aufgeblasen", „borniert", „diktatorisch" und „rachsüchtig" beschrieben, von Chefs, die einen Untergebenen „in Gegenwart Dritter herunterputzten" oder andere mit ihrem Wissen beschämten. Genauso einprägsam wie das direkte Beobachten dieser Rollenmodelle waren die Reaktionen anderer: Sabotage, Wut, Mißtrauen, Bitterkeit und vor allem die Angst, die aus einer grausamen Behandlung resultierte. Diese Erfahrungen machten den Managern eindringlich klar, wie man es *nicht* machen sollte.

Einige besondere Vorgesetzte wurden als Mischung aus Gut und Böse beschrieben, die mit ihrer größten Stärke eine Achillesferse verdeckten. „Er verteilte sehr viel Lob und machte andere auf mich aufmerksam", berichtete ein Manager. „Seine Untergebenen behandelte er sehr gut. Er hatte Spaß an Veränderungen, und er vermittelte dir das Gefühl, wichtig zu sein, wenn er dich mochte. Aber gegenüber Vorgesetzten und gleichrangigen Kollegen verhielt er sich fürchterlich. Er scheiterte, weil er zu clever war – er gab anderen Leuten das Gefühl, dumm zu sein, weil er immer beweisen mußte, wie klug er selbst war."

Der Einfluß eines fehlerhaften Vorgesetzten wurde – mehr noch als bei einem guten oder schlechten Chef – durch eine enge persönliche Beziehung verstärkt. Einige der von uns befragten Führungskräfte erinnerten sich an einen Chef, der unter seiner rauhen Schale ein „Herz aus Gold" verbarg. Andere erzählten, daß ihr Vorgesetzter sie anders behandelt hätte als ihre Kollegen: „Ich war die Ausnahme", wie einer es formulierte. Diese enge persönliche Beziehung hatte unterschiedliche Ursachen: manchmal Identifizierung: „Ich war wie er"; manchmal Mitleid: „Er hat sein Talent vergeudet"; manchmal der Respekt, der entstehen kann, wenn man „wie Hund und Katze steht"; und manchmal Dankbarkeit, weil der Vorgesetzte Türen geöffnet oder zu Höchstleistungen angespornt hatte.

Von allen Menschen bietet ein fehlerhafter Vorgesetzte vielleicht das reichste Lernangebot. Wie ein guter Chef hat er eine Vielzahl von bemerkenswerten Eigenschaften, die der aufstrebende Manager nachahmen kann. Wie ein schlechter Chef gibt er ein Beispiel dafür, wie man es *nicht* machen sollte. Aber die entscheidende Lektion ist vielleicht das Auftauchen der Schwäche innerhalb der Stärke: Ein talentierter, erfolgreicher Manager erfährt aus erster Hand, wie ein anderer talentierter, erfolgreicher Manager sich selbst zugrunde richten kann. Das gewährt ihm vielleicht einen ersten Einblick in die Mechanismen des Scheiterns, weil er erkennt, daß jede Stärke auch eine Schwäche sein kann, daß wunde Punkte eine Rolle spielen, auch wenn sie von brillanten Leistungen überdeckt werden. „Ich wußte", so einer der Manager, „daß ich war wie er. Wenn ich nichts dagegen unternahm, würden all meine glanzvollen Pläne wie Seifenblasen zerplatzen. Wenn man klug ist, verliert man leicht die Geduld mit anderen, aber irgendwann braucht man sie, und dann steht man allein da."

## Von Vorgesetzten lernen

Diese Chefs waren gut oder schlecht oder eine Mischung aus beidem, und sie hinterließen einen bleibenden Eindruck, weil sie spezielle Stärken hatten oder spezielle Schwächen oder weil sie eine besondere persönliche Beziehung zu dem aufstrebenden Manager knüpften. Man konnte also die vielfältigsten Dinge von ihnen lernen. Aber die Lektionen waren personengebunden – sie hingen vom einzelnen Chef ab. Deshalb lernten die meisten der von uns interviewten Führungskräfte diese Lektionen aus anderen Erfahrungen. Ein aufstrebender Manager *kann* vom „richtigen Chef zur richtigen Zeit" so gut wie alles lernen. Es ist offenbar eine reine Glückssache.

Ist es also nicht so wichtig, ob man starken Rollenmodellen ausgesetzt wird oder nicht? Keineswegs. Sie können die Entwicklung von Führungsbegabungen in dreierlei Hinsicht stark beeinflussen.

Erstens können sie einen Ersatz für direkte Erfahrungen bieten und Lektionen vermitteln, die eine Führungskraft sonst vielleicht versäumen würde, einfach weil den Möglichkeiten direkter Erfahrungen bestimmte Grenzen gesetzt sind. Manchmal gibt es zu wenig anspruchsvolle Aufgaben, die man in Angriff nehmen könnte, und auch bei einem reichhaltigen Angebot ist keine Karriere lang genug, als daß man alle Gelegenheiten nutzen könnte. Also ist es tröstlich, daß man diese Lücken durch Beobachtungslernen schließen kann. Die richtige Person zur richtigen Zeit kann viele der Lektionen vermitteln, die man normalerweise aus Aufgaben lernt. Von Vorgesetzten, die viel von Marketing, von Strategie oder vom Teamaufbau verstanden, lernten aufstrebende Manager, wie man diese Aufgaben auf unterschiedlichste Weise lösen konnte.

Das ist die Art von Modellernen, insbesondere im Hinblick auf die Behandlung von Untergebenen, die Marshall und Stewart in ihrer Untersuchung entdeckten.[3] Durch das Beobachten anderer, die richtig handelten oder falsch handelten oder die sich selbst ruinierten, weil sich unter ihrem bemerkenswerten Talent eine Schwäche verbarg, lernten einige Manager, daß es viele verschiedene Führungsansätze gibt. Andere Menschen können also ein wichtiger Ersatz für direkte Erfahrungen sein oder sie vervollständigen. Was ein Manager woanders nicht lernt, aus Mangel an Gelegenheit oder einfach weil er beim ersten Mal die Chance nicht genutzt hat, lernt er vielleicht von einer anderen Person.

Zweitens können Vorgesetzte einige Fähigkeiten vermitteln, die man durch Aufgaben überhaupt nicht oder nicht in derselben Form erwerben kann. Manager und Führungskräfte müssen immer wieder harte Entscheidungen treffen, bei denen geschäftliche Interessen und das Wohl einzelner Menschen aufeinanderprallen. Was ist der menschlichste Weg, um eine Niederlassung zu schließen? Wann hat man die moralische Verpflichtung, sich der Anweisung eines Vorgesetzten zu widersetzen? Wie vereinbart man seine persönlichen Gefühle gegenüber anderen Menschen mit der Macht, ihre Gehälter und ihre Karrieren zu beeinflussen? Aus Aufgaben lernt ein Manager, daß er in solche Situationen mutig und entschlossen handeln muß, aber die Wertvorstellungen, die das Handeln einer Führungskraft und ihr Verhalten innerhalb einer Organisation bestimmen, werden in erster Linie von Vorgesetzten vermittelt.

Drittens bildet der Unterricht durch Vorgesetzte mitunter ein sehr wichtiges Gegengewicht zu den Lektionen, die man aus Aufgaben lernt. Ein erfolgreicher Manager ist ein individualistischer, aggressiver Erwachsener, der durch die Herausforderung einer schwierigen Aufgabe einen bestimmten Härtegrad erreicht. Sein Erfolg hängt davon ab, daß er andere Menschen dazu bringen kann, seinen Anweisungen Folge zu leisten, ihm zu helfen oder ihm aus dem Weg zu gehen. Wie gleicht man die Unsensibilität eines Managers aus, der andere Menschen in erster Linie instrumentalisiert? Woher kommt die ausgleichende Gegenkraft für die Unsensibilität, die durch dieses Instrumentalisieren anderer Menschen erzeugt wird? Woher kommen die Wertvorstellungen, die einen Mißbrauch der Macht verhindern? Solche Wertvorstellungen werden – zumindest teilweise – von wichtigen

Rollenmodellen geprägt, insbesondere von Vorgesetzten, die eine erfolgreiche Führungskraft durch ihre Stellung und ihr Verhalten stark beeinflussen können.

Aber gute Lehrer sind in Unternehmen genauso selten wie im übrigen Leben. Clawson stellte in einer Studie über Beziehungen zwischen Mitarbeitern und Vorgesetzten fest, daß diejenigen Chefs die besten Lehrer waren, die sich ihren Untergebenen gegenüber zugänglich zeigten, die ihre Mitarbeiter durch hohe Ansprüche herausforderten und denen es gelang, die gesamte Beziehung zu einer Entwicklungserfahrung zu machen.[4] Man sollte nicht darauf warten, daß einem ein solcher Vorgesetzter über den Weg läuft und einem „beibringt", wie man ein erfolgreicher Manager wird. Vielfältige Kontakte zu den unterschiedlichsten Vorgesetzten sind genauso wichtig für die Entwicklung wie vielfältige Aufgabenstellungen. Aber – und es ist ein großes „Aber" – die erfolgreichen Führungskräfte in unserer Studie haben selbst die Verantwortung dafür übernommen, daß sie etwas lernten. Anstatt ein kritisches und kränkendes Feedback zurückzuweisen, haben sie ihren Stolz heruntergeschluckt und es sich zu Herzen genommen. Anstatt einen unerträglichen Chef für alle Schwierigkeiten verantwortlich zu machen, haben sie Erkenntnisse über sich selbst gesammelt. Anstatt Mitarbeiter fallenzulassen, weil sie zu alt oder zu jung oder zu ungehobelt oder zu weich oder zu anders waren, haben sie sich gesagt, daß man von jedem etwas lernen kann. Sie haben erkannt, daß warmherzige und fürsorgliche Vorgesetzte einem nicht immer die notwendigen Wahrheiten sagen, und sie haben begriffen, daß sich jeder Mensch durch eine einzigartige Mischung von Stärken und Schwächen auszeichnet. Nicht nur die Stärken, auch die Schwächen bieten wertvolle Lektionen. Wir können viel von anderen Menschen lernen, aber häufig sind wir zu blind, um die Lehren zu erkennen.

### Lektionen von Vorgesetzten: Die „guten" Chefs

Ein besonders beispielhafter Vorgesetzter, den wir interviewten,[5] tat drei Dinge, die die Führungsauffassung seiner Mitarbeiter nachhaltig prägten. Bei der ersten Sache ging es darum, wie er ein Problem mit der Gewerkschaft handhabe.

An seinem ersten Arbeitstag im neuen Job hatte die Gewerkschaft zum Streik aufgerufen. 10 000 Menschen folgten der Aufforderung.

Gene, der besagte Vorgesetzte, beraumte ein Gespräch mit der Gewerkschaft an. Vor dem Treffen zog der Leiter der Personalabteilung ihn zur Seite und sagte ihm, er (Gene) würde diese Leute nicht verstehen. Sie seien wie Tiere; sie seien primitiv. „Es gibt zwei Themen, die man auf keinen Fall ansprechen darf", erklärte er, „nicht gewerkschaftlich organisierte Niederlassungen in den Südstaaten und Subunternehmerverträge." Gene antwortete nicht. Er ging zu dem Treffen und eröffnete es mit den Worten: „Diese Machtdemonstration hättet ihr euch sparen können. Ich wußte, daß ihr das Heft in der Hand habt. Mit dieser Aktion habt ihr nur eine Menge Lohngelder verschwendet. Diese erste Sitzung wird nicht lange dauern, also werden wir nur zwei Themen erörtern: nicht gewerkschaftlich organisierte Niederlassungen in den Südstaaten und Subunternehmerverträge."

Danach hielt er seinen Managern eine Vortrag über seine Absicht, die Beziehungen zu den Gewerkschaften zu verbessern. Anfangs bekam er keine Reaktion, aber er hielt an seinem Plan fest. Bei Verhandlungen war es zum Beispiel üblich, daß der Gewerkschaftsvertreter an einem Ende eines langen Tisches saß, während der Managementvertreter am anderen Ende saß, so daß beide brüllen mußten, um einander zu verstehen. Gene schob seinen Stuhl einfach direkt neben den des Gewerkschaftlers, weil er der Ansicht war, daß man auf diese Distanz ein vernünftigeres Gespräch führen könnte. Später entdeckte er, daß die Gewerkschaft eine Wanze in seinem Büro installiert hatte, aber er ließ das Gerät nicht entfernen. „Ich will, daß sie wissen, was ich vorhabe", erklärte er. „Außerdem erzähle ich ihnen sowieso alles. Ich gebe ihnen dieselben Auskünfte, die ich der Unternehmensleitung gebe." Nach einer Weile wandelte sich die schlechte Beziehung und wurde viel konstruktiver. Gene war es gelungen, die schwierige Situation zu entspannen.

Die zweite Sache, die dieser besondere Chef tat, betraf die Kundenbeziehungen. Auch dies hatte eine starke Wirkung auf seine Untergebenen. Während Gene auf einer Geschäftsreise war, fiel in einer nahegelegenen Anlage eine der Turbinen aus, die in Genes Betrieb hergestellt wurden. Gene fuhr sofort hin und blieb, bis das Problem gelöst war. Als er zurückkehrte, teilte er seinen Untergebenen mit, daß er von nun an jedes Werk aufsuchen würde, in dem es zu Störungen im Turbinenbetrieb kam, und persönlich mit den jeweiligen Betriebsleitern sprechen würde. Seine Untergebenen rieten davon ab. Es würde ihn einfach zu viel Zeit kosten. Ein Mitarbeiter erzählte Gene sogar, daß die Ingenieure wütend auf ihn seien, weil sie sein Verhalten als Einmischung in ihre Arbeit betrachteten. Gene lächelte nur und meinte: „Es gibt nichts Wichtigeres", und fuhr in den nächsten zwei Jahren zu jedem Betrieb, in dem ein Turbinenschaden auftrat.

Bei der letzten Geschichte ging es darum, wie dieser Vorgesetzte seine Mitarbeiter miteinbezog und an Entscheidungen teilhaben ließ. Kurz nachdem Gene die Leitung des Unternehmens übernommen hatte, überredete er den Vorstand, zwei ehemals getrennte Geschäftsbereiche an einem neuen Standort zu konsolidieren. Er beauftragte neunzig Ingenieure mit der Durchführung von Standortstudien und der Planung der neuen Anlage. Es dauerte Jahre, und viele der Ingenieure wehrten sich anfangs mit Händen und Füßen gegen den Plan. Gene wiederholte immer nur eisern seine beiden einzigen Grundregeln für das Projekt: „Wir ziehen um" und „Ihr könnt 60 Millionen Dollar für den Bau dieser Anlage ausgeben." Nach und nach begeisterten sich die Ingenieure für den Plan und fingen an, sich auf die Besprechungen mit Gene zu freuen. Sie tauschten Argumente aus, teilten sich in kleine Arbeitsgruppen und tauschten weitere Argumente aus. Sie übernahmen allmählich seine Vision von einer wundervollen Anlage, die auf dem neuesten Stand der Technik sein sollte. Als die konsolidierte Betriebsstätte eröffnet wurde, konnte sie sich der neuesten Technologie rühmen, und die Arbeitsmoral hatte offensichtlich schwindelnde Höhen erreicht, denn es gab praktisch keine Kundenbeschwerden. Aber Gene hatte noch einen Trumpf im Ärmel. Vor dem Bau der Anlage hatte er einige Grundstücke gekauft, die an den Standort angrenzten. Nachdem die Anlage fertiggestellt war, verkaufte er dieses Land. Das und die Produktivitätsverbesserungen glichen die Kosten für das Bauland, das Gebäude und den Umzug bei weitem aus. Gene war es gelungen, eine 60-Millionen-Dollar-Anlage nahezu umsonst zu bauen.

Dieses Beispiel zeigt, wie die Aktionen eines guten Chefs die Haltung der Untergebenen beeinflussen können. Es spielt kaum eine Rolle, ob Gene durch sein Handeln bewußt ein Beispiel setzen wollte oder ob er einfach geschäftliche Ziele verfolgte. Entscheidend war, daß sein Handeln von festen Grundsätzen und Wertvorstellungen geleitet wurde. Seine Untergebenen lernten aus der Beobachtung eines vorbildlichen Chefs.

Das Gewerkschaftsproblem zeigte, daß Offenheit und Kommunikationsbereitschaft Werte waren, die sich bezahlt machen konnten: Gene behandelte die Gewerkschaft genauso wie alle anderen Mitarbeiter, sagte ihnen offen, was er tat und warum er es tat, und bezog sie in seine Entscheidungen mit ein.

Indem er sich persönlich um jedes Produktversagen kümmerte, zeigte er den Kunden (und seinen Mitarbeitern), was Qualität und Service für ihn bedeuteten. Wie wertvoll ein guter Kundenservice sein konnte, trat sehr deutlich zutage, als einige Kunden Klage gegen das Unternehmen einreichten. Gene ließ eine Broschüre für eben diese Kunden zusammenstellen, in der er (gegen den Protest der juristischen Berater) über alle Schwachstellen der Turbinen aufklärte und anbot, diese Probleme zu ermäßigten Preisen zu beheben. Die Kunden akzeptierten das Angebot, zogen ihre Klage zurück und lösten die Probleme in Zusammenarbeit mit dem Unternehmen. Genes Betrieb verlor keinen Pfennig durch diese Maßnahme.

Als er für zwei Jahre eine Arbeitsgruppe von Ingenieuren zusammenstellte, die die neue Anlage bauen sollten, demonstrierte er zwei Dinge: daß er ihnen zutraute, über die beste Qualität zu entscheiden und daß sie den Gang der Ereignisse tatsächlich beeinflussen konnten.

Dieses Beispiel veranschaulicht eine der häufigsten Lektionen, die man von Vorgesetzten lernte: daß sich persönliche Wertvorstellungen im Handeln widerspiegeln. Das Beispiel guter Chefs machte den Untergebenen klar, daß Integrität, Vertrauen, Einfühlungsvermögen und andere „abstrakte" Werte von großer praktischer Bedeutung waren.

Wer von einem guten Chef lernte, bemerkte vor allem dessen Stärken: Wenn ein Vorgesetzter viel Freiheit ließ, begriffen die Mitarbeiter, was Autonomie bedeutete. Wenn der Chef hervorragend motivieren konnte, versuchten die Mitarbeiter dieses Verhalten nachzuahmen. Wenn er ein leuchtendes Beispiel an Integrität war, achteten die Untergebenen darauf, was ihre eigene Handlungsweise über sie aussagte. Was immer die besonderen Stärken eines guten Vorgesetzten sein mochten, in der Ausbildung dieser künftigen Führungskräfte spielte er eine zentrale Rolle – als Coach, als berufliches Leitbild und als Personifikation von Wertvorstellungen.

*Lektionen von Vorgesetzten: die „schlechten" Chefs*[6]

Auf zwei gute Chefs kam in unserer Studie je ein schlechter.

Ein Vorgesetzter führte zum Beispiel eine Akte über alle Leute, die er gut kannte, und zögerte nicht, davon Gebrauch zu machen. Ein anderer ergötzte sich an einem perfiden Spiel: Er präsentierte seinen Untergebenen regelmäßig ein scheinbar unüberwindliches Problem und schmetterte dann verächtlich alle Lösungsvorschläge ab, die seine Mitarbeiter unterbreiteten. Wenn ihnen nichts mehr einfiel, tischte er ihnen triumphierend die Lösung auf, die er die ganze Zeit in petto gehabt hatte. Im Gegensatz dazu drückten sich andere schlechte Chefs vor jeder Verantwortung, weil sie offenbar nicht in der Lage oder nicht bereit waren, Entscheidungen zu treffen.

Gene (der vorbildliche Chef des vorangehenden Beispiels) hatte selbst einen Vorgesetzten, der eine Schreckensherrschaft führte:

> Bevor ich Manager wurde, arbeitete ich in einem Bereich, dessen einziger Kunde die Armee war, und deshalb war unser wahrer Chef der militärische Befehlshaber. Als ich ihm das erste Mal begegnete, brachte er ein Expertenteam mit, daß einem meiner Kollegen die Hölle heiß machen sollte. Nach etwa zehn Minuten brüllte er: „Warum zum Teufel setzen Sie sich nicht hin und holen jemanden, der versteht, wovon diese Leute reden?!" Ich wurde herausgepickt und glücklicherweise lief es ganz gut.
>
> Es gibt zahlreiche Horrorgeschichten darüber, wie dieser Mann Leute schikanierte, Karrieren ruinierte und ähnliches, aber er hat mir einiges beigebracht:
>
> Erstens stellte er alles in Zweifel und hatte häufig Recht damit. Ich hasse es, mich mit Details herumzuschlagen, aber von ihm habe ich gelernt, darauf zu achten. Ich weiß nicht, ob ich die spätere Konsolidierung ohne sein praktisches Beispiel zu Wege gebracht hätte.
>
> Zweitens habe ich gelernt, mit irrationalen Reaktionen umzugehen. Ich habe darauf spekuliert, daß er mich und keinen anderen für diesen Job wollte, und ich habe mir gedacht, daß Fakten immer die deutlichste Sprache sprechen. Jahre später benutzte ich diese Taktik, um die Widerstände gegen die neue Anlage zu überwinden. Andere Führungskräfte wollten das Geld für ihre eigenen Vorhaben. Ich untergrub ihre Argumente, indem

ich aufzeigte, daß die Nettokosten für mein Projekt bei Null lagen. Damit hatte ich ihnen allen Wind aus den Segeln genommen. Das gleiche hatte ich bei dem Militärführer gemacht: ich legte ihm die Zahlen vor und erklärte ihm, daß ich kein Produkt mit Verlust herstellen würde.

Drittens lernte ich, daß man auf vielen Wegen zum Ziel kommt, nicht nur auf meinem. Er kam eines Tages in mein Büro und teilte mir mit, daß das Produkt perfekt sei, daß er nichts daran auszusetzen habe. Ich grinste und entgegnete: „Hey, da draußen warten eine Menge Leute auf Sie." Er sagte: „Tja, da haben Sie wohl recht", marschierte schnurstracks hin und brüllte: „Wann werdet ihr Idioten endlich kapieren, wie man es richtig macht?"

Sein Verhalten war also zum Teil Show, aber teilweise war er auch sehr grausam. Wenn man unter die Oberfläche schaut, wenn man versucht, die Leute zu verstehen, findet man normalerweise immer irgendeine gemeinsame Basis. Er war ein Perfektionist, der jeden Produktfehler als Bedrohung der nationalen Sicherheit betrachtete. Er war überzeugt, das Richtige zu tun.

Er war auch ein großartiges Beispiel dafür, wie man es nicht machen sollte. Seine Strategie war immer auf kurzfristige Ziele ausgerichtet, was vielleicht funktioniert, wenn man alle Karten in der Hand hat. Aber wenn man Menschen motivieren will, wenn man sie für eine Sache begeistern möchte, ist diese Methode ungeeignet.

Genes Geschichte ist repräsentativ für viele Führungskräfte, die zu irgendeinem Zeitpunkt der Gnade oder Ungnade eines wenig liebenswerten Vorgesetzten ausgeliefert waren. Weil sie sich nicht sofort aus der Situation befreien konnten, blieb ihnen kaum eine andere Wahl, als die Beziehung auf irgendeine Weise zum Laufen zu bringen: Sie mußten den Gegner verstehen, seine Angriffe parieren und lernen, wie man es *nicht* machen sollte.

Man könnte denken, daß man Einfühlsamkeit von einfühlsamen Menschen lernt und Integrität von integren Menschen, aber unsere Führungskräfte setzten sich am häufigsten mit diesen Eigenschaften auseinander, wenn sie in die Fänge eines schlechten Chef gerieten. Was diese Erfahrung so nachhaltig wirken ließ, war vermutlich das drastische Beispiel dieser Vorgesetzten, gepaart mit der Unfähigkeit, der Situation auszuweichen. Daß dieses Erlebnis tatsächlich eine starke Wirkung hatte, war unzweifelhaft, denn die Führungskräfte sprachen in Extremen: Sie berichteten von Vorgesetzten, die so grausam waren wie „Attila der Hunnenkönig", von Gefühlen der Verachtung, Erniedrigung und Angst. Viele Manager waren so abgestoßen, daß sie einen Schwur ablegten: Niemand sollte je wieder solche Gefühle in ihnen wecken, und sie selbst wollten nie etwas tun, das solche Gefühle in anderen Menschen auslöste.

Nachdem die aufstrebenden Führungskräfte gründlich darüber nachgedacht hatten, wie man es nicht machen sollte, setzten sie diese Erkenntnisse in einige Richtlinien für das eigene Verhalten um.

Manche entwickelten sachlich-nüchterne Strategien, die sie nicht nur im Umgang mit schwierigen Chefs nutzten, sondern auch für andere unangenehme Beziehungen, auf die sie keinen direkten Einfluß hatten. Wenn die Person eine Achterbahn ist, sieh zu, daß du sie in der Aufschwungphase erwischst. Wenn du in einem bestimmten Punkt anderer Meinung bist, stimme in anderen Fragen zu. Wenn persönliche Antipathien eine Rolle spielen, halt die Interaktion auf einer rein sachlichen Ebene, gib bei unwichtigen Dingen nach. Diesen Strategien lag die stillschweigende Erkenntnis zugrunde, daß es schwierig sein würde, den Chef (oder Feind) zu ändern – daß es aber möglich war, sich selbst zu verändern, um die Beziehung zu verbessern.

Andere stellten durch Versuch und Irrtum fest, daß in ihrer konkreten Situation keine der aktiven Strategien funktionierte. Statt dessen ließen sie die schwere Prüfung mit gesenktem Kopf über sich ergehen und übten sich in einer Tugend, die aggressiven, ehrgeizigen Managern besonders schwer fällt – Geduld. Was sie nicht durch Handeln erreichen konnten, mußten sie durch eine veränderte Einstellung erreichen. Diese Anpassung konnte die unterschiedlichsten Formen annehmen: Die Manager sagten sich zum Beispiel, daß sie „für das Unternehmen und nicht für den Boß" arbeiteten, oder sie lernten, „das Spiel des Chefs mitzuspielen". Ihre Geduld wurde am Ende belohnt, wenn sie versetzt oder befördert wurden oder wenn ihre Vorgesetzten entlassen, zurückgestuft, pensioniert, versetzt oder manchmal selbst befördert wurden.

Der zweite Unterrichtsblock, den schlechte Chefs erteilten, hing damit zusammen, daß die Manager allmählich herausfanden, wie eine gute Führungskraft handeln sollte, weil sie die Fehler eines anderen Managers beobachteten. Die Art und Weise, wie sie selbst oder Dritte behandelt wurden, führte dazu, daß die Manager sehr genaue Vorstellungen davon entwickelten, wie man mit Menschen (vor allem Untergebenen) umgehen *sollte* und wie eine Führungskraft handeln *müßte*, die ihre Verantwortung ernst nimmt. Aus den negativen Handlungen der Chefs leiteten sie positive Handlungsrichtlinien für das eigene Führungsverhalten ab.

1. *Menschen verdienen Anerkennung für das, was sie leisten.* „Mach deine Untergebenen sichtbar", sagte ein Manager, „Du mußt anderen zeigen, daß du Sie als Mensch respektierst und ihre Leistungen anerkennst", erklärte ein anderer.

2. *Menschen brauchen genügend Freiheit, damit sie ihre Fähigkeiten beweisen und Verantwortung übernehmen können.* Wie eine Führungskraft es formulierte: „Deine Untergebenen werden sich in einem bestimmten Gebiet immer besser auskennen als du. Laß ihnen so viel Spielraum wie irgend möglich. Bitte sie um ihren Beitrag." Ein anderer meinte: „Menschen sind offener, wenn sie das Gefühl haben, daß sie gefahrlos widersprechen oder Fragen stellen können."

3. *Oft steckt mehr dahinter, als man auf den ersten Blick erkennt.* „Eine negative Einstellung ist häufig eine Folge von Unsicherheit", stellte ein Manager fest. „Ich habe meinen Boß beobachtet und dabei etwas über mich selbst gelernt – wenn ich mich in einer Sache nicht auskenne, reagiere ich mitunter negativ, weil ich mich von den Leuten, die mehr wissen, eingeschüchtert fühle." Ein anderer Manager deutete an, daß ein unerträglicher Chef mitunter nicht so schlimm ist, wie es zunächst den Anschein hat: „Jeder hat Probleme, aber sie haben Ursachen. Mit ein bißchen Toleranz kann man die Probleme ausbügeln."

4. *Man muß seine Pflichten akzeptieren.* „Ich habe für einen Mann gearbeitet, der keinen Hehl daraus machte, daß er allen Entscheidungen aus dem Weg ging, weil er das für die beste Taktik hielt. Ich habe gelernt, es anders zu machen. Wenn man alle Informationen gesammelt hat, muß man *handeln*. Ohne Entscheidungen gibt es auch kein Feedback, keine Fehler, aus denen man lernen kann.

100

Ich mag Menschen, die ein bißchen exzentrisch sind, die sich nicht verbissen an Vorschriften klammern, denn meine Aufgabe im Ölgeschäft ist es, Risiken einzugehen.

Wir haben eine Anlage in Venezuela gebaut, und mein Vorgesetzter dort war wohl der ungewöhnlichste Mensch, den ich je kennengelernt habe. Er kam nur zur Arbeit, wenn er Lust hatte, und er hat ziemlich viel getrunken. Sein eigentliches Büro war die Kneipe, und oft war es ein hartes Stück Arbeit, ihn irgendwo aufzuspüren, wenn ich die Pläne mit ihm durchsprechen wollte.

Er war ungeheuer kreativ und wußte immer irgendeine Lösung oder Handlungsalternative. Wenn es mir gelang, ihn aufzustöbern, präsentierte er mir jedesmal eine neue radikale Idee für bestimmte Kontrollen oder Schaltungsanordnungen. Als er eines Tages wieder in der Kneipe saß, tüftelte er eine sichere Methode aus, wie man eine Gasturbine mit 6000 Umdrehungen pro Minute und einen Offshore-Kompressor mit 300 Umdrehungen pro Minute verbinden und die natürlichen Schwingungen unter Kontrolle bringen könnte, die eine Brücke oder in diesem Fall eine Plattform zum Einstürzen bringen können. Er hatte ganz spontan eine sehr komplexe Lösung entwickelt, die dem Unternehmen eine Menge Geld sparte, die sicher war und wenig Platz einnahm, was auf einer Bohrinsel sehr wichtig ist, weil man sowieso kaum Platz hat.

Er hat mir beigebracht, daß man nicht in konventionellen Bahnen denken darf. Er sagte immer: „Warum willst du das so machen? Wie wär's statt dessen hiermit? Wenn alle sagen, das sei unmöglich, frag, warum es unmöglich sein soll. Es gibt immer einen anderen Weg." Er hat mir zwei wichtige Dinge klar gemacht: Er hat mich aus meinen engen Denkstrukturen befreit (ich war damals ziemlich beschränkt), und er hat meinen persönlichen Lebenshorizont erweitert. Er war selten da, also mußte ich viele Entscheidungen allein treffen. Was ich von ihm gelernt habe, hat mir in späteren Jahren ungeheuer geholfen.

Schließlich kam er überhaupt nicht mehr zur Arbeit, und wir mußten ihn gehen lassen. Er war einfach nicht der Mensch, der sich in eine Unternehmensordnung einfügen konnte.

Die Erfahrungen von Jim und anderen Führungskräften, die miterlebten, wie ein begabter Vorgesetzter sich selbst zugrunde richtete, hatten etwas Tragisches. Im Gegensatz zu den Vorgesetzten, die als ausschließlich gut oder ausschließlich schlecht geschildert wurden, hatten diese „tragischen" Chefs neben einer bemerkenswerten Begabung einen fatalen Fehler. Deshalb gaben solche Vorgesetzten Unterricht in beiden der oben erörterten Lektionen: Die Führungskräfte lernten von dem, was die Person gut machte, und sie lernten, Schwächen wirkungsvoll zu bekämpfen. Aber es gab einen Wermutstropfen in diesen Erfahrungen, weil viele Manager erkannten, daß auch ein hochbegabter Mensch scheitern und selbst daran schuld sein kann. Bei einigen führte das Erlebnis dazu, daß sie ihre eigenen Fehler mit anderen Augen sahen, und sich bewußt wurden, wie sehr sie sich selbst damit schaden konnten.

Für uns besteht kein Zweifel, daß die Manager bei den guten Chefs einige Schwächen und bei den schlechten einige Tugenden übersahen. So betrachtet wären also fehlerhafte Vorgesetzte wie der von Jim nicht die große Ausnahme. Sie hoben sich von den anderen ab, weil ihre Stärken und Schwächen extrem waren und ein auffälliges Paradox schufen, das sich grob vereinfachenden Urteilen entzog. Vielleicht hatten die unausgesprochenen Lektionen mit einem Führungsdilemma zu tun: Wie lange darf man eine Schwäche übersehen, weil andererseits eine wirkliche Stärke besteht? Unsere Studie über gescheiterte Führungskräfte zeigte deutlich, daß genau dieser Mechanismus – Stärken, die andere blind für die Schwächen machten – eine entscheidende Rolle spielte, wenn Führungskräfte ausgewählt wurden, die trotz einer großen Begabung scheiterten.

## Was Organisationen daraus lernen können

Coaching- und Mentorprogramme schießen wie Pilze aus dem Boden, wenn Organisationen zu der Ansicht gelangen, daß mehr erfahrene Mitarbeiter ihre Kenntnisse – insbesondere auf fachlichen Gebieten – weitergeben sollten. Diese Strategie nutzt nur eine der vielen möglichen Methoden, mit denen spezielle Vorgesetzte ihr Wissen vermitteln könnten. Die Schilderungen der erfolgreichen Topmanager sprechen für folgende Varianten dieser Methode:

102

Wenn man über eine neue Aufgabe für eine hoffnungsvolle Führungskraft nachdenkt, sollte man die Vorgesetzten (und höhergestellten Manager) berücksichtigen, die an dieser Aufgabe beteiligt sind. Weil auch Vorgesetzte die Stelle wechseln, könnte auch ein neuer Chef zu einer „neuen Aufgabe" für den Untergebenen werden. Je nach dem, was eine Person lernen muß, könnte der Kontakt zu einem anderen Vorgesetztentyp wichtiger sein als die Aufgabe an sich. Ob ein Vorgesetzter ein „guter Lehrer" ist oder nicht, spielt dabei oft nur eine untergeordnete Rolle – wichtiger ist anscheinend, daß der aufstrebende Manager über die Fähigkeit verfügt, von den Stärken und Schwächen anderer zu lernen.

Wir sind nicht der Ansicht, daß man Manager mit hohem Potential gezielt an Ungeheuer verweisen sollte. Abgesehen davon, daß es grausam wäre, kann kein noch so großer individueller Gewinn ausgleichen, was an zerstörerischen Werten in der Organisation vermittelt wird, wenn man solche Leute in Führungspositionen beläßt. Aber ein bloßer Wechsel der Vorgesetzten ist auch keine Lösung – kaum ein Manager berichtete von wichtigen Lernerfahrungen mit mittelmäßigen Chefs. Wenn wir von der Vielfalt an Vorgesetzten sprechen, meinen wir tatsächlich die Vielfalt an außergewöhnlichen Eigenschaften, die diese Vorgesetzten besitzen sollten.

Der Grund ist nicht nur, daß eine Führungskraft durch diese Vielfalt neue Fähigkeiten erwerben kann, und nicht einmal, daß wir eine zu optimistische Meinung vom Beobachtungslernen hätten. Unter einer anderen Person zu arbeiten ist eine direkte Erfahrung, die zur Bildung von Wertvorstellungen beiträgt: „Ich habe den Wert der Freiheit zu schätzen gelernt, weil man mir Freiheit gegeben hat; den Wert von Innovationen, weil ich dadurch ein bestehendes Problem lösen konnte; den Wert von Inspiration, weil man mich inspiriert hat." Die Manager spürten, wie sich das Verhalten von Vorgesetzten auf sie auswirkte und wie sie auf diese Behandlung reagierten. Sie mußten nicht raten, wie andere fühlten, oder auf ein Feedback warten, um es herauszufinden. Obwohl das Lernen von Vorgesetzten also in gewisser Weise über das Beobachten erfolgte, war es im Hinblick auf die wichtigeren Wertmaßstäbe ein direkter Lernanstoß.

Vielfalt ist also eine gute Methode, weil jeder Chef ganz eigene und wirkungsvolle Lektionen erteilen kann. Zusätzlich zu den möglichen Lernerfolgen, die bereits erörtert wurden, kann der Kontakt mit verschiedensten Vorgesetzten das Risiko eines späteren Scheiterns aus mindestens vier Gründen verringern:

Erstens kann das, was man von anderen Menschen lernt, ein Gegengewicht zu den Lektionen schaffen, die man aus Aufgaben lernt. Wie oben ausgeführt, ist das erfolgreiche Meistern von schwierigen Arbeitsaufgaben eine Brutstätte für Selbstvertrauen, Härte und Unabhängigkeit. Der Kontakt zu Vorgesetzten ist eine primäre Quelle für mehrere ausgleichende Eigenschaften – für menschliche Werte, was die Härte abmildert; für Respekt vor anderen und vor den Pflichten eines Managers, was der möglichen Arroganz des Selbstvertrauens entgegenwirkt; und für die Fähigkeit zum Anleiten und Motivieren, was die Unabhängigkeit (und Macht) der Führungsrolle ergänzt.

Zweitens kann eine bunte Mischung von außergewöhnlichen Vorgesetzten viele Einsichten eröffnen, die man normalerweise durch Aufgaben gewinnt, die aber auch von anderen Menschen vermittelt werden können. Wie bereits erwähnt, *kann* die richtige Person zur richtigen Zeit Erfahrungslücken schließen.

Drittens können vielfältige Vorgesetzte einige der Gründe ausgleichen, die Führungskräfte scheitern lassen. Manager, die erfolgreich mit vielen verschiedenen Vorgesetzten zusammengearbeitet haben, sind offenkundig in der Lage, sich den unterschiedlichsten Führungsstilen anzupassen. Wer die Runden mit den schlechten Chefs übersteht, beweist, daß er auch in belastenden Situationen Haltung bewahrt und wahrscheinlich über die Fähigkeit verfügt, sich auf Sachprobleme zu konzentrieren anstatt auf die Persönlichkeit des Chefs.

Schließlich sind einige Führungskräfte, die wir untersucht haben, gescheitert, weil sie zu abhängig von einem Mentor oder Ratgeber wurden. Wenn ein Manager zu lange bei demselben Chef blieb oder sich zu stark mit einem einzelnen Mentor identifizierte, begann die Führungsspitze mitunter an der Eigenständigkeit des „Klons" zu zweifeln.

## Was Vorgesetzte lehren können

Zusammenfassend kann man sagen, daß aufstrebende Führungskräfte von einer breiten Palette einzelner Fähigkeiten berichten, die sie von verschiedenen außergewöhnlichen Vorgesetzten gelernt haben. Aber wir haben darauf hingewiesen, daß die Wertvorstellungen, die durch das Beobachten eines bemerkenswerten Chefs und seines Verhaltens vermittelt werden, von größerer Bedeutung sind als spezifische Fachkenntnisse. In der Tat wurden vier Lektionen von Vorgesetzten häufiger beschrieben als spezifische Fertigkeiten und sie bilden den eigentlichen Kern der Erfahrung:

- **Führungswerte.** Künftige Führungskräfte lernten etwas über das richtige und falsche Verhalten von Managern und erkannten, daß abstrakte Werte wie Vertrauen, Integrität und Ethik sich auf den alltäglichen Umgang mit anderen Menschen auswirken.
- **Menschliche Werte.** Aus ähnlichen Erfahrungen lernten die Manager, wie man Menschen behandeln sollte und wie sie tatsächlich behandelt wurden.
- **Das Verhalten von Führungskräften.** Von guten, schlechten und fehlerhaften Vorgesetzten lernten die Manager, daß die unterschiedlichsten Menschen erfolgreich sein können und daß es keinen optimalen Verhaltensstil für alle Gelegenheiten gibt.
- **Politik.** „Wie es hier tatsächlich läuft" – wer für was belohnt und bestraft wurde, wie man eine Entscheidung durchdrückte – wurde durch eine bunte Mischung von bewundernswerten und weniger bewundernswerten Menschen demonstriert.

Wie bei jeder Erfahrung ist das Entscheidende nicht die Erfahrung selbst, sondern was der einzelne daraus mitnimmt (siehe Abbildung 3.1 [siehe Seite 106]). Was man von Vorgesetzten gelernt hat, zeigt sich unter Umständen erst sehr viel später (wie bei Gene und Jim), wenn es in einer neuen Situation angewendet werden muß. Offenkundiger (wenngleich weniger greifbar) sind die Wertvorstellungen, die durch diese Erfahrungen geprägt werden. Bei den schlechten Chefs hofft man, daß der Manager lernt, anders zu sein als sie. Bei den guten Chefs hofft man, daß der Manager nicht nur etwas für sich selbst lernt, sondern auch einige Dinge, die er durch sein eigenes Verhalten an künftige Mitarbeiter weitergeben wird.

Aufstrebende Führungskräfte sind selbst Vorgesetzte und fällen, ob bewußt oder unbewußt, ständig Werturteile über sich selbst. Unsere Studien und die anderer Wissenschaftler deuten darauf hin, daß die meisten Manager sich nicht bewußt sind, wie genau sie beobachtet

*Aktionspläne aufstellen und umsetzen*
- Technische/fachliche Fähigkeiten
- Alles übers Geschäft
- Strategisches Denken
- Volle Verantwortung übernehmen
- Aufbau und Anwendung von Ordnungs- und Kontrollsystemen
- Innovative Methoden des Problemlösens

*Handhaben von Beziehungen*
- HANDHABEN VON POLITISCHEN SITUATIONEN
- Wie man Menschen dazu bringt, Lösungen umzusetzen
- WIE FÜHRUNGSKRÄFTE SICH BENEHMEN
- Wie man mit Führungskräften zusammenarbeitet
- Verhandlungsstrategien
- Umgang mit Menschen, über die man keine formale Autorität hat
- Verständnis für andere Standpunkte
- Wie man Konflikte handhabt
- Mitarbeiter führen und motivieren
- Mitarbeiter fördern und entwickeln
- Auseinandersetzung mit Leistungsschwächen von Untergebenen
- Ehemalige Kollegen und Vorgesetzte führen

*Grundlegende Wertvorstellungen*
- Man kann nicht alles allein machen
- SENSIBILITÄT FÜR DIE MENSCHLICHE SEITE DES MANAGEMENT
- GRUNDLEGENDE FÜHRUNGSWERTE

*Führungscharakter*
- Nötigenfalls Härte zeigen
- Selbstvertrauen
- Situationen bewältigen, über die man keine Kontrolle hat
- Widrigkeiten standhalten
- Mehrdeutige Situationen bewältigen
- Gebrauch (und Mißbrauch) von Macht

*Selbsterkenntnis*
- Das Gleichgewicht zwischen Arbeit und Privatleben
- Welche Aspekte der Arbeit man wirklich spannend findet
- Persönliche Grenzen und wunde Punkte
- Verantwortung für die eigene Karriere übernehmen
- Chancen erkennen und nutzen

*Die wichtigsten Lernschwerpunkte*

- Die Bedeutung von gelebten Wertvorstellungen für den Führungserfolg
- Wie Menschen in einer Organisation behandelt werden sollten und die besondere Verantwortung einer Führungskraft gegenüber ihren Untergebenen
- Die möglicherweise verhängnisvollen Auswirkungen von verborgenen Fehlern und von Stärken, die zu Schwächen werden können

Siehe Esther Lindsey, Virginia Homes u. M.W. McCall, Jr., *Key Events in Executives' Lives*, Technical Report No. 32 (Greensboro, N.C.: Center for Creative Leadership, 1987), S. 149–171.

**Abbildung 3.1:** *Was man von anderen Menschen lernen kann*

werden und welch hohe symbolische Wirkung ihr Handeln hat.[7] Wenn die Manager in unserer Studie schilderten, wie sie selbst ihre Mitarbeiter behandelten, waren sie überzeugt, daß ihr Verhalten in 80 Prozent der Fälle positiv aufgenommen wurde. Wenn sie dagegen von Handlungsweisen ihres eigenen Vorgesetzten berichteten, war ihre Reaktion häufig negativ.[8] Wie alle Menschen neigen auch Manager dazu, die guten Taten sich selbst zuzuschreiben und die schlechten den anderen.

Es ist wichtig, daß man aufstrebenden Managern ein Feedback darüber gibt, welchen Eindruck sie auf andere machen – als Lehrer, als Verhaltensmodelle, als Trainer und als Vertreter des politischen Systems. Auch über sie werden Geschichten kursieren. Auch sie werden zu Lehrern werden.

# 4. Härten

Wir sind der Ansicht, daß jedes Entwicklungsereignis eine Spannung zwischen dem gegenwärtigen Stand der Person und einem angestrebten Ziel erzeugt. Diese Spannung löst irgendeine Anpassungsreaktion aus. Deshalb beinhalten fast alle Entwicklungserlebnisse eine Konfrontation mit widrigen Umständen – unlenkbare Mitarbeiter oder schwierige Geschäftsprobleme – mit Hindernissen, die überwunden werden müssen.

Wie wir gesehen haben, sind anspruchsvolle Aufgaben voll von solchen Spannungen. Bei einer Reorganisation steht man vor der Herausforderung, mit problematischen Untergebenen fertig zu werden; bei einer Startaktion wird man an die Grenzen der eigenen Belastbarkeit getrieben; bei Wechseln zwischen Linie und Stab wird man mit Mehrdeutigkeiten konfrontiert; Projektaufgaben oder Arbeitsgruppen bringen häufig ein Gefühl des Machtverlustes mit sich; und bei Erweiterungen des Aufgabenbereichs muß man mit der schwierigen Situation fertig werden, daß man ehemalige Kollegen oder sogar frühere Vorgesetzte führen muß. Aber obwohl Widrigkeiten einen Bestandteil aller Aufgaben bildeten und wichtig für das Lernen waren, standen sie nicht im Zentrum der Erfahrung. Der Schwerpunkt bei den Aufgaben lag auf den Erfolgslektionen.

Solche Lektionen sind größtenteils äußerer Art: Wie man die Probleme bestimmter *Arbeitsanforderungen* löst, wie man mit einer bunten Mischung von *anderen Menschen* zurechtkommt oder wie man schnell neue Fähigkeiten erwirbt, um eine *Aufgabe* zu meistern. Erfolgreich bewältigte Arbeitsaufgaben testen die Widerstandsfähigkeit und die Gewitztheit im Umgang mit schwierigen äußeren Bedingungen, aber sie prüfen nicht, wie man eine vernichtende Niederlage verkraftet. Ein Mißerfolg bringt andere Lektionen mit sich als ein Erfolg. Führungskräfte, die mit ihrem eigenen Versagen konfrontiert wurden und etwas daraus lernten, dachten nicht nur über äußere Dinge nach. Vielmehr wandten sie ihre Aufmerksamkeit nach innen und unterzogen sich selbst einer kritischen Betrachtung.

Wie das letzte Kapitel gezeigt hat, bedeutete die Arbeit für einen schwierigen Chef zweifellos eine gewisse Härte, aber die Lehren, die aus dieser Erfahrung gezogen wurden, unterschieden sich von denen, die wir in diesem Kapitel besprechen werden. Wer das skrupellose Handeln eines „bösen" Chefs beobachtete, lernte durch dieses Modell, wie er *nicht* handeln sollte, aber die Wirkung war anders als bei unvermittelten Härten. Der Unterschied besteht darin, daß nicht der Manager selbst, sondern eine andere Person die verwerflichen Taten begeht. Das Beobachten fremder Fehler führt häufig dazu, daß man seine eigenen Wertvorstellungen hinterfragt und überlegt, wie man selbst in einer ähnlichen Situation handeln würde, aber dieses Beobachtungslernen löst selten eine direkte Konfrontation mit der eigenen Person aus.

Die in diesem Kapitel beschriebenen Härten unterscheiden sich von den anderen Entwicklungserfahrungen, weil sie mit einem Gefühl des Versagens und der Einsamkeit verbunden sind. Die Führungskräfte hatten selbst etwas getan oder zu tun versäumt, was zu einem Mißerfolg führte. Sogar wenn sie ein Opfer der Umstände waren – wenn sie zu Unrecht beschuldigt wurden oder wenn ein Arbeiter bei einem Unfall ums Leben kam – haben diese Führungskräfte sich nach innen gewandt. Gab es etwas, das sie zu tun versäumt hatten, oder etwas, dem sie einfach nicht gewachsen gewesen waren? War eine verhängnisvolle Schwäche zum Vorschein gekommen, die sie all die Jahre verdrängt hatten?

Die in diesem Kapitel beschriebenen Härten wurden durch fünf typische Ereignisse ausgelöst. Wir werden diese Ereignisformen einzeln erörtern und dabei zunächst auf die zentralen Herausforderungen der jeweiligen Erfahrung eingehen und dann die Lehren beschreiben, die die Führungskräfte daraus gezogen haben. Die fünf typischen Härtesituationen waren:

1. *Ein persönliches Trauma*, das die Gesundheit oder das Glück des Managers oder seiner Familie bedrohte.
2. *Ein Karriererückschlag*, der Zurückstufungen und ausbleibende Beförderungen umfaßte.
3. *Ein radikaler Arbeitsplatzwechsel*, bei dem einige Führungskräfte ihre Karriere aufs Spiel setzten, um aus einer beruflichen Sackgasse herauszukommen.
4. *Geschäftliche Fehlschläge*, bei denen ein schlechtes Urteilsvermögen und schlechte Entscheidungen zu einem Mißerfolg führten.

5. *Ein Leistungsproblem bei Untergebenen*, das die Führungskraft zwang, andere Menschen mit ihrer Inkompetenz oder mit Problemen wie Alkoholismus zu konfrontieren.

Die Selbstkonfrontation, die mit diesen Härten verbunden ist, kann unterschiedliche Lektionen auslösen. Die Führungskräfte lernten etwas über sich selbst im Verhältnis zu anderen Menschen, über ihre Fähigkeit, mit Angst und Niederlagen umzugehen und über ihr Anpassungsvermögen in einer mitunter willkürlichen Welt. Bei jeder Konfrontation wurde der Manager abrupt auf sich selbst zurückgeworfen. Darin lag die Lektion. Wie Untersuchungen gezeigt haben, ist es ein charakteristisches Merkmal aller erfolgreichen Menschen, daß sie ihre Grenzen erkennen und akzeptieren und dann versuchen, sich neu zu orientieren.[1] Der Schlüssel zum Verständnis von Härten liegt also nicht in dem Ereignis an sich, sondern in der Frage, wie die Führungskräfte darauf reagierten.

## Ein persönliches Trauma

Ein Trauma ist die Erfahrung eines Lebensextrems. Die Geschichten über ein persönliches Trauma wurden oft in nüchternen Worten erzählt, so als hätten die Manager Angst, daß eine zu lebendige Beschreibung Gefühle heraufbeschwören könnte, die sie lieber unter Verschluß halten wollten. Die Führungskräfte schilderten die unterschiedlichsten Krisenerfahrungen: eine eigene Krankheit oder Verletzung, eine Scheidung oder ein Auseinanderbrechen der Familie, militärische Einsatzbefehle oder Arbeitsunfälle mit zum Teil tödlichem Ausgang. Außer bei den militärischen Situationen und bei einigen Unfällen hatten die Führungskräfte mehr als einen kleinen Anteil an diesen Alpträumen. Sie hatten sie verursacht oder dazu beigetragen. Wenn das Ereignis eingetreten und der erste Schock überwunden war, mußten sich alle mit Gefühlen der eigenen Macht- und Hilflosigkeit auseinandersetzen. Ihr Selbstbild hatte einen vernichtenden Schlag erhalten; sie waren gezwungen, ihr gewohntes Verhalten in Frage zu stellen; viele überlegten, ob ihr Egoismus oder ihr Ehrgeiz für die Probleme verantwortlich waren. Hatten sie nur Augen für ihre Karriere gehabt und anderen Menschen zu wenig Aufmerksamkeit geschenkt? War ihr Leben so aus

110

dem Gleichgewicht geraten, daß es zwangsläufig zusammenstürzen mußte?

Viele der persönlichen Traumen handelten von familiären Krisen, die wahrscheinlich verschärft wurden, weil der Manager seine Aufmerksamkeit immer einseitiger auf den Beruf richtete. Die meisten Führungskräfte hatten sich im Alter zwischen zwanzig und dreißig, und zwischen dreißig und vierzig voll auf ihre Karriere konzentriert, möglicherweise weil sie von Natur aus zielstrebig und leistungsorientiert waren und am Arbeitsplatz die Vielfalt, die Herausforderungen und die Aufregung fanden, die sie von jeher fasziniert hatte. Jeder Erfolg verstärkte den Wunsch nach mehr Erfolg, so daß die Karriere die Familie immer mehr in den Hintergrund drängte. Auf einer tagtäglichen Basis konnten die Familie und das Privatleben nicht mit den Aufregungen der Arbeit konkurrieren.

Ob das Leben eines Managers gefährlich aus dem Gleichgewicht geriet, hing natürlich von der individuellen Situation ab. Einige Führungskräfte fanden einen Weg, um eine enge Bindung an ihre Familie zu bewahren. Einige hatten anpassungsbereite Familien, die die Tatsache akzeptierten, daß das Privatleben an zweiter Stelle stand. Andere hatten einfach Glück und blieben von einem aufrüttelnden Trauma verschont. Eine verbreitete Taktik bei den Führungskräften war, daß sie versuchten, Beruf und Familie streng voneinander zu trennen – eine merkwürdige Strategie, die normalerweise bedeutete, daß der Beruf das Privatleben einschränken durfte, aber nicht umgekehrt. Bei einigen war es wahrscheinlich der aufrichtige Versuch, die beiden Sphären voneinander abzuschirmen, aber bei anderen diente diese Trennung eher dazu, einige unangenehme Wahrheiten zu verdrängen. Das Bild, das man von sich selbst als Familienmensch oder feiner Kerl hat, könnte Flecken bekommen. Man müßte vielleicht einige Veränderungen vornehmen und auf einiges verzichten.

Ein Manager, den wir interviewten, erzählte die Geschichte seiner Ehe, die er immer für nahezu vollkommen gehalten hatte. Er und seine Frau galten allgemein als „Traumpaar". Aber weil er sich fast ausschließlich auf seinen Beruf konzentrierte, war er blind geworden für die wachsenden Probleme. Erst als seine Frau so starke Depressionen bekam, daß sie morgens nicht mehr in der Lage war, das Bett zu verlassen, begann ihm zu dämmern, daß es Schwierigkeiten in seiner Ehe gab. Andere berichteten von den Auswirkungen emotionaler Probleme bei ihren Kindern – von schlechten Schulnoten, Straffälligkeit, Drogen.

Von allen Entwicklungsereignissen hüten Härten (und insbesondere Traumen) ihre Lehren am besten. Die Versuchung, sich von dem Ereignis zu distanzieren, ist sehr groß. Es gibt immer irgend jemanden oder irgend etwas, dem man die Schuld in die Schuhe schieben kann. Das Leugnen der Verantwortung kann eine Kettenreaktion auslösen, bei der man sich weigert, überhaupt auf das Ereignis zu reagieren. Man kann ein Trauma benutzen, um eine zynische oder fatalistische Haltung, einen Rückzug oder eine Überkompensation zu rechtfertigen. Bei der Wahl zwischen unreifen Abwehrmechanismen und einer kritischen Selbstbetrachtung, die zu neuen Erkenntnissen führen könnte, trägt häufig die Unreife den Sieg davon, weil sie für alles eine angenehme Erklärung bietet. Man kann sich leicht einreden, daß man als rationaler Mensch in einer irrationalen Welt besser auf der Hut sein sollte, sich aber nicht wirklich ändern muß. Schließlich ist nicht man selbst, sondern die irrationale und launenhafte Welt das Problem. Diese Reaktion auf ein traumatisches Ereignis macht Lernerfahrungen äußerst unwahrscheinlich.

Der erste Schritt, um aus einem Trauma oder irgendeiner anderen Härte zu lernen, ist unzweifelhaft der schwerste: Man muß den Schmerz zulassen anstatt ihn abzuwehren. Eine der Führungskräfte, die wir interviewten, erzählte uns eine ungewöhnliche Geschichte. Aber so kurios sie sein mag, zeigt sie doch deutlich, wie man aus Härten lernen kann. Der Manager hatte einem Mitarbeiter eine besonders schlechte Leistungsbeurteilung gegeben, „einen Schlag ins Gesicht", der ihn wachrütteln und aus seiner kontraproduktiven Haltung herausreißen sollte. Die Reaktion war gelinde gesagt verblüffend, und kam nicht von dem Untergebenen. Sie kam von dessen Ehefrau, die am folgenden Tag aufkreuzte, mit einer Pistole herumfuchtelte und dem Manager drohte, ihn zu erschießen. Sie wurde festgenommen, aber kurz darauf gegen Kaution auf freien Fuß gesetzt. Der Manager mußte sich Tag und Nacht mit Leibwächtern umgeben und seine Familie an einen sicheren Ort schaffen lassen. Die spontane Reaktion des Managers bestand verständlicherweise darin, die Schuld für den Zwischenfall woanders zu suchen. Die Frau war psychisch labil; er hatte nur seine Arbeit getan; es war seine Pflicht, schlechte Leistungen zu rügen. Daß er seine Familie wegschicken mußte, verstärkte seinen Groll gegen die Frau des

Mitarbeiters, gab ihm aber auch Zeit zum Nachdenken. Er erkannte schließlich, daß dieser Zwischenfall etwas Grundsätzliches über seine Beziehungen zu anderen Menschen aussagte.

Drei Dinge kristallisierten sich heraus, als er über seine Beziehungen nachdachte: Die Gespräche mit seinen Kollegen waren in erster Linie aufgabenorientiert; er hatte keine freundschaftlichen Beziehungen am Arbeitsplatz; einige seiner besten Mitarbeiter waren mitunter irritiert von seiner überkritischen Haltung. Als ihm das klar wurde, ergab die Erfahrung einen Sinn, auch wenn der Manager natürlich nicht verdient hatte, was geschehen war. Er nahm normalerweise wenig Rücksicht auf andere und machte ihnen unmißverständlich deutlich, daß er sie nicht brauchte, und sie zahlten ihm diese Kränkung auf unterschiedliche Weise heim. Aber es steckte noch mehr dahinter. Wenn er sagte, daß er niemanden brauchte, hieß das mit anderen Worten, daß er alles allein machen wollte. Dieser Übereifer konnte eine Ehe oder andere persönliche Beziehungen zweifellos stark belasten. Der Mann kam zu dem Schluß, daß der zielstrebige Manager den Menschen in ihm verdrängt hatte, und daß er in seinem Streben nach absoluter Unabhängigkeit an eine seiner Grenzen gestoßen war.

Das ist eine außergewöhnliche Geschichte, aber es waren häufig solche Grenzerfahrungen, die die von uns interviewten Manager veranlaßten, den Blick nach innen zu richten. Im allgemeinen ging es bei dieser kritische Selbstbetrachtung um vier Lernthemen:

*Die Erkenntnis persönlicher Grenzen.* Wie der geschäftige Manager, der schließlich fachkundigen Rat für ein Sicherheitsprogramm suchte, nachdem ein Arbeiter bei einem Unfall ums Leben gekommen war, oder wie der Manager, der von der Ehefrau des Untergebenen bedroht wurde, sahen mehrere Führungskräfte ihre traumatischen Erfahrungen als symbolisch für einen wunden Punkt, für eine Charakterschwäche. Sie hatten versuchten, alles allein zu schaffen, und in ihrem Ungestüm andere verletzt. Die Erfahrungen machten ihnen eindringlich deutlich, daß auch sie Grenzen hatten und nicht gegen menschliche Schwächen gefeit waren.

*Sensibilität für andere.* Einige Führungskräfte erkannten, daß sie einfühlsamer mit ihren Mitarbeitern umgehen mußten. Ein Manager hatte eine schreckliche Scheidung hinter sich und führte mit seiner zweiten Frau eine glückliche Ehe. Er stellte fest, daß die Energie, die er in seine zweite Ehe investierte, sich positiv auf seine Arbeit auswirkte: „Ich habe gelernt, daß man durch ruheloses Antreiben und Übereifer zu einem schlechten Manager wird. Heute bin ich vernünftig – ich erkenne, zu welchem Tempo eine Person in der Lage ist und dränge sie nicht über diesen Punkt hinaus." Eine weitere Lektion über die Motivation von Mitarbeitern lernte er durch eine schlimme Verletzung: „Mit sechzehn war ich Footballspieler und hatte eine schwere Halswirbelverletzung. Man sagte mir, daß ich nie wieder spielen könnte. Sportler zu sein, war mein einziges Lebensziel gewesen. Der Arzt hat sich viel Zeit für mich genommen und mir geholfen, mit den psychischen Folgen fertigzuwerden. Er hat mir klar gemacht, daß ich meinen Erfolg auf einem anderen Gebiet suchen mußte. Jetzt bin ich Manager und versuche anderen dabei zu helfen, die richtigen Ziele für sich zu finden."

*Das Bewältigen von unkontrollierbaren Ereignissen.* Vor allem als Folge von Kampfeinsätzen und Naturereignissen erkannten einige Manager, daß es notwendig war, die eigenen Reaktionen in den Griff zu bekommen, wenn man schon die äußere Situation nicht kontrollieren konnte. In solchen Situationen, so das einmütige Résumé, blieb einem nichts anderes übrig, als die Zähne zusammenzubeißen und durchzuhalten. „Wenn es mulmig wird … hadere nicht mit früheren Entscheidungen", sagte ein Manager. „Geh den eingeschlagenen Weg weiter, bis du einen Beweis dafür hast, daß es einen besseren gibt." Ein anderer erklärte: „Lerne, dich selbst mental auszutricksen, damit du nicht verrückt wirst. Sag' dir: ‚Was immer auch geschieht, es kann nur besser werden.' Putsch dich damit auf, damit du schwierige Situationen durchstehst."

*Das Gleichgewicht von Leben und Arbeit.* Ein Trauma machte den Managern vor allem bewußt, daß ihr Leben aus dem Gleichgewicht geraten war. Viele kramten in ihren Erfolgen und erkannten, daß der Erfolg sie zwar befriedigte, aber nur Beziehungen sie wirklich glücklich machten. Traumen führten dazu, daß die Führungskräfte neu bewerteten, was ihnen im Leben tatsächlich wichtig war. Ein Manager verließ das Unternehmen, um seinem Sohn dabei zu helfen, einige schwierige Probleme aufzuarbeiten; ein anderer lehnte eine wichtige Versetzung ab und kündigte schließlich, damit seine geistig behinderte Tochter nicht aus ihrer gewohnten Umgebung gerissen wurde und weiterhin ihr vertrautes Therapiezentrum besuchen konnte. Der Manager, der von der wütenden Ehefrau bedroht wurde, erkannte, daß er sich einfühlsam verhalten konnte, ohne seine Effizienz als Manager zu opfern. Tatsächlich stellten er und andere fest, daß es ihre Effizienz steigerte, wenn sie die Erfahrungen ihres Privatlebens stärker in die Arbeit miteinbezogen.

In gewisser Weise trugen die Lehren eines Traumas immer dazu bei, ein neues Gleichgewicht herzustellen. Ob die Person eine andere Einstellung zum Schicksal entwickelte oder ob sie ihr Selbstbild als Manager und als Mensch neu ordnete – immer ging es um Fragen der Ausgewogenheit. Die Manager bemühten sich, die Kontrolle über ihre Verhaltensweisen und bestimmte Situationen zurückzugewinnen und das Bild, das andere von ihnen hatten, zu beeinflussen.

Der Schock eines Traumas kann eine schlagartige Verbesserung bewirken oder einen völligen Zusammenbruch auslösen. Glücklicherweise wurde letzteres selten berichtet. Aber die entscheidende Frage ist, ob erfolgreichere Führungskräfte eher in der Lage sind, ein Gleichgewicht in den verschiedensten Bereichen herzustellen, die wir beschrieben haben. Ist die Wahrscheinlichkeit größer, daß sie sowohl hart als auch einfühlsam sind, daß sie über Selbstvertrauen verfügen und zugleich ihre Grenzen kennen, daß sie alptraumhafte Ereignisse durchstehen und sehr viel Energie sowohl in ihr Privatleben als auch in ihren Beruf investieren?

In einem allgemeinen Sinn kann man diese Frage bejahen. Führungserfolg beruht unter anderem auf der Fähigkeit, sich anzupassen – die allerschlimmste Situation zu ertragen und anschließend eine tiefgreifende Veränderung vorzunehmen.[2] Doch wenn man den Einzelfall betrachtet, lautet die Antwort vielleicht. Viele der von uns interviewten Führungskräfte waren sich der Notwendigkeit eines Gleichgewichts nicht bewußt und sprachen zum Beispiel von Härte und Sensibilität, als ob es keinerlei Zusammenhang zwischen diesen Eigenschaften gäbe. Einige sagten ganz offen, daß ihre Familien für sie an zweiter Stelle standen: „Seit ich im Berufsleben stehe, waren es meistens 80 Prozent Arbeit und 20 Prozent Familie. Wenn ich die Wahl hätte, würde ich es wahrscheinlich wieder genauso machen."

Ein anderer erklärte: „Die Kinder und die Arbeit zuhause machen mir nicht so viel Freude. Mein Beruf ist ein Dauerstreitpunkt zwischen meiner Frau und mir. "

Viele Führungskräfte konnten offenbar nur durch eine besondere Härte, insbesondere ein schreckliches Trauma, gezwungen werden, sich ernsthaft mit der Frage auseinanderzusetzen, wie es um ihr privates und berufliches Leben bestellt war oder ob sie tatsächlich in der Lage waren, harte Schläge zu verkraften. Nur Erlebnisse der absolut vernichtenden Sorte lösten eine kritische Selbsterforschung aus, und auch das war keineswegs sicher. Manche entwickelten durch ein Trauma auch eine zynische oder fatalistische Haltung, und sogar wenn jemand eine positive Lehre daraus zog, hatte er sie im Ansturm neuer Arbeitsaufgaben mitunter schnell wieder vergessen.

Ausgewogenheit ist kein Zustand, sondern ein ständiger Balanceakt, und auch wer ein Trauma überstanden und daraus gelernt hat, ist nicht davor gefeit, daß sein Leben wieder aus dem Gleichgewicht gerät (siehe Abbildung 4.1 für eine Zusammenfassung der Lektionen eines persönlichen Traumas).

---

*Einzelne Lektionen*

*Aktionspläne aufstellen und umsetzen*
- Technische/fachliche Fähigkeiten
- Alles übers Geschäft
- Strategisches Denken
- Volle Verantwortung übernehmen
- Aufbau und Anwendung von Ordnungs- und Kontrollsystemen
- Innovative Methoden des Problemlösens

*Handhaben von Beziehungen*
- Handhaben von politischen Situationen
- Wie man Menschen dazu bringt, Lösungen umzusetzen
- Wie Führungskräfte sich benehmen
- Wie man mit Führungskräften zusammenarbeitet
- Verhandlungsstrategien
- Umgang mit Menschen, über die man keine formale Autorität hat
- Verständnis für andere Standpunkte
- Wie man Konflikte handhabt
- Mitarbeiter führen und motivieren
- Mitarbeiter fördern und entwickeln
- Auseinandersetzung mit Leistungsschwächen von Untergebenen
- Ehemalige Kollegen und Vorgesetzte führen

---

*Grundlegende Wertvorstellungen*
- Man kann nicht alles allein machen
- SENSIBILITÄT FÜR DIE MENSCHLICHE SEITE DES MANAGEMENTS
- Grundlegende Führungswerte

*Führungscharakter*
- Nötigenfalls Härte zeigen
- Selbstvertrauen
- SITUATIONEN BEWÄLTIGEN, ÜBER DIE MAN KEINE KONTROLLE HAT
- WIDRIGKEITEN STANDHALTEN
- Mehrdeutige Situationen bewältigen
- GEBRAUCH (UND MISSBRAUCH) VON MACHT

*Selbsterkenntnis*
- DAS GLEICHGEWICHT ZWISCHEN ARBEIT UND PRIVATLEBEN
- Welche Aspekte der Arbeit man wirklich spannend findet
- PERSÖNLICHE GRENZEN UND WUNDE PUNKTE
- Verantwortung für die eigene Karriere übernehmen
- Chancen erkennen und nutzen

### Die wichtigsten Lernschwerpunkte

*Sensibilität für andere*
Wie der Manager, der seinem Mitarbeiter eine „schonungslose" Leistungsbeurteilung gab, entwickelten viele Führungskräfte durch eine eigene schmerzliche Erfahrung mehr Mitgefühl mit anderen.

*Eine Situation meistern, über die man keine Kontrolle hat*
Kein Mensch kann Ereignisse kontrollieren, aber wir können kontrollieren, wie wir darauf reagieren – die Manager erklärten immer wieder, man müsse sich der Situation stellen und sie durchhalten.

*Erkenntnis persönlicher Grenzen/Das Gleichgewicht von Arbeit und Privatleben*
Ein persönliches Trauma zwang den Manager zu einer Vollbremsung. Er mußte innehalten und über sich selbst nachdenken, und die Auseinandersetzung mit eigenen Schwächen und Unzulänglichkeiten führte häufig dazu, daß er sein Leben neu ordnete.

Siehe Esther Lindsey, Virginia Homes u. M.W. McCall, Jr., *Key Events in Executives' Lives*, Technical Report No. 32 (Greensboro, N.C.: Center for Creative Leadership, 1987), S. 137–146.

**Abbildung 4.1:** *Was man aus einem persönlichen Trauma lernen kann*

# Karriererückschläge

Obwohl die von uns interviewten Führungskräfte als überaus erfolgreich galten, berichteten 15 Prozent von ihnen, daß erwartete Beförderungen ausgeblieben waren, daß man sie zurückgestuft oder auf unangenehme Positionen versetzt hatte. Einige waren sogar entlassen worden. Auch wenn die Umstände dieser Rückschläge variierten, berichteten die Führungskräfte, daß sie aus diesen Erfahrungen etwas über sich selbst, über ihre Organisation und die Unternehmenspolitik oder über Arbeitsplätze gelernt hatten.

### Etwas über sich selbst lernen

Ein Manager, den wir interviewten, hatte einmal zu hoch gepokert: „Ich war so selbstbewußt geworden, daß es an Arroganz grenzte", erklärte er. „Ich engagierte mich sehr stark für meine Division und für die Förderung meiner Mitarbeiter. Eines Tages kam es zu einem schweren Zerwürfnis mit dem Personalchef, weil ich in bezug auf meine Mitarbeiter absolute Entscheidungsfreiheit verlangte. Ich wurde versetzt." Ein anderer Manager wurde entlassen, weil er „nicht unternehmerisch dachte". Ein weiterer wurde zum Gehen aufgefordert, „weil es niemanden mehr gab, der mit mir zusammenarbeiten wollte."

Als diese Manager wegen ihrer Fehler entlassen, zurückgestuft oder „versetzt" wurden, waren sie gezwungen, sich mit einigen bitteren Wahrheiten über sich selbst auseinanderzusetzen. Sie mußten erkennen, daß sie Schwächen hatten und daß diese Schwächen nicht ohne Folgen blieben. Sie konnten nicht mehr so weitermachen wie bisher, geschweige denn aufsteigen, wenn sie nicht irgendeinen Weg fanden, um ihre Unzulänglichkeiten zu verringern. Aber die Konfrontation mit sich selbst umfaßte mehr als die Erkenntnis und Korrektur von Fehlern.

Viele der von uns interviewten Manager, vor allem solche, die vor ihrem 35. Lebensjahr einen Rückschlag erlebt hatten, wiesen darauf hin, wie wichtig es sei, die eigenen Erwartungen realistisch zu überprüfen. Ein Manager, der sich als Dreißigjähriger im Streit von einer großen Wirtschaftsprüfungsgesellschaft getrennt hatte, berichtete: „Ich hatte einen rasanten Aufstieg hinter mir und war im Rekordtempo von einer Führungsposition zur nächsten befördert worden. Alle meine Kollegen bei wichtigen Aufgaben hatten mich für eine Beförderung vorgeschlagen. Trotzdem entschied das Führungsgremium, daß ich mehr Erfahrung brauchte, und lehnte die Beförderungsempfehlung in jenem Jahr ab."

Nachdem er gekündigt hatte und der erste Zorn verraucht war, erkannte der Manager, daß der Führungsausschuß im Grunde richtig gehandelt hatte. „Leistung ist nicht das einzige Kriterium für eine Beförderung", meinte er. „Reife, Erfahrung und die richtigen Kontakte sind ebenfalls Schlüsselelemente, wenn man ins Topmanagement aufsteigen will. Am Anfang der Karriere neigt man dazu, sich absolute Ziele zu setzen: ‚Ich muß innerhalb einer bestimmten Zeit befördert werden; wenn nicht, bin ich ein Versager.' Als junger Manager hatte ich viel zu unrealistische Erwartungen; eine Karriereberatung hätte mir damals sicher gutgetan."

Unrealistische Erwartungen können junge Führungskräfte auch dazu verleiten, den Zweck einer übertragenen Arbeitsaufgabe zu mißdeuten. Viele glaubten, daß nur eine Beförderung etwas wert sei. Jede andere Aufgabe war in ihren Augen eine Zurückstufung oder „ein lausiger Job". Aber wie das Kapitel über Aufgaben gezeigt hat, gibt es viele entwicklungsfördernde Tätigkeiten, die keine Beförderung umfassen. Junge Manager werden häufig für neue Funktionen, zeitlich begrenzte Projekte und wichtige Gruppenarbeiten ausgewählt, weil man ihnen die Möglichkeit geben will, die notwendigen Fähigkeiten und Erfahrungen zu erwerben, die sie für eine hohe Führungsposition brauchen. Einige Manager erinnerten sich, daß sie das Gefühl hatten, in einer beruflichen Sackgasse zu stecken, als sie eine neue Aufgabe erhielten, ohne befördert zu werden. Später wurde ihnen klar, daß man ihnen die Tätigkeit übertragen hatte, weil man große Hoffnungen auf sie setzte und ihr Führungspotential fördern wollte. Vielleicht hätten die Organisationen ihre Absicht deutlicher machen können, aber häufig war die anfänglich negative Reaktion auch darauf zurückzuführen, daß die Manager eine zu naive Vorstellung vom Aufstieg einer Führungskraft hatten.

*Etwas über die Organisation und die Unternehmenspolitik lernen*

Nicht alle Rückschläge, mit denen die Führungskräfte in unserer Studie konfrontiert wurden, waren eine Folge von Kompetenzschwächen oder unvernünftiger Erwartungen. Einige Manager mußten eine Niederlage einstecken, weil Firmen fusioniert wurden oder weil ein Vorgesetzter eine Abneigung gegen sie gefaßt hatte; andere fielen einem falschen Spiel zum Opfer oder wurden bei einer Beförderung übergangen, weil ein Konkurrent besser in die politische Landschaft paßte.

Solche Rückschläge lösten fast immer zynische Reaktionen aus ("Du darfst dem Unternehmen nie trauen"; "Blender und Speichellecker kommen nach oben"; "Wenn du nicht höllisch aufpaßt, bist du in den Arsch gekniffen"), aber am allerbittersten reagierten die Manager auf Fusionen und Reorganisationen.

Auf die Frage: "Wann haben Sie sich erschöpft oder ausgebrannt gefühlt?" antwortete fast die Hälfte der Führungskräfte mit einem Hinweis auf eine Fusion oder Reorganisation. Diese organisatorischen Umwälzungen wurden als sehr belastend empfunden, weil Managementpositionen willkürlich verteilt wurden (zum Beispiel 70 Prozent von Firma A und 30 Prozent von Firma B), weil es zu Aufgabenkonsolidierungen kam (was häufig bedeutete, daß es bei jeder Führungsfunktion einen Verlierer gab) und weil unterschiedliche Unternehmenskulturen aufeinanderprallten. Hochbegabte Führungskräfte endeten in Stabspositionen oder auf Arbeitsplätzen mit wenig Ansehen und Einfluß. Sie empfanden diese Tätigkeiten als unter ihrer Würde, weil der neue Job nur Fertigkeiten verlangte, die sie seit langem beherrschten, und nur Herausforderungen bot, die sie längst gemeistert hatten. Die Lehren aus solchen Erfahrungen drehten sich nahezu ausschließlich darum, wie man in einer unfairen Welt ausharrt und überlebt. Weil die meisten Manager überzeugt waren, daß sie an der Situation nichts ändern konnten, richteten sie ihre ganze Anstrengung darauf, sie zu bewältigen, anstatt gegen Windmühlen zu kämpfen. Zu dieser Bewältigungsstrategie gehörte auch, daß der Manager bestimmte Einstellungen entwickelte, die es ihm ermöglichten, sein inneres Gleichgewicht zu bewahren.

Einige Führungskräfte hielten sich an das Motto ‚Kommt Zeit, kommt Rat‘ und trösteten sich damit, daß die derzeitige Situation nicht ewig dauern könnte. Manche warteten auf Rettung und wurden gerettet. Andere vertrauten darauf, daß das Topmanagement seine Augen überall hatte und daß sie eines Tages wieder aufsteigen würden.

Einige faßten den Vorsatz, zielstrebig voranzuschreiten, und sagten sich: Da ich nun mal in dieser Situation bin, kann ich genausogut versuchen, das Beste daraus zu machen. Sie schluckten ihre Enttäuschung herunter, stürzten sich in die Arbeit und versuchten, einige lohnende Ziele zu finden. Die meisten bauten auf ihr Selbstvertrauen, und zogen Kraft aus der Gewißheit, daß sie große Leistungen vollbringen konnten und stark genug waren, um auch die bittere Erfahrung eines ungeeigneten Jobs durchzustehen.

Teilweise waren diese persönlichen Reaktionen von solchen überlagert, die sich auf die Organisation bezogen. Bei den Führungskräften in unserer Studie gab es in der Regel zwei unterschiedliche Reaktionen: Einige sahen die Situation hauptsächlich unter einer politischen Perspektive und beschlossen, sichtbar zu bleiben, andere informiert zu halten und sich weiterhin zu verkaufen, während sie sich gleichzeitig von Personen lösten, deren Kompetenz und Integrität fragwürdig war. Einige nahmen einen zynischeren politischen Standpunkt ein und betrachteten die ganze Sache als reines Intrigenspiel, als abstoßende Kungelei, bei der nur äußerer Schein und Oberflächlichkeiten zählten.

Die zweite Reaktion bestand darin, auf emotionale Distanz zu gehen. „Ich hörte auf, mich emotional für meine Arbeit zu engagieren", erklärte ein Manager. Einige Führungskräfte wählten eine gemäßigtere Form der Distanzierung und konzentrierten sich ausschließlich auf die fachliche Seite der Arbeit, suchten sich ihre Freunde unter Kollegen und Mitarbeitern und schoben den Gedanken an die Gesamtorganisation beiseite.

Aber im allgemeinen reagierten die von uns interviewten Manager selten mit uneingeschränktem Zynismus. Die meisten Führungskräfte, die auf diese Weise „abserviert" wurden, schienen anzuerkennen, daß es im Leben nicht immer gerecht zugeht, und betrachteten die Situation auch als Bewährungsprobe für ihre Stärke und Widerstandskraft.

Dennoch bedeutete diese Art von Erfahrung ein böses Erwachen. Für Menschen, deren Selbstwertgefühl von der erfolgreichen Führung von Menschen und Ressourcen abhing, war die Launenhaftigkeit des Erlebnisses ein brutaler Schlag. Daß man sie ohne Rücksicht auf ihre Fähigkeiten auf einen unbedeutenden Arbeitsplatz versetzte, desillusionierte die meisten und machte viele zornig. Ein Großteil der beschriebenen Lektionen klang zwar nach dem üblichen Wie-ich-auch-diese-Hürde-meisterte, dennoch zeigte dieses Erlebnis die Führungskräfte von ihrer bittersten und unversöhnlichsten Seite. Wir hörten immer wieder wütende Bemerkungen wie die folgenden: „Sogar der spätere Vorstandsvorsitzende wurde bei dieser Fusionierung zurückgestuft"; „Sie haben mich über denselben Kamm geschoren wie die Manager, die sie entlassen haben"; und „Wenn die Leute ihre eigene Haut damit retten können, verbrennen sie dich, ohne mit der Wimper zu zucken."

Trotz der Intensität der Reaktionen nahm offenbar keiner der Manager Zuflucht zu dramatischen oder effekthaschenden Taktiken. Wir hörten von niemandem, der eine Szene machte oder Mitleid zu wecken suchte. Statt dessen warteten sie ab und taten ihre Arbeit. Einige ließen es nicht zu, daß die Erfahrung sie verbitterte, bei einigen vernarbte die Wunde über Nacht und andere merkten nicht einmal, daß sie Narben davongetragen hatten.

### Etwas über Arbeitsplätze lernen

Manchmal hatte ein Karriererückschlag weder etwas mit einer Zurückstufung noch mit einer Reorganisation zu tun. Manchmal kam es dazu, weil der Manager keinen Sinn mehr in seiner Tätigkeit sah. Er hatte sie schon zu lange ausgeübt, war darüber hinausgewachsen oder auf einen Arbeitsplatz versetzt worden, auf dem er sich unterfordert fühlte. Er empfand die Tätigkeit als erniedrigend, als banal, als geeignet für Leute mit weniger Schwung und Elan. Gelegentlich fiel die Tätigkeit ins andere Extrem und war zu anspruchsvoll.

Durch solche Arbeitsplätze fanden die Manager heraus, was ihnen keinen Spaß machte: Tätigkeiten mit wenig Verantwortung, wenig Streß, wenig Einfluß. Oder das Gegenteil: Unstrukturierte, chaotische Arbeiten ohne Plan, ohne Ziel, ohne Anerkennung für hervorragende Leistungen, ein politischer Sumpf, wo sich alles um Personen drehte, oder Tätigkeiten mit Vorgesetzten, die selbst an ihren besten Tagen notorische Landplagen waren.

Aber die Manager lernten aus diesen Erfahrungen nicht nur, was sie *nicht* wollten, sondern auch was sie wollten: „Ich will ein Unternehmen führen, nicht schnellen Geschäften hinterherjagen"; „Ich liebe das Risiko"; „Ich mag unstrukturierte, kurzfristige Herausforderungen". Von diesen Erkenntnissen war es nur noch ein kleiner Schritt zu der Frage: „Wie komme ich von hier nach da?"

Sie konnten auf Rettung warten oder ihre gesamte Arbeitskraft in den ungeliebten Job stecken. Aber die meisten Manager wählten keine dieser beiden Möglichkeiten und entschlossen sich statt dessen, ihre

Karriere selbst in die Hand zu nehmen. Obwohl sie keine Garantie dafür hatten, daß sie die angestrebte Karriere tatsächlich erreichen würden, konnten sie auf günstige Gelegenheiten vorbereitet sein und vielleicht selbst einige Gelegenheiten schaffen. (Abbildung 4.2 [siehe Seite 124] faßt die Lektionen von Karriererückschlägen zusammen.)

## Ein radikaler Arbeitsplatzwechsel

Was als nächstes geschah, lag in der Hand des einzelnen Managers. Die meisten der von uns interviewten Führungskräfte standen die schweren Zeiten durch und kehrten schließlich auf die Straße des Erfolgs zurück. Aber bei einigen ging es nicht vorrangig um die Frage, ob die Tätigkeit unerträglich oder stigmatisiert war; sie standen vor dem Problem, daß die Tätigkeit zu gemütlich geworden war. Sie hatten alle Herausforderungen gemeistert oder das Fachgebiet, auf dem sie tätig waren, hatte seinen Reiz für sie verloren. Kurz, sie waren gelangweilt und unzufrieden. Sie wollten raus. „Ich arbeitete in der Forschung und Entwicklung, sechs Aufgaben in fünf Jahren", berichtete ein künftiger Manager. „Mein Vorgesetzter kündigte, und ich habe zehn Tage lang gewartet, daß das Telefon klingelt. Man hat mir den Job nicht angeboten. Ich konnte es einfach nicht fassen. Ich ging zum obersten Chef der Forschungs- und Entwicklungsabteilung. Er sagte mir, ich sei großartig, aber ich müßte noch sieben bis acht Jahre Erfahrung sammeln. Er erklärte mir, ich könne nur in der Forschung und Entwicklung arbeiten, denn als Chemotechniker hätte ich keine anderen Optionen. Ich habe ihm nicht geglaubt. Ich habe eine *neue Bewerbung* losgeschickt [an dieselbe Firma] und hatte ein Vorstellungsgespräch bei einem Typ, den ich kannte. Ich mußte mir den Weg in einen Führungsjob selbst bahnen."

Ein radikaler Arbeitsplatz- oder Berufswechsel hat seine eigenen Risiken. Einen Karriereweg abzubrechen ist wesentlich komplizierter als von einem schlechten Job in einen guten zu wechseln. Die von uns interviewten Manager erkannten, daß sie ihr Sicherheitsdenken aufgeben mußten, wenn sie eine aufregende Tätigkeit suchten. Der Handel, auf den sie sich einließen, begann mit einem Verlust; der Gewinn war ungewiß, und kam, wenn überhaupt, erst sehr viel später.

Die meisten Führungskräfte, die eine eingeschlagene Laufbahn ab-

*Einzelne Lektionen*

*Aktionspläne aufstellen und umsetzen*
- Technische/fachliche Fähigkeiten
- Alles übers Geschäft
- Strategisches Denken
- Volle Verantwortung übernehmen
- Aufbau und Anwendung von Ordnungs- und Kontrollsystemen
- Innovative Methoden des Problemlösens

*Handhaben von Beziehungen*
- HANDHABEN VON POLITISCHEN SITUATIONEN
- Wie man Menschen dazu bringt, Lösungen umzusetzen
- Wie Führungskräfte sich benehmen
- Wie man mit Führungskräften zusammenarbeitet
- Verhandlungsstrategien
- Umgang mit Menschen, über die man keine formale Autorität hat
- Verständnis für andere Standpunkte
- Wie man Konflikte handhabt
- Mitarbeiter führen und motivieren
- Mitarbeiter fördern und entwickeln
- Auseinandersetzung mit Leistungsschwächen von Untergebenen
- Ehemalige Kollegen und Vorgesetzte führen

*Grundlegende Wertvorstellungen*
- Man kann nicht alles allein machen
- Sensibilität für die menschliche Seite des Management
- Grundlegende Führungswerte

*Führungscharakter*
- Nötigenfalls Härte zeigen
- Selbstvertrauen
- SITUATIONEN BEWÄLTIGEN, ÜBER DIE MAN KEINE KONTROLLE HAT
- WIDRIGKEITEN STANDHALTEN
- Mehrdeutige Situationen bewältigen
- Gebrauch (und Mißbrauch) von Macht

*Selbsterkenntnis*
- Das Gleichgewicht zwischen Arbeit und Privatleben
- Welche Aspekte der Arbeit man wirklich spannend findet
- PERSÖNLICHE GRENZEN UND WUNDE PUNKTE
- VERANTWORTUNG FÜR DIE EIGENE KARRIERE ÜBERNEHMEN
- Chancen erkennen und nutzen

124

**Abbildung 4.2:** *Was man aus Karriererückschlägen lernen kann*

brachen, tauschten eine erfolgreiche Karriere gegen eine unsichere Zukunft ein. Sie verließen Unternehmen, für die sie zehn Jahre gearbeitet
hatten, provozierten einen Wechsel vom Stab zur Linie, weil sie dort
sein wollten, wo es aufregend war, ließen sich aus Linienpositionen
zum Unternehmensstab versetzen, um ihren beruflichen Horizont zu
erweitern, bewegten sich seitlich oder abwärts in der Unternehmens-
hierarchie, um neue Gebiete kennenzulernen, oder stellten kühne For-
derungen an das Topmanagement: „Ich bat darum, von der Marktforschung ins Produktmanagement versetzt zu werden, also in einen
Bereich, in dem ich keinerlei Erfahrung oder Ausbildung hatte. Mein
Schlachtruf lautete: ‚Wenn ich den Job nach sechs Monaten nicht be-
herrsche – werft mich raus.‘"

Die Führungskräfte erzwangen diese Veränderungen, weil sie unzufrieden und manchmal verzweifelt waren. Ob die Manager Gelegenheiten ergriffen, die sich zufällig ergaben, oder ob sie diese Gelegenheiten aktiv herbeiführten, der gemeinsame Nenner dieser
Veränderungsbestrebungen war die Sehnsucht nach einer Arbeit, für

die sie sich wieder begeistern konnten. Sie versuchten ihr Glück mit neuen Geschäftsbereichen, mit der Unternehmensstrategie, mit dem Marketing oder mit einer Auslandsstelle, weil die Herausforderung sie neu belebte: „Wenn du etwas machen kannst, das eine Herausforderung darstellt … hab den Mut, es auszuprobieren", sagte einer. Ein anderer meinte, daß bequeme Jobs das berufliche Wachstum verhinderten: „Wenn es anfängt, gemütlich zu werden, such dir was Neues."

Was die von uns interviewten Manager als Abbruch einer monoton gewordenen Laufbahn betrachteten, ist die andere Seite der Zurückstufungen, verpaßten Beförderungen und ungeliebten Tätigkeiten, die sie schilderten. Aus Rückschlägen lernten die Manager, daß die Organisation sie aufs Abstellgleis schieben konnte oder daß ihre eigenen Fehler sie aus der Bahn werfen konnten. Wenn sie einen eingefahrenen Berufsweg abbrachen, lernten sie, daß sie sich aus eigener Kraft aus einer momentanen oder künftigen Karrierestagnation retten konnten. Beide Erfahrungen umfaßten einen Verlust und die Angst zu scheitern oder einen tatsächlichen Mißerfolg. Und beide Erfahrungen boten denselben zwiespältigen Rat: Es liegt an dir, ob du deine Karriere selbst in die Hand nimmst. Du kannst bleiben oder gehen, aber in beiden Fällen wirst du den Gang der Ereignisse kaum steuern können. Anders als bei übertragenen Aufgaben, wo die Herausforderung darin lag, daß man äußere Hindernisse erfolgreich überwand, war diese Herausforderung innerer Art. Konnte man wie Phoenix aus der Asche steigen? Kannte man sich selbst gut genug, um zu wissen, was man wollte? Und das Wichtigste – hatte man genug Mumm, um zu bleiben, wenn es das Beste schien, und andernfalls eine Veränderung durchzusetzen?

Die von uns befragten Manager, die vor einer solchen Entscheidung gestanden hatten, waren geteilter Meinung darüber, ob man den Berufsweg planen kann. Ungefähr zwei Drittel meinten, man könne seine Karriere *in groben Zügen* vorausplanen. Der Rest war der Ansicht, daß man sich auf die derzeitige Tätigkeit konzentrieren sollte. Unsere Untersuchung der Entwicklungswege ergab wenige, um nicht zu sagen gar keine Hinweise auf eine systematische Karriereplanung in dem Sinn, daß man sich bestimmte Entwicklungsziele setzt und bestimmte Tätigkeiten auswählt, um diese Ziele zu erreichen. Soweit die Karriereschritte dieser Manager überhaupt irgendeinem Schema entsprachen, folgten sie eher dem Zufallsprinzip als einem festen Plan. Mit anderen Worten: Wenn diese Manager vor der Wahl standen, ob sie bleiben oder gehen sollten, haben sie nicht versucht, zu prognostizieren, was besser sein würde. Sie haben sich vielmehr an einige handfeste Entscheidungsregeln gehalten:

*Halte dich ans Kerngeschäft:* Wenn die Manager in einem wichtigen Linienbereich tätig waren oder gute Referenzen für Linienpositionen hatten, machten sie normalerweise weiter. Wenn sie in einer peripheren Unternehmenseinheit beschäftigt waren, fanden sie einen Weg, um woanders eine Stellung im Kernbereich zu bekommen.

*Paß das Unternehmen deinem persönlichen Stil an:* Wenn sie unternehmerisch orientiert waren, suchten die Manager nach unternehmerischen Tätigkeiten. Wenn sie sich nach *action* sehnten, blieben sie in Organisationen mit schnellem Tempo und verließen solche mit langsamem Tempo.

*Das richtige Timing ist entscheidend:* Abgesehen von einigen wenigen Managern, die am Anfang ihrer Karriere häufig die Stelle wechselten, um einen Beruf zu finden, der sie interessierte, waren die Führungskräfte keine „Jobhopper". Sie waren in der Regel sieben bis dreizehn Jahre im selben Unternehmen beschäftigt, manchmal auch auf demselben Arbeitsplatz, bevor sie eine Veränderung erzwangen. Selbst in den düstersten Situationen hielten die meisten zwei oder mehr Jahre aus. Zum Teil betrachteten sie die Tätigkeit als persönliche Herausforderung: Konnten sie etwas aus dem Job machen? Hatten sie genügend Geduld und Stehvermögen, um die Sache durchzuhalten? Und zum Teil ließen sie sich von ganz praktischen Überlegungen leiten. Man kann in einer Organisation auf die unterschiedlichste Weise abgestempelt werden und zu den vernichtendsten Etiketten gehört: „Wenn es brenzlig wird, kneift er" oder „Ist nicht belastungsfähig". Wer zornig auf einen schlechten Job reagiert, handelt sich leicht den Ruf eines Querulanten oder launischen Miesepeters ein. Die meisten Führungskräfte warteten eine Weile ab, um sich selbst und ihre Organisation auf die Probe zu stellen. Wenn sie dann tatsächlich aus dem Unternehmen ausschieden, hatten sie selten eine übereilte Entscheidung getroffen.

*Glückliche Zufälle sind die besten Stellenvermittler.* Die allermeisten Stellenwechsel, die uns geschildert wurden, wirkten selbstgesteuert und opportun. Sie schienen keine Folge eines neuerlichen „Floating" oder einer Vermittlung durch betriebliche Kopfjäger zu sein. Die Manager wußten, was sie wollten, nachdem sie ihr Gewissen *jahrelang* geprüft hatten, und manchmal packten sie eine aufregende Gelegenheit beim Schopf. Einige bezeichneten das als Glück, aber in Wirklichkeit hatte es mit dem Zusammentreffen von Vorbereitung und Gelegenheit zu tun. Ein Manager berichtete, seine größte berufliche Veränderung habe sich durch eine zufällige Begegnung beim Lunch ergeben. Aber er war vorbereitet, er wußte, was er wollte, und in gewisser Weise suchte er bereits nach einer größeren Herausforderung.

Hinter all dem steckte die grundsätzliche Haltung, daß man sich bei beruflichen Veränderungen am besten von starken Gefühlen, nicht von irgendwelchen Formeln für den richtigen Job oder den richtigen Karriereweg leiten lassen sollte. Eine Karrierekrise löste bei den Managern keine leidenschaftslose Analyse aus, sondern eine emotionale Reaktion, bei der es unter anderem um Gefühle im Hinblick auf die eigene Standhaftigkeit, die Bewältigung schwieriger Situationen und die persönliche Verantwortung für die eigene Karriere ging. Weil die Zukunft nicht vorhersehbar war und Organisationen mitunter wunderliche Einfälle hatten, hielten sich die von uns befragten Manager an den einzigen verläßlichen Indikator. Wenn sie alle Informationen gesammelt hatten, trafen sie die Entscheidung, von der ihr *Gefühl* ihnen sagte, daß sie richtig war. (In Abbildung 4.3 [siehe Seite 130] sind die Lektionen eines Stellenwechsels zusammengestellt.)

## Geschäftliche Fehler

Die meisten der von uns interviewten Manager gestanden, daß sie mindestens einen (manchmal mehrere) schwere geschäftliche Mißgriffe getan hatten. Dazu gehörten kostspielige Ideen, die sich als Flops erwiesen, mißglückte Geschäftsabschlüsse, nicht genutzte Gelegenheiten und Konflikte, die außer Kontrolle gerieten. Man könnte denken, daß solche Fehler größtenteils durch mangelndes Wissen oder ein schlechtes geschäftliches Urteilsvermögen ausgelöst wurden, aber bei den von uns befragten Managern war das nicht der Fall. Die Hauptursache von geschäftlichen Fehlern war vielmehr irgendeine Form von Imkompetenz im Umgang mit anderen Menschen. Genauer gesagt war der Fehler in der Regel darauf zurückzuführen, daß der Manager die Bedeutung anderer Personen für den Erfolg einer Idee oder eines Projekts falsch einschätzte. Dazu gehörte zum Beispiel, daß er es versäumte, wichtige Informationen einzuholen oder weiterzugeben, daß er sich die notwendige Unterstützung nicht sicherte oder ohne den erforderlichen Konsens ein bestimmtes Ziel ansteuerte.

Es gab drei allgemeine Kategorien von falsch gehandhabten Beziehungen, die zu geschäftlichen Fehlern führten: Beziehungen zu Vorgesetzten, Beziehungen zu Untergebenen und Beziehungen zu gleichrangigen Kollegen oder Außenstehenden.

Im Umgang mit Vorgesetzten hing der Beziehungsfehler häufig damit zusammen, daß der Chef in irgendeiner Form „überrascht" wurde. Ein Manager entwickelte zum Beispiel einen komplexen Strategieplan, der dazu beitragen sollte, daß die Unternehmenseinheiten mehr in die Forschung und Entwicklung investierten, erwähnte die Sache jedoch gegenüber seinen Vorgesetzten mit keinem Wort. Als er seinen Plan schließlich einem Bereichsleiter vorlegte, stieß er auf wenig Begeisterung: „Der Typ zerriß den Plan vor meinen Augen und warf ihn in den Papierkorb."

Im Umgang mit Untergebenen ergaben sich die größten Probleme, wenn die Führungskraft die Bedeutung ihrer Mitarbeiter unterschätzte. Das zeigte sich häufig, wenn ein Manager erwartete, daß seine Mitarbeiter bestimmte Ergebnisse erzielten, ohne sich zuvor ihr Engagement für diese Ergebnisse gesichert zu haben. Manchmal kam hinzu, daß die Führungskraft sich arrogant oder intolerant verhielt. „Ich duldete keinerlei Inkompetenz", erinnerte sich ein Manager. „Ich war sehr aufbrausend, und wenn ich der Ansicht war, daß jemand nicht sein Bestes gegeben hatte, habe ich ihn harsch zurechtgewiesen. Ich war sehr erstaunt, als meine Pläne scheiterten."

Im Umgang mit gleichrangigen Kollegen oder Außenstehenden hingen die geschäftlichen Fehler damit zusammen, daß der Manager es versäumte, alle wichtigen Informationen, die Unterstützung oder das Einverständnis von anderen Managern, von Kunden, Partnern oder Kontraktoren einzuholen. Außerdem berichteten einige Führungskräfte, daß sie sich zu wenig Mühe gegeben hatten, die Philosophien und Wertvorstellungen von Kollegen oder Außenstehenden zu verstehen und das dies häufig die Probleme verstärkt hatte.

Was die Führungskräfte aus einem geschäftlichen Fehler lernten,

*Einzelne Lektionen*

*Aktionspläne aufstellen und umsetzen*
- Technische/fachliche Fähigkeiten
- Alles übers Geschäft
- Strategisches Denken
- Volle Verantwortung übernehmen
- Aufbau und Anwendung von Ordnungs- und Kontrollsystemen
- Innovative Methoden des Problemlösens

*Handhaben von Beziehungen*
- Handhaben von politischen Situationen
- Wie man Menschen dazu bringt, Lösungen umzusetzen
- Wie Führungskräfte sich benehmen
- Wie man mit Führungskräften zusammenarbeitet
- Verhandlungsstrategien
- Umgang mit Menschen, über die man keine formale Autorität hat
- Verständnis für andere Standpunkte
- Wie man Konflikte handhabt
- Mitarbeiter führen und motivieren
- Mitarbeiter fördern und entwickeln
- Auseinandersetzung mit Leistungsschwächen von Untergebenen
- Ehemalige Kollegen und Vorgesetzte führen

*Grundlegende Wertvorstellungen*
- Man kann nicht alles allein machen
- Sensibilität für die menschliche Seite des Management
- Grundlegende Führungswerte

*Führungscharakter*
- Nötigenfalls Härte zeigen
- Selbstvertrauen
- Situationen bewältigen, über die man keine Kontrolle hat
- Widrigkeiten standhalten
- Mehrdeutige Situationen bewältigen
- Gebrauch (und Mißbrauch) von Macht

*Selbsterkenntnis*
- Das Gleichgewicht zwischen Arbeit und Privatleben
- WELCHE ASPEKTE DER ARBEIT MAN WIRKLICH SPANNEND FINDET
- Persönliche Grenzen und wunde Punkte
- VERANTWORTUNG FÜR DIE EIGENE KARRIERE ÜBERNEHMEN
- CHANCEN ERKENNEN UND NUTZEN

**Abbildung 4.3:** *Was man durch einen radikalen Arbeitsplatzwechsel lernen
kann*

hing von der Art des Fehlers ab. Wenn sie über kapriziöse Ereignisse
gestolpert waren – wenn zum Beispiel eine Währungsabwertung, der
Ausverkauf eines Franchisenehmers oder eine von oben angeordnete
Betriebsschließung ihre Pläne durchkreuzte – klangen die Erfahrungs-
berichte immer ein bißchen nach: „Wie ich einen Tag auf der falschen
Seite des Schießstands überlebte." Die Manager schilderten, wie sie
unlösbare Situationen hartnäckig durchgestanden hatten, berichteten
von strategische Gegenzügen und ließen mitunter zynische Bemerkungen über das Topmanagement fallen. Sie betrachteten ein geschäftliches Desaster, das sich ihrer Kontrolle weitgehend entzog, offenbar in
erster Linie als eine von vielen Widrigkeiten, die man einfach durchstehen mußte. Die Lehren, die sie daraus zogen, handelten nicht von
eigenen Unzulänglichkeiten, sondern davon, wie man Schwierigkeiten
bewältigt.

Wenn sie faule politische Tricks rochen, reagierten sie wie immer
mit vernichtender Kritik. Ein Manager überschritt seine Befugnisse,
als er einen Kaufvertrag abschloß. Vertreter mehrerer Führungsetagen
drohten ihm mit Entlassung. Zornentbrannt trommelte er die Vorgesetzten zusammen und sagte ihnen ordentlich die Meinung, aber der
Ausgang der Geschichte machte ihn sogar noch wütender. Sein unbe-
fugter Ankauf „brachte dem Unternehmen einen Nettogewinn von
mehreren Millionen Dollar, und drei Führungsebenen verbuchten den
Erfolg auf ihr Konto. Ich erhielt für meine Bemühungen nichts als eine
durchschnittliche Bewertung bei der nächsten Leistungsbeurteilung."

Wenn Fehlschläge durch äußere Faktoren verursacht wurden (oder
der Manager dies zumindest glaubte), boten sie also entweder Lektio-

nen in Zynismus oder in Standhaltevermögen oder in beidem, je nach den konkreten Umständen. Im Gegensatz dazu lösten Fehler, für die der Manager sich selbst verantwortlich fühlte, die gegenteilige Reaktion aus – eine intensive und harsche Selbstkritik. Nun könnte man leicht denken, daß manche Menschen einfach den Mut haben, aus ihren Fehlern zu lernen, während andere die Verantwortung auf andere abwälzen, aber es gibt offenbar drei allgemeine Voraussetzungen, damit jemand aus seinen Fehlern lernen kann:

*Das Ereignis muß klar erkennbare Ursachen haben.* Wenn die Ursache-Wirkung-Beziehung unklar war, konnten die Manager offenbar nicht entdecken, wofür sie sich verantwortlich fühlen sollten. Hätten sie eine Währungsabwertung oder den Ausverkauf eines Franchisenehmers an einen Konkurrenten voraussehen können? Hätte es etwas geändert, wenn sie es vorausgesehen hätten? Wenn der Manager nicht feststellen konnte, ob sein Handeln von Bedeutung gewesen wäre, löste das Erlebnis häufig nur abstrakte, strategische Überlegungen zu der Frage aus, wie man solche Situationen im allgemeinen vermeiden könnte. Aber wenn die Ursache-Wirkung-Beziehung klar war („Ich habe es vermasselt, weil …"), war die Wahrscheinlichkeit viel größer, daß der Manager Konsequenzen für sein eigenes Verhalten zog und auch seinen Teil der Verantwortung übernahm.

*Die Karten müssen auf dem Tisch liegen.* Aus den vielfältigsten Gründen, angefangen bei mangelndem Vertrauen bis hin zu reiner Vergeßlichkeit, gaben Führungskräfte jüngeren Managern häufig keine genauen Informationen darüber, warum eine bestimmte Entscheidung getroffen wurde. Aber jüngere Manager müssen aus naheliegenden Gründen über Ereignisse, die sie persönlich betreffen, informiert werden. Wenn sie nicht wissen, welche Ursachen zu bestimmten Ereignissen geführt haben, werden sie die Schuld bei einzelnen Personen oder politischen Machenschaften suchen. Wenn sie Informationen darüber haben, was geschieht und warum es geschieht, sind sie viel besser in der Lage, ihren eigenen Beitrag zum Schlamassel einzuschätzen.

*Die Haltung der Organisation zu Fehlern muß klar sein.* Jede Organisation hat ein ausgeklügeltes Belohnungssystem, aber kaum eine Organisation hat ein vergleichbares System für den Umgang mit Fehlern.

132

Fehler werden als Ausnahmen behandelt und abgesehen von illegalen Aktivitäten oder extrem kostspieligen Fehlern, werden sie der Jurisdiktion der einzelnen Vorgesetzten überlassen.

Nach einer gewissen Zeit ergibt sich aus den gesammelten Aktionen dieser einzelnen Vorgesetzten die grundsätzliche Praxis, nach der in einer bestimmten Unternehmenskultur mit Fehlern verfahren wird. Jüngere Manager beobachten ihre Vorgesetzten in diesen Situationen, hören von den „Kriegsgeschichten" der Organisation und finden so Antwort auf die endemischen Fragen: „Was geschieht mit dir, wenn du in dieser Organisation einen Fehler machst? Ist es tödlich?"

Die meisten Firmen zollen Anerkennung für „logische Fehler" oder „auslegbare Fehler". Das ist eine gesunde Einstellung, nicht weil „jeder Mensch Fehler macht", sondern weil Personen, die menschliche Systeme in einer unberechenbaren, lose verknüpften Welt führen müssen, besonders anfällig dafür sind. Wenn Führungskräfte nicht aus ihren Fehlern lernen dürften, bliebe niemand übrig, der etwas Anspruchsvolleres leiten könnte als den Betriebsausflug.

Aber Firmen, die sich bei Belohnungen durch besondere Fairneß hervortun, stolpern häufig über Fehler und Mißerfolge. In vielen Unternehmen kursieren Geschichten über Personen, die angeblich mit Vorsicht zu genießen sind, oder über Geschäftsbereiche und Einheiten, die man besser meiden sollte. In einigen Firmen glauben sogar die Unternehmensleiter: „Ein Fehler und du bist weg vom Fenster."

Solche Faustregeln sind normalerweise nur zum Teil zutreffend. Ein Unternehmen in unserer Studie ist äußerst tolerant gegenüber logischen Fehlern, weil es in einer risikoreichen Umwelt operiert, in der schnelle Entscheidungen ein Muß sind. Wenn jemand einen Fehler begeht, hält sich dieses Unternehmen außerdem an die Devise „Diskretion ist Ehrensache". Beobachter haben deshalb oft den Eindruck, daß ein Manager schon wegen eines einzigen Fehlers entlassen wird, obwohl es in Wirklichkeit sein fünfter grober Patzer war. In diesem Fall besiegt der Schein die Wirklichkeit und führt die meisten Manager zu einem Trugschluß: „Ich muß Risiken eingehen, aber wenn ich einen groben Schnitzer mache, bin ich erledigt. Das paßt nicht zusammen."

Inkongruenz ist ein hausgemachtes Problem in Organisationen. Eine unklare Haltung gegenüber Fehlern und Mißerfolgen fördert die Mythenbildung, fördert Manager, die schreckliche Angst vor Risiken haben, und Manager, die Fehler vertuschen und verleugnen.

Es ist fast immer der direkte Vorgesetzte, der die Haltung der Organisation gegenüber Fehlern vermittelt. Aber weil jeder Vorgesetzte ganz individuell auf Fehler reagiert, ist dieses Verfahren so ähnlich, als würde man Gewehre ausgeben, die wahllos entweder mit Schrotkugeln oder Blumen geladen sind. Auf jede Geschichte von einem Vorgesetzten, der einem Untergebenen hilft, aus Fehlern zu lernen, kommt eine Geschichte von einem Chef, der den Mitarbeiter grausam bestraft und demütigt. Aber die Haltung einer Organisation zu Fehlern muß genauso konsequent und klar geregelt sein wie das Belohnungssystem. Vorgesetzte werden auf die eine oder andere Weise auf Schnitzer reagieren, ob es ein offizielles Bestrafungssystem gibt oder nicht, und die Mitarbeiter werden das Verhalten des Vorgesetzten genauso kritisch unter die Lupe nehmen wie ihre Gehaltsabrechnung.

Ein geschäftlicher Fehler schien für die von uns befragten Vorgesetzten aus zwei Gründen bedeutsam zu sein: Das Erlebnis machte ihnen eindringlich klar, wie ihre Organisation und ihre Vorgesetzten auf Fehler und Mißerfolge reagierten, und es brachte ihnen einige genauso wichtige Erkenntnisse über ihre persönlichen Schwächen. Was die Manager über ihre Organisation lernten, war nicht ohne Widersprüche, weil die meisten dieser Erfahrungen von individuellen Vorgesetzten bestimmt wurden. So wurde zum Beispiel in derselben Organisation, in der ein Manager gemaßregelt wurde, weil er seine Befugnisse überschritten hatte, ein anderer Manager für eine weit drastischere Kompetenzüberschreitung mit Lob überschüttet. Das führt uns zu dem Schluß, daß die meisten Organisationen durchaus Antworten auf die Frage liefern: „Was geschieht, wenn ich einen großen Fehler mache?" Aber die Antworten bleiben dem Zufall, den Vorgesetzten oder der Unternehmenspolitik überlassen, mit häufig unkalkulierbaren Folgen.

In persönlicher Hinsicht waren geschäftliche Fehler und Mißerfolge vielleicht deshalb so bedeutsam, weil die Manager etwas vergessen hatten, was sie bereits wußten. Sie vergaßen den offensichtlichsten Aspekt des Management – daß es ein interpersonales Medium ist.

Man kann ihre Fehler nicht jugendlicher Naivität zuschreiben – die Manager waren im Durchschnitt 36 Jahre alt, wenn ihnen diese Patzer unterliefen, und hatten ihre ersten Zusammenstöße mit dem Topmanagement in der Regel längst hinter sich. Sie hatten sich arrogant oder unsensibel verhalten oder einfach das Offensichtliche außer acht gelassen. Die starke Wirkung des Erlebnisses hängt wahrscheinlich damit

134

zusammen, daß es die Führungskräfte nachhaltig an ihre Schwächen erinnerte. Nach unserer Ansicht sind die Manager so hart mit sich ins Gericht gegangen, weil es wenig Entschuldigungen für ihr Verhalten gab. Und was sie daraus gelernt haben, war vielleicht nicht wirklich, daß andere Menschen wichtig sind, denn das haben sie sehr wahrscheinlich schon vorher gewußt. Sie hatten schlicht und einfach einen Fehler gemacht, weil sie zu überstürzt und zu unüberlegt gehandelt hatten. Wenn der innere Aufruhr sich gelegt hatte, und sie in Ruhe nachdenken konnten, haben sie vielleicht erkannt, daß sie durch das Erlebnis einfach ein bißchen mehr Bescheidenheit gelernt haben. (Abbildung 4.4 [siehe Seite 136] faßt zusammen, was die Manager aus geschäftlichen Fehlern lernten.)

## Das Problem: Untergebene

Einen Untergebenen zu entlassen, sogar einen, der es verdient hat, gehört zu den am meisten gefürchteten Führungshandlungen. Objektiv betrachtet ist das Verfahren unkompliziert: Man klärt den Mitarbeiter über seinen Leistungsstand auf, gibt ihm eine faire Chance, sich zu verbessern, und wenn sich dann nichts ändert, wird ihm gekündigt.

Die von uns befragten Führungskräfte betonten immer wieder, daß selbst ein unfähiger Mitarbeiter die Möglichkeit erhalten sollte, sein Gesicht zu wahren: Kritisiere die Leistung, nicht den Menschen, der vielleicht alle möglichen anderen Talente hat. Wenn Mitarbeiter nicht akzeptieren wollten oder konnten, daß sie schlechte Leistungen erbrachten, war es schwer, sie mit den Fakten zu konfrontieren. Ein Manager faßte die allgemeine Meinung zusammen, als er sagte:

Wenn du die Fähigkeiten des Mitarbeiters völlig anders einschätzt als er selbst, wirst du das Problem normalerweise nicht damit lösen können, daß du kein Blatt vor den Mund nimmst und es auf direktem Wege anpackst. Du beweist nichts, wenn du gewinnst, und noch weniger, wenn du verlierst! Vielmehr sollte man dem Mitarbeiter erklären, daß er eine Menge wertvoller Begabungen hat, aber für dieses Unternehmen schlecht geeignet ist, weil er sich hier nicht entfalten kann. So kann er die Firma verlassen (dein Ziel) und seinen Stolz bewahren.

*Einzelne Lektionen*

*Aktionspläne aufstellen und umsetzen*
- Technische/fachliche Fähigkeiten
- Alles übers Geschäft
- Strategisches Denken
- Volle Verantwortung übernehmen
- Aufbau und Anwendung von Ordnungs- und Kontrollsystemen
- Innovative Methoden des Problemlösens

*Handhaben von Beziehungen*
- HANDHABEN VON POLITISCHEN SITUATIONEN
- Wie man Menschen dazu bringt, Lösungen umzusetzen
- WIE FÜHRUNGSKRÄFTE SICH BENEHMEN
- WIE MAN MIT FÜHRUNGSKRÄFTEN ZUSAMMENARBEITET
- Verhandlungsstrategien
- Umgang mit Menschen, über die man keine formale Autorität hat
- VERSTÄNDNIS FÜR ANDERE STANDPUNKTE
- Wie man Konflikte handhabt
- Mitarbeiter führen und motivieren
- MITARBEITER FÖRDERN UND ENTWICKELN
- Auseinandersetzung mit Leistungsschwächen von Untergebenen
- Ehemalige Kollegen und Vorgesetzte führen

*Grundlegende Wertvorstellungen*
- Man kann nicht alles allein machen
- Sensibilität für die menschliche Seite des Management
- Grundlegende Führungswerte

*Führungscharakter*
- Nötigenfalls Härte zeigen
- Selbstvertrauen
- SITUATIONEN BEWÄLTIGEN, ÜBER DIE MAN KEINE KONTROLLE HAT
- Widrigkeiten standhalten
- Mehrdeutige Situationen bewältigen
- Gebrauch (und Mißbrauch) von Macht

*Selbsterkenntnis*
- DAS GLEICHGEWICHT ZWISCHEN ARBEIT UND PRIVATLEBEN
- Welche Aspekte der Arbeit man wirklich spannend findet
- PERSÖNLICHE GRENZEN UND WUNDE PUNKTE
- Verantwortung für die eigene Karriere übernehmen
- Chancen erkennen und nutzen

*Beziehungen handhaben*
Im Mittelpunkt dieser Ereignisse stand meistens, daß die Führungskraft die Bedeutung anderer Menschen unterschätzte. Die Manager lernten eine bunte Mischung von Lektionen zu dem Thema, welche Folgen es haben kann, wenn man andere Menschen schlecht behandelt und/oder ignoriert.

*Situationen meistern, über die man keine Kontrolle hat*
Wie bei Zurückstufungen und ähnlichen mißlichen Erfahrungen lernten die Manager, Schwierigkeiten durchzustehen und zäh an ihren Zielen festzuhalten, auch wenn wenig Aussicht auf Erfolg bestand.

*Persönliche Grenzen*
Weil diese Fehler in der Regel passierten, wenn der Manager schon relativ erfahren war, erteilten sie mitunter eine Lektion in Bescheidenheit. Die Führungskräfte hatten das Offensichtliche außer acht gelassen – daß Organisationen von zwischenmenschlichen Beziehungen zusammengehalten werden.

Siehe Esther Lindsey, Virginia Homes u. M.W. McCall, Jr., *Key Events in Executives' Lives*, Technical Report No. 32 (Greensboro, N.C.: Center for Creative Leadership, 1987), S. 89-103.

**Abbildung 4.4:** Was man aus geschäftlichen Mißerfolgen und Fehlern lernen kann

Einige Führungskräfte räumten ein, daß sie derartige Probleme bis zu zwei Jahren vor sich hergeschoben hatten, weil sie den Mitarbeiter nicht in seiner Würde känken wollten. Meistens hatten sie das Problem von einem oder mehreren Vorgängern geerbt. Obwohl die Mitarbeiter ungeeignet waren, Alkoholprobleme hatten oder veraltete Arbeitstechniken anwendeten, hatte sie niemand je zur Rede gestellt. Man hatte den problematischen Mitarbeiter einfach jahrelang „weitergereicht".

Ein Manager hatte einen selbstherrlichen Mitarbeiter übernommen, der eine wichtige Finanzfunktion leitete und mit antiquierten Methoden der Rechnungslegung arbeitete. Der Mann reagierte mit Hohn und Spott auf alle Veränderungsvorschläge, aber er war ein fleißiger und loyaler Mitarbeiter und seit 45 Jahren in der Firma. Ein anderer Manager hatte einen Produktionsleiter „geerbt", der seit 35 Jahren gute Leistungsbeurteilungen erhalten hatte, obwohl er der Arbeit offenkundig nicht gewachsen war. Kurz nachdem der Manager seine Stellung angetreten hatte, wurde er angewiesen, den Mann zu entlassen und ihn über seine schlechten Leistungen aufzuklären. Eine Umschulung oder Weiterbildung kam in diesen Fällen nicht in Betracht. Der problematische Mitarbeiter war zu lange hin- und hergeschoben worden oder zu lange in einer äußerlich prestigereichen Position gewesen. Er genoß wenig Ansehen bei seinen Kollegen und wollte aus dem einen oder anderen Grund nicht einsehen, daß eine Veränderung nötig war. Er wurde den Anforderungen seiner Arbeit nicht gerecht, und die Situation war hoffnungslos.

Gerade weil die Sache mitunter so hoffnungslos war, empfanden die Manager Mitleid mit der mißlichen Lage des Mitarbeiters. Häufig hatte der Betroffene in völliger Ahnungslosigkeit gelebt und überhaupt nicht gemerkt, daß er nicht länger nützlich war oder daß seine Anwesenheit sich destruktiv auf die Moral und die Arbeitsleistung auswirkte. Seine Kollegen verübelten ihm, daß sie seine Arbeit mitmachen mußten, oder hatten seit Jahren mit wachsendem Groll und Zynismus beobachtet, wie er immer wieder mit schlechten Leistungen durchkam. Deshalb übernahmen die Manager häufig nicht nur einen problematischen Mitarbeiter, sondern auch eine demoralisierte Gruppe.

Wenn die Führungskräfte spontan auf die rein objektive Sachlage reagierten, lernten sie auf die harte Tour, daß es etwas anderes war, einen Menschen zu entlassen, als eine veraltete Maschine auszusondern. Wenn sie zauderten und das Problem verschleppten, machten sie denselben Fehler wie ihre Vorgänger. Die einzig effektive Methode war also, sich so schnell und so menschlich wie möglich mit der Person auseinanderzusetzen, aber dazu mußten die Manager eigene Zweifel und Unzulänglichkeitsgefühle überwinden. Warum kann ich diesem Mitarbeiter nicht helfen? Gibt es nicht einen anderen Weg? Ist es tatsächlich so wichtig? Was ist, wenn ich mich irre, und die Person doch veränderungsfähig ist? Wenn man den Mitarbeiter entließ, gestand man eine Niederlage ein, beging unter Umständen einen Fehler und geriet möglicherweise in den Ruf, über Leichen zu gehen. Aber es war die einzige Möglichkeit, langfristig für alle das Beste zu erreichen. Nicht zu handeln war das einzige, was eindeutig falsch war.

Aus diesen schmerzlichen Situationen lernten die Manager einige paradoxe Lektionen. Menschlichkeit konnte manchmal auch Härte bedeuten, und jemanden zu entlassen war mitunter hilfreicher, als ihn weiter zu beschäftigen. „Man tut diesen Leuten keinen Gefallen, wenn man sie behält", erklärte ein Manager. „Wenn man sie zu lange mitschleppt, werden sie zu alt, um eine neue Stelle zu finden." Sie lernten auch einige praktische Dinge über das richtige Timing für solche Konfrontationen und über das richtige Verhalten. Aber das Entscheidende waren einige Erkenntnisse über menschliche Schwächen. Vor allem bei hoffnungslosen Fällen war den Managern das Mitleid deutlicher in Erinnerung geblieben als alles andere.

Er war 58 Jahre alt und hatte seit zwanzig Jahren ständig die Stelle gewechselt. Er war ein Wichtigtuer. Niemand mochte ihn. Alle zwei Jahre hatte man ihn auf einen anderen Arbeitsplatz abgeschoben, und die Personalabteilung drückte sich vor dem Problem. Mein Chef wollte einen Schlußstrich ziehen; er teilte den Personalleuten mit, daß wir ihn rauswerfen würden, und daß es ihre Aufgabe wäre, über die korrekte Methode nachzudenken. Mein Boß sagte mir: „Kündige ihm Freitag um fünf, und sorg dafür, daß er nicht wiederkommt." Die Sache hat mir schlaflose Nächte bereitet. Tagelang konnte ich an nichts anderes denken. Dann kam der Freitag, und wer nicht kam, war er.
Ich geriet in Panik, aber glücklicherweise tauchte er dann doch noch auf. Als es soweit war, fing ich mit den Worten an: „Wir müssen noch mal zur Personalabteilung". Daraufhin erklärte er mir, das käme überhaupt nicht in Frage, weil es bereits nach fünf Uhr sei (Feierabend). Da wußte ich, daß ich das Richtige tat.

Aber sogar „das Richtige zu tun" war schmerzlich und machte die Sache nicht leichter. Die zentrale Erkenntnis, die die Manager aus dieser Erfahrung mitnahmen, war, daß sie fehlerhafte Menschen waren, die mit fehlerhaften Menschen zu tun hatten. (Siehe Abbildung 4.5, Seite 140)
Manchmal kann man Zuflucht zum Fachjargon nehmen, um diese bitterste aller Situationen zu beschönigen – „Outplacement" und „negative Personalentscheidungen" sind beliebte Euphemismen, wenn man jemandem in einem persönlichen Gespräch erklären muß, daß er den Anforderungen seiner Arbeit nicht gewachsen ist. Was die Führungskräfte indirekt zum Ausdruck brachten, war, daß es ein schrecklicher Fehler wäre, sein Mitgefühl zu verdrängen, und daß jemand, der

*Aktionspläne aufstellen und umsetzen*
- Technische/fachliche Fähigkeiten
- Alles übers Geschäft
- Strategisches Denken
- Volle Verantwortung übernehmen
- Aufbau und Anwendung von Ordnungs- und Kontrollsystemen
- Innovative Methoden des Problemlösens

*Handhaben von Beziehungen*
- Handhaben von politischen Situationen
- Wie man Menschen dazu bringt, Lösungen umzusetzen
- Wie Führungskräfte sich benehmen
- Wie man mit Führungskräften zusammenarbeitet
- Verhandlungsstrategien
- Umgang mit Menschen, über die man keine formale Autorität hat
- Verständnis für andere Standpunkte
- Wie man Konflikte handhabt
- Mitarbeiter führen und motivieren
- Mitarbeiter fördern und entwickeln
- AUSEINANDERSETZUNG MIT LEISTUNGSSCHWÄCHEN VON UNTERGEBENEN
- Ehemalige Kollegen und Vorgesetzte führen

*Grundlegende Wertvorstellungen*
- Man kann nicht alles allein machen
- SENSIBILITÄT FÜR DIE MENSCHLICHE SEITE DES MANAGEMENT
- Grundlegende Führungswerte

*Führungscharakter*
- Nötigenfalls Härte zeigen
- Selbstvertrauen
- Situationen bewältigen, über die man keine Kontrolle hat
- Widrigkeiten standhalten
- Mehrdeutige Situationen bewältigen
- Gebrauch (und Mißbrauch) von Macht

*Selbsterkenntnis*
- Das Gleichgewicht zwischen Arbeit und Privatleben
- Welche Aspekte der Arbeit man wirklich spannend findet
- Persönliche Grenzen und wunde Punkte
- Verantwortung für die eigene Karriere übernehmen
- Chancen erkennen und nutzen

*Die wichtigsten Lernschwerpunkte*

*Sich der Situation stellen und handeln*

In dieser Situation durfte man weder zu impulsiv handeln noch zaudern. Sich mit den Fehlern und Schwächen anderer auseinanderzusetzen, erforderte eine Menge Mut. Man mußte viel Zeit und Energie in das Problem investieren und sich ihm offen stellen.

*Mitleid*

Die stärkste Erinnerung an diese Situation war offenbar das empfundene Mitleid, die absolute Notwendigkeit der Empathie.

Siehe Esther Lindsey, Virginia Homes u. M.W. McCall, Jr., *Key Events in Executives' Lives*, Technical Report No. 32 (Greensboro, N.C.: Center for Creative Leadership, 1987), S. 127–135.

**Abbildung 4.5:** *Was man aus Leistungsschwächen von Untergebenen lernen kann*

nicht nachempfinden kann, was der Verlust des Arbeitsplatzes für einen Menschen bedeutet, nicht in eine Führungsposition gehört.

## Der Wert schwerer Zeiten

Wie die Zusammenfassungen in Abbildung 4.6 und 4.7 (siehe Seite 142) zeigen, lösen Härten offenbar eine Selbstkonfrontation aus, und die Erkenntnis der eigenen Fehlbarkeit wird oft zu einem Wendepunkt in der Entwicklung. Einige der von uns befragten Manager erkannten ihre Abhängigkeit von anderen Menschen und entwickelten einen gesunden Respekt für die Beiträge anderer. Ein tieferes Verständnis der eigenen Unzulänglichkeiten führte bei einigen Managern auch dazu, daß sie mehr Einfühlungsvermögen und Toleranz für die Fehler anderer entwickelten. Manche erkannten, daß sie aufgehört hatten, anderen zuzuhören, sich ihre Unterstützung zu sichern oder Dankbarkeit zu zeigen. Sie lernten, daß sie die Hilfe anderer weder als selbstverständlich voraussetzen durften noch ohne sie auskommen konnten. Einige nutzten diese erhöhte Sensibilität für ihre Führungstechniken, zum Beispiel für Zielsetzungsverfahren, die Untergebenen mehr Mitspracherechte einräumen, oder für eine bessere Information von Vor-

| Härte | Lernschwerpunkte |
|---|---|
| Persönliche Traumen | Sensibilität für andere |
| | Bewältigen von Situationen, über die man keine Kontrolle hat |
| | Erkenntnis eigener Grenzen/ das Gleichgewicht von Arbeit und Privatleben |
| Zurückstufungen / verpaßte Beförderungen / lausige Jobs | Persönliche Grenzen |
| | Organisationspolitik und Bewältigungsstrategien |
| | Welche Tätigkeiten einem Spaß machen und welche nicht |
| Eine monoton gewordene Laufbahn abbrechen | Verantwortung für die eigene Karriere übernehmen |
| Geschäftliche Mißerfolge und Fehler | Beziehungen handhaben |
| | Situationen bewältigen, über die man keine Kontrolle hat |
| | Persönliche Grenzen |
| Leistungsprobleme bei Untergebenen | Sich mit menschlichen Problemen auseinandersetzen und handeln |
| | Mitgefühl für menschliche Schwächen |

**Abbildung 4.6:** *Aus Härten lernen*

gesetzten. Manche entwickelten auch ein ganz neues Verhältnis zu ihrer Familie oder belebten ihre Partnerschaft.

Aus Härten lernten die Führungskräfte auch, daß sie ihre Ziele selbst unter schmerzlichen Bedingungen weiter verfolgen konnten. Viele stellten fest, daß ihre Beharrlichkeit belohnt wurde. Andere erkannten,

---

*Einzelne Lektionen*

*Aktionspläne aufstellen und umsetzen*
- Technische/fachliche Fähigkeiten
- Alles übers Geschäft
- Strategisches Denken
- Volle Verantwortung übernehmen
- Aufbau und Anwendung von Ordnungs- und Kontrollsystemen
- Innovative Methoden des Problemlösens

*Handhaben von Beziehungen*
- HANDHABEN VON POLITISCHEN SITUATIONEN
- Wie man Menschen dazu bringt, Lösungen umzusetzen
- WIE FÜHRUNGSKRÄFTE SICH BENEHMEN
- WIE MAN MIT FÜHRUNGSKRÄFTEN ZUSAMMENARBEITET
- Verhandlungsstrategien
- Umgang mit Menschen, über die man keine formale Autorität hat
- VERSTÄNDNIS FÜR ANDERE STANDPUNKTE
- Wie man Konflikte handhabt
- Mitarbeiter führen und motivieren
- MITARBEITER FÖRDERN UND ENTWICKELN
- AUSEINANDERSETZUNG MIT LEISTUNGSSCHWÄCHEN VON UNTERGEBENEN
- Ehemalige Kollegen und Vorgesetzte führen

*Grundlegende Wertvorstellungen*
- Man kann nicht alles allein machen
- SENSIBILITÄT FÜR DIE MENSCHLICHE SEITE DES MANAGEMENT
- Grundlegende Führungswerte

*Führungscharakter*
- Nötigenfalls Härte zeigen
- Selbstvertrauen
- SITUATIONEN BEWÄLTIGEN, ÜBER DIE MAN KEINE KONTROLLE HAT
- WIDRIGKEITEN STANDHALTEN
- Mehrdeutige Situationen bewältigen
- GEBRAUCH (UND MISSBRAUCH) VON MACHT

*Selbsterkenntnis*
- DAS GLEICHGEWICHT ZWISCHEN ARBEIT UND PRIVATLEBEN
- WELCHE ASPEKTE DER ARBEIT MAN WIRKLICH SPANNEND FINDET
- PERSÖNLICHE GRENZEN UND WUNDE PUNKTE
- VERANTWORTUNG FÜR DIE EIGENE KARRIERE ÜBERNEHMEN
- CHANCEN ERKENNEN UND NUTZEN

Siehe Esther Lindsey, Virginia Homes u. M.W. McCall, Jr., *Key Events in Executives' Lives*, Technical Report No. 32 (Greensboro, N.C.: Center for Creative Leadership, 1987).

**Abbildung 4.7:** *Was man aus Härten lernen kann*

daß sie eine Situation auch dann ertragen konnten, wenn der Ausgang ungewiß war. Sie hielten den Härten stand und stärkten dadurch ihre Widerstandskraft für andere belastende Erfahrungen.

Aber die Lektionen der Härten sind gemischt. In diesem Kapitel haben wir uns auf die erfolgreichen Überlebenden konzentriert, aber selbst sie trugen häufig viele Narben davon. Einige flüchteten sich in Verleugnung und Zynismus, andere setzten ihren Weg schwer angeschlagen fort. Mehr noch als bei allen anderen Entwicklungsereignissen gilt bei Härten, daß es keine Erfolgsgarantien gibt. Ihr potentieller Wert besteht darin, daß sie dem Leiden einen Sinn geben können. Wer sich hindurchkämpft, kann mit einem klareren Bild von sich selbst und von den wirklich wichtigen Dingen des Lebens zurückkehren. Er kann die notwendige Bescheidenheit erwerben, um die Selbstsicherheit des Erfolgs auszugleichen. Er kann lernen, sich selbst vom Boden aufzukratzen und weiterzumachen. Er kann mehr Respekt vor anderen Menschen entwickeln und die Schwächen anderer als Widerspiegelungen seiner eigenen Schwächen begreifen. Härten erhöhen das Gleichgewicht in der Mischung der scheinbar gegensätzlichen Eigenschaften, die eine erfolgreiche Führungskraft von der Masse der vielversprechenden Anwärter unterscheiden. Ein Manager faßte seine Haltung zu den menschlichen Dramen, die er miterlebt hatte, in einem Spruch zusammen:

*Sei liebevoll zu denen, die jung sind,*
*mitfühlend zu denen, die alt sind,*
*verständnisvoll zu denen, die sich bemühen,*
*tolerant zu denen, die schwach und fehlbar sind,*
*denn irgendwann in deinem Leben*
*wirst du all das selbst gewesen sein.*[3]

# 5. Das Beste aus seiner Erfahrung machen

*Hey Leute, ich war einfach zur richtigen Zeit am richtigen Ort. Es war keine große Sache. Nur ein neuer Job.*\*

– Chuck Yeager[1]

Ob irgend jemand sich zu einer Führungskraft entwickelt oder nicht, hängt letzten Endes davon ab, was er aus seinen Möglichkeiten und Fähigkeiten macht. Es gibt keine Garantien, keine Magie, keine Formeln. Glück spielt eine Rolle, ebenso wie Pech. Und wie steht es mit den Lehren der Erfahrung?

Tom Wolfes Bestseller über Amerikas Astronauten, mit dem einprägsamen Titel *Die Helden der Nation*,[2] hat viele von uns mit dem Testflieger Chuck Yeager bekannt gemacht. In seiner späteren Autobiographie erörterte Yeager die Metapher vom „gewissen Etwas" auf eine Weise, die vielen der von uns befragten Manager vertraut klingen würde:

> Seit das Buch von Tom Wolfe veröffentlicht wurde, stellt man mir immer wieder die ärgerliche Frage, ob ich selbst glaube, über „das gewisse Etwas" zu verfügen. ... Die Frage ... impliziert, daß jemand, der das gewisse Etwas hat, so geboren wird. Ich habe von Geburt an sehr gute Augen und eine gute Koordinationsgabe. In schwierigen Situationen bin ich immer intuitiv cool geblieben. Habe ich deshalb „das gewisse Etwas"? Ich weiß nur, daß ich wie ein Verrückter gearbeitet habe, um Pilot zu werden, und immer weiter gearbeitet habe. Und letzten Endes ist der entscheidende Grund, warum ich besser war als der Durchschnitt, daß ich mehr geflogen bin als jeder andere.[3]

---

\* Auszüge aus Yeager: An Autobiography, von General Chuck Yeager u. Leo Janos. Copyright 1985, Yeager Inc. Nachdruck mit freundlicher Genehmigung von Bantam Books.

Alles an Flugzeugen hat mich interessiert: Wie sie fliegen, warum sie fliegen, was man mit den verschiedenen Maschinen machen oder nicht machen kann und warum. So oft ich auch geflogen bin, ich habe immer etwas Neues gelernt.[4]

Im Gegensatz zu Yeager waren die Manager, die wir interviewt haben, keine Kulthelden. Aber wie er erzählten sie Geschichten, die voll unerwarteter Wendungen steckten, die von sehr viel harter Arbeit, ein bißchen Glück, einigen besonderen Begabungen und von der Liebe zu ihrem Beruf handelten. Es gab keinen Königsweg zum Erfolg. Wir haben keine Geheimrezepte entdeckt, die man befolgen könnte, keine renommierten Schulen, die am laufenden Band erfolgreiche Führungskräfte produzierten.

Wir haben für unsere Studie Führungskräfte ausgewählt, die nach Ansicht ihrer Organisationen über „das gewisse Etwas" verfügten, was in jedem Fall eine ganz einzigartige Mischung war. Sie verfügten über eindrucksvolle Fähigkeiten. Die Leitung einer großen Organisation gehört zu den anspruchsvollsten und komplexesten Tätigkeiten überhaupt; sie verlangt nicht nur zahllose Kenntnisse und Fertigkeiten, sondern stellt auch höchste Ansprüche an Philosophien, Wertvorstellungen, Haltungen, Motive und geistige Flexibilität. Kein noch so großes Maß an Erfahrung kann eine Führungskraft auf alle zu erwartenden Anforderungen vorbereiten, geschweige denn auf die unerwarteten.

Das Charakteristische an den von uns untersuchten Führungskräften waren nicht ihre angeborenen Begabungen und nicht einmal ihre eindrucksvolle Latte an Lebenserfahrungen. Als Gruppe zeichneten sie sich vielmehr durch die Bereitschaft aus, Entwicklungschancen zu nutzen und aktiv herbeizuführen; sie hatten die Weisheit, sich nie für allwissend zu halten, und den Mut, in sich selbst hineinzuschauen und sich mit ihren Schwächen auseinanderzusetzen. Aber bezeichnend war nicht nur, daß sie überhaupt zu diesen Dingen in der Lage waren, sondern daß sie es auch unter den schlimmstmöglichen Bedingungen waren: Sie meisterten eine Krise, auch wenn das Tagesgeschäft ihre ganze Kraft und Aufmerksamkeit erforderte, wenn Vorgesetzte und Mitarbeiter jeden ihrer Schritte mit Argusaugen überwachten oder wenn private Katastrophen auftraten. Sie gaben nicht auf, auch wenn Kräfte, auf die sie keinen Einfluß hatten, den Gang der Ereignisse bestimmten, wenn niemand wußte, was geschehen würde, geschweige denn was man dagegen tun könnte, oder wenn sie enttäuscht oder frustriert oder unglücklich waren.

Wenn es also so etwas wie „das gewisse Etwas" gibt, dann ist es vielleicht die außergewöhnliche Hartnäckigkeit, mit der diese Manager etwas Positives aus ihren Erfahrungen zogen und nach neuen Situationen suchten, die reiche Entwicklungsmöglichkeiten boten. Wie Yeager „flogen" sie nicht nur mehr als jeder andere, sie „lernten auch immer etwas Neues". Kurzum – die Empfehlung, die einem Rezept am nächsten kommt, lautet: Mach das Beste aus deinen Erfahrungen.

## Das Beste aus seinen Erfahrungen machen

> „Bist du bereit, Chuck?" fragen sie vom Mutterschiff.
> „Alles klar", antworte ich.
> Das Sicherheitskabel löst sich, und wir bewegen uns frei
> im Raum.[5]

Glücklicherweise müssen wir uns nicht mit einer Platitüde zufriedengeben. „Pack es an und mach das Beste draus" hat im Kontext der Managemententwicklung durchaus eine konkrete Bedeutung. Zu allererst läßt dieses Motto keinen Zweifel daran, wer die Verantwortung für die Entwicklung trägt, nämlich derjenige, der eine Führungsrolle anstrebt. Wie wir in Kapitel 6 ausführlich erörtern werden, kann die Organisation ebenfalls einen wesentlichen Beitrag leisten, aber entscheidend ist letzten Endes, was wir selbst tun.

Zweitens wirft es die beiden Hauptfragen auf, mit denen wir uns in dieser Studie beschäftigt haben: Was genau soll man anpacken und was kann man daraus lernen? Die zentrale Herausforderung besteht darin, mehr Situationen zu schaffen, aus denen man etwas lernen kann. Wie eine Führungskraft es ausdrückte: „Karrieren liegen nicht herum und warten darauf, daß du sie aufsammelst – es sei denn, dein Vater gehört zu den Hauptaktionären. Du kannst dich nicht einfach in die Ecke setzen und schmollen, wenn die Dinge anders laufen als erwartet. Du mußt die Initiative ergreifen und Situationen aktiv herbeiführen." Was für die Karriere gilt, gilt auch für die Entwicklung. Die Korrelation zwischen den Jahren der Erfahrung und dem Erfolg als Manager liegt praktisch bei Null,[6] mit anderen Worten – um zu reifen, muß man mehr tun, als einfach alt zu werden.

Wir fragten die Führungskräfte in unserer Studie, was sie einem begabten jungen Manager raten würden, der sich weiterentwickeln möchte. Sie haben die unterschiedlichsten Vorschläge gemacht, aber es zeichneten sich drei Hauptthemen ab: Nutze jede Gelegenheit, suche aktiv nach Sinn und erkenne dich selbst. Auf den ersten Blick scheint es kinderleicht, diese drei Empfehlungen zu befolgen. Die meisten Menschen sind überzeugt, daß sie sich in der Regel daran halten oder es zumindest mühelos könnten. Mag sein, aber ein genauerer Blick auf die Empfehlung zeigt, daß die Sache nicht so einfach ist, wie sie klingt.

## Pack es an

Was bedeutet es, daß man „jede Gelegenheit nutzen soll"? Ein Manager lieferte eine gute Erklärung: „Sei auf Veränderungen vorbereitet. Sie sind die Regel, nicht die Ausnahme. Nutze sie zu deinem Vorteil. Führe aktiv Situationen herbei, die Entfaltungsmöglichkeiten bieten, die deinen Horizont erweitern. Vermeide bequeme Jobs, in denen nur das Fachwissen zählt. Du mußt dich selbst unter Druck setzen." Ein anderer warnte: „Hüte dich vor Selbstzufriedenheit." Ein weiterer riet: „Sei flexibel, wenn dir neue Aufgaben oder ein Ortswechsel angeboten werden. Nimm die Herausforderungen an, wie sie kommen."

Das Entscheidende war natürlich, daß die Manager berufliche Veränderungsmöglichkeiten als Wachstumsmöglichkeiten betrachteten. Die Erfahrungen, die ihre Entwicklung am nachhaltigsten beeinflußten, waren im allgemeinen Reorganisationen, Startaktionen, Projektaufgaben, Wechsel von Linie zu Stab, außergewöhnliche Vorgesetzte usw. Aber wie wir zu Beginn dieses Buches ausgeführt haben, liegt das Entwicklungspotential nicht in der Aufgabe an sich, sondern vielmehr in den Anforderungen, die diese Aufgabe an die Person stellt. Einige der Kernelemente, die eine Reorganisation zur Herausforderung machen – zum Beispiel den Widerstand der Mitarbeiter zu überwinden – können auch bei anderen Aufgaben auftreten. Man kann überall auf einen bemerkenswerten Vorgesetzten stoßen. Wir sind der Ansicht, daß jede Aufgabe bestimmte Entwicklungselemente enthält: Die entscheidende Frage ist, welche das sind und was man daraus lernen kann.

Als wir die einzelnen Erfahrungen beschrieben haben, die mit Aufgaben, Vorgesetzten und Härten verbunden sind, haben wir uns bemüht, auf einige der Elemente hinzuweisen, die die nachhaltige Wirkung dieser speziellen Erfahrung ausmachen.[7] Wenn wir eine umfassende Liste von diesen Kernelementen hätten, könnten wir theoretisch das Entwicklungspotential jeder Tätigkeit oder Aufgabe einschätzen.

Um den Anfang zu so einer Liste zu machen, haben wir über 1200 wichtige Erfahrungen untersucht, die Kernelemente ermittelt und sie schließlich in acht Hauptgruppen zusammengefaßt. Bevor alle entwicklungsrelevanten Erfahrungselemente identifiziert und gemessen sind,[8] liegt noch ein weiter Weg vor uns, aber wir denken, daß die folgenden Kategorien einige nützliche Anhaltspunkte liefern, wenn man das Entwicklungspotential verschiedener Aufgaben ermitteln möchte.

*Der Umgang mit dem Vorgesetzten.* Der Boß bleibt der Boß, auch wenn er sich irrt. Es ist ein unumstößliches Merkmal von hierarchischen Strukturen, daß jeder, sogar der begabteste Mitarbeiter, einem Vorgesetzten unterstellt ist, der eine nicht unbedeutende Macht über ihn hat. Wenn alle Chefs „gut" wären, müßte man den Umgang mit ihnen nicht lernen. Aber Vorgesetzte gibt es wie alle anderen Menschen in jeder Größe und Ausführung. In einem größeren Unternehmen stößt man auf alle nur erdenklichen Spielarten von Führungskräften. Gleichgültig, ob ein bestimmter Vorgesetzter gut, schlecht oder einfach mittelmäßig ist – er kann die Leistungsfähigkeit und die Aufstiegsmöglichkeiten eines Mitarbeiters enorm beeinflussen. Es wäre töricht, die Beziehungen zu Vorgesetzten zu ignorieren. Der Vorgesetzte wurde als bedeutende Entwicklungserfahrung beschrieben, wenn:

- ein Manager zum ersten Mal in einer Führungsposition oder sehr verantwortlichen Stellung war, und der Vorgesetzte Hilfe und Unterstützung bot;[9]
- der Vorgesetzte ein Ungeheuer war, und der Manager lernen mußte, die Situation erfolgreich zu meistern;[10]
- der Vorgesetzte eine außergewöhnliche Fähigkeit oder Eigenschaft aufwies, die der Manager in sein eigenes Verhaltensrepertoire aufnehmen konnte;
- der Vorgesetzte einen Stil hatte, der stark von dem des Managers

abwich, so daß eine erhebliche Anpassungsleistung erforderlich war;[11]

- ein Vorgesetzter mit außergewöhnlich guten *oder* außergewöhnlich schlechten Eigenschaften von der Organisation entweder befördert oder aufs Abstellgleis geschoben wurde.

Durch den Kontakt mit den unterschiedlichsten Vorgesetzten im Laufe seiner Karriere erhielt ein Manager Gelegenheit, den Umgang mit den verschiedensten Autoritätspersonen zu lernen.

*Der Umgang mit Untergebenen.* Nicht nur Vorgesetzte, auch Mitarbeiter gibt es in allen Variationen. Und wie der Umgang mit kompetenten Chefs stellt auch der Umgang mit kompetenten Mitarbeitern möglicherweise relativ geringe Anforderungen an die eigene Entwicklungsfähigkeit. Die einprägsamsten Lernerfahrungen machten die Manager, wenn

- die Mitarbeiter inkompetent waren und/oder Widerstand gegen die Initiativen des Managers leisteten, und er die Situation umkehren mußte, um seine Arbeitsziele zu erreichen;
- der Manager auf unerfahrene Mitarbeiter oder „Grünschnäbel" stieß und ein Arbeitsteam aus dem Nichts aufbauen mußte;
- ein – normalerweise „geerbter" – Mitarbeiter, der eine Schlüsselrolle in der Belegschaft spielte, gravierende Leistungsschwächen aufwies, und der Manager ihn entweder entlassen oder die Schwäche beheben mußte;
- der Manager zum Chef von ehemaligen Kollegen, von älteren oder erfahreneren Mitarbeitern oder von früheren Vorgesetzten wurde;
- Schlüsselfunktionen in der Belegschaft unbesetzt waren oder von inkompetenten Mitarbeitern eingenommen wurden, so daß der Manager diese Arbeit zusätzlich zu seiner eigentlichen Tätigkeit übernehmen mußte.

Für jede dieser Situationen mußte die Führungskraft andere Strategien und Fähigkeiten entwickeln. Es gibt keine Führungs- oder Motivationsmethode, die für all diese Herausforderungen gleichermaßen geeignet wäre, und auch das größte Ausmaß an formaler Autorität konnte die Probleme nicht lösen. Wie ein Manager es ausdrückte: „Du kannst nicht alle rausschmeißen."

*Andere wichtige Beziehungen.* Auch wenn Vorgesetzte und Mitarbeiter zweifellos die wichtigste Rolle für einen Manager spielen, muß er sich auf Schritt und Tritt mit weiteren wichtigen Beziehungen auseinandersetzen.[12] Grundsätzlich kann man sagen, daß das Lernpotential immer dann besonders hoch war, wenn ein Manager mit einem Menschenschlag zusammenarbeiten mußte, der neu für ihn war. Zu den einprägsamsten Erfahrungen gehörten:

- Präsentationen oder eine Zusammenarbeit mit Führungskräften, die mindestens zwei Stufen über dem Manager standen;
- formelle Verhandlungen mit Kunden, Lieferanten, Gewerkschaften, Verkäufern oder Regierungsvertretern;
- der Kontakt zu Menschen aus einer fremden Kultur, in der andere Wertvorstellungen und Verhaltensnormen galten;
- die Zusammenarbeit mit Joint Venture-Partnern, die andere Standpunkte vertraten als der Manager;
- die Auseinandersetzung mit/die Abhängigkeit von Kollegen oder anderen Unternehmensangehörigen, über die der Manager keine formale Autorität hatte, häufig in einer Situation, in der die Personen keinen offensichtlichen Anlaß – oder keine Lust – zur Kooperation hatten;
- die Teilnahme an einer Projekt- oder Arbeitsgruppe, für die es erforderlich war, mit Vertretern aus unterschiedlichen Funktionen, Fachgebieten, Sparten und/oder Unternehmensebenen zusammenzuarbeiten.

Die Liste ließe sich zweifellos fortsetzen. Wie beim Umgang mit unterschiedlichen Vorgesetzten und Mitarbeitern mußten die Manager auch hier unterschiedliche Fähigkeiten lernen, um die verschiedenen Beziehungen erfolgreich zu handhaben. Die Antriebselemente des Lernens waren normalerweise, daß der Manager zum ersten Mal mit diesen Personengruppen zusammenarbeitete und daß er gewisse Widerstände überwinden mußte – die für den Arbeitserfolg notwendige Kooperation war nicht selbstverständlich und die formale Autorität des Managers konnte sie nicht sichern. Der Kern der Sache war, daß der Manager auf die Hilfe der anderen angewiesen war, wenn er seine eigene Aufgabe erfolgreich meistern wollte.

*Risiken.* Situationen mit hohem Entwicklungspotential waren selten sicher. Viele Führungskräfte berichteten, daß sie am meisten lernten, wenn sehr viel auf dem Spiel stand. Zu den am häufigsten erwähnten Elementen eines erhöhten Risikos gehörten:

- hohe Sichtbarkeit für das Topmanagement, weil das Projekt oder die Aufgabe sehr wichtig für das Unternehmen war;
- knappe Termine, Ultimaten („In einem Jahr muß der Laden wieder laufen, sonst wird verkauft"), hohe finanzielle Risiken und manchmal sogar Gefahren für den Fortbestand des Unternehmens;
- ein Verstoß gegen die Präferenzen oder die Empfehlungen des Topmanagement oder gegen die üblichen Gepflogenheiten und Praktiken des Unternehmens (das war häufig notwendig, um günstige Gelegenheiten auszunutzen, zum Beispiel beim Erschließen neuer Märkte, beim Austesten neuer Produkte oder beim Einsatz von Risikokapital);
- gefährliche Gratwanderungen – zum Beispiel, wenn eine Führungskraft das Unternehmen überredete, ein neues Projekt zu unterstützen oder sich auf ihre Analyse und Empfehlung zu verlassen, und dann ihr Versprechen einlösen mußte.

Für diese und andere Situationen war charakteristisch, daß die Aktivitäten des Managers von zentraler Bedeutung für das Geschäft und damit für das Topmanagement waren. Der Leistungsdruck war häufig ungeheuer groß, und oft stand die Karriere des Managers auf dem Spiel (und unter Umständen viele weitere Arbeitsplätze oder sogar der Fortbestand des Unternehmens). Die Manager mußten lernen, mit diesem Druck fertig zu werden, die Risiken zu handhaben und trotz hoher Streßbelastung und weitreichender Folgen effektiv zu handeln. Häufig wurde die Situation durch Mittelkürzungen, unmögliche Terminvorgaben oder ungleiche Ausgangschancen verschärft. Zwei Aspekte standen häufig im Vordergrund: Der Erfolg oder Mißerfolg war für jeden offenkundig, und der Manager trug die alleinige Verantwortung.

*Schlechte Geschäftsbedingungen.* Natürlich besteht die Hauptaufgabe einer Führungskraft darin, ein Unternehmen oder einen Geschäftsbereich zu leiten, und die damit verbundenen routinemäßigen Anforderungen enthielten ein enormes Entwicklungspotential. Märkte kollabierten, Lieferanten oder Kunden sprangen ab, Wettbewerber landeten einen großen Coup, Gewerkschaften riefen zum Streik auf, die Wirtschaft spielte verrückt, natürliche Rohstoffe wurden knapp, die Technologie änderte sich, Maschinen versagten, Konsumenten rebellierten. Damit ein Manager diese und viele andere Situationen meistern konnte – vor allem wenn er zum ersten Mal damit konfrontiert wurde – mußte er sehr viel Neues lernen. Er mußte handeln, normalerweise schnell und normalerweise innovativ. Oft stand zu wenig Zeit zur Verfügung, um sich umfassend zu informieren, also war das Handeln riskant – das Problem mehrdeutig, die Einsätze hoch.

Als ob die geschäftlichen Herausforderungen nicht genug wären, tauchten zusätzlich zur eigentlichen Führungsarbeit an allen Ecken und Enden weitere Schwierigkeiten auf, die zum Lernen zwangen und die Entwicklung förderten. Sie ergaben sich aus dem Kontext, in dem die Leitung des Geschäfts angesiedelt war:

- Die Manager mußten neue Betriebsstätten bauen oder ausfindig machen, manchmal sogar neue Städte gründen;
- sie mußten sich mit ausländischen Regierungen auseinandersetzen, die sich häufig launenhaft und feindselig verhielten;
- es konnten schwere körperliche Belastungen auftreten, zum Beispiel durch eine Tätigkeit in der Arktis, durch Wirbelstürme oder die Gefahren des Dschungels;
- das soziale Milieu führte manchmal zu Problemen, die vom Mangel an qualifizierten Arbeitskräften über soziale Unruhen und Aufstände bis hin zu Schikanen reichten;
- die Sitten und Gebräuche der lokalen Kultur liefen der amerikanischen Arbeitsethik mitunter zuwider, häufig waren lokale Traditionen und Wertvorstellungen unvereinbar mit der Unternehmenskultur und -moral. Die Schwierigkeiten, mit denen die Manager konfrontiert wurden, reichten von Bestechung und Korruption über extreme Macho-Hasardeure bis hin zu reiner Arbeitsunlust.

Viele dieser und anderer kontextbedingter Faktoren traten insbesondere bei Auslandsaufträgen auf, waren aber nicht darauf beschränkt. Manager, die in entlegene Teile der USA entsandt wurden, erlebten vergleichbare Kulturschocks und standen vor ähnlichen Problemen. Unabhängig von den spezifischen Ursachen stellten kontextbedingte Schwierigkeiten, die zusätzlich zur eigentlichen geschäftlichen Herausforderung gemeistert werden mußten, hohe Ansprüche an die Entwicklung neuer Fähigkeiten und Kenntnisse.

*Umfang und Gewicht.* Wie umfangreich dem einzelnen Manager eine Führungsaufgabe erscheint, ist eine Frage der individuellen Perspektive. Aber wenn man Verantwortung für eine ständig wachsende Zahl von Menschen, Kosten, Funktionen, Produkten, Märkten und/oder Betriebsstätten übernimmt, wird die reine Masse der Anforderungen zu einem Schlüsselelement in der Entwicklung.[13] Was ein effektives Management sein kann, wenn man einen einzelnen, gut überschaubaren Geschäftszweig verwaltet, wird wirkungslos,

- wenn so viele Personen beteiligt sind, daß man sich unmöglich alle Namen, geschweige denn individuelle Kenntnisse, Fertigkeiten oder Motive merken kann;

- wenn die Betriebsstätten über so viele Orte verstreut sind, daß man die einzelne Standorte nur gelegentlich aufsuchen kann und die Situation der einzelnen Betriebsstätten nur in groben Zügen und aus zweiter Hand kennt;

- wenn es so viele verschiedene Funktionen, Produkte, Geschäftsbereiche, Technologien oder Märkte gibt, daß man unmöglich profunde Kenntnisse von allen (oder auch nur den meisten) haben kann;

- wenn die Untergebenen ipso facto erheblich mehr über ihren speziellen Arbeitsbereich wissen als der Manager.

Vor allem Manager, die interpersonale Führungsfähigkeiten entwickelt haben, müssen durch Veränderungen des Aufgabenumfangs in vielerlei Hinsicht lernen, „per Fernsteuerung zu führen". Die Abhängigkeit von anderen erhält eine andere Bedeutung, ebenso wie die symbolischen Aspekte, die mit der Rolle des „obersten Boß" verbunden sind. Das Kernelement dieser Lernerfahrung ist der notwendige Übergang vom praktischen Handanlegen zu einer Nichteinmischungspolitik (oder im Höchstfall einer sporadischen Einmischung).

*Fehlende Trumpfkarten.* Bridge-Spieler wissen nur zu gut, daß auch das beste Blatt mitunter nutzlos ist, wenn man keine Trümpfe hat. Ein Aspekt bei vielen bedeutsamen Lernerfahrungen war, daß die Manager in eine Situation gerieten, in der ihnen von vornherein ein wichtiger Trumpf fehlte. Oft war es eine Wissenskarte: Die neue Situation war in gewisser Hinsicht unbekannt, in einigen Fällen auch völlig fremd. Die Manager mußten sich mit neuen Funktionen, Techniken, Produkten oder Geschäftsbereichen auseinandersetzen, von denen sie wenig oder nichts verstanden. Manchmal war der Manager zu jung oder hatte einen „falschen" Hintergrund für die spezielle Tätigkeit (ein Manager berichtete, daß alle seine Vorgänger in der Position einen Doktortitel in Chemie gehabt hätten; er war der erste, der diese Voraussetzung nicht erfüllte). Es gab die vielfältigsten Revierwechsel: „Naturburschen" schlüpften in graue Nadelstreifen, Marketingleute wechselten ins Finanzgeschäft, Rechtsanwälte wurden Manager, Buchhalter übernahmen Linienoperationen, High-School-Absolventen leiteten hochspezialisierte Technikbereiche, Betriebswirte landeten in der Produktion. Zusätzlich zu allen sonstigen Anforderungen, die mit der neuen Situation verbunden waren, stand der Manager vor einer ganz persönlichen Herausforderung – er mußte seine Glaubwürdigkeit unter Beweis stellen oder neu unter Beweis stellen und gleichzeitig den neuen Job meistern. Einige fanden sich in einem fremden Land wieder, ohne ein einziges Wort der Landessprache zu beherrschen. Ähnliche Sprachprobleme bereitete das Fachchinesisch der Computerleute, Finanzmenschen oder Juristen, das die Manager lernen mußten, wenn sie nicht mit jedem Satz ihre Unwissenheit demonstrieren wollten. Viele machten die gleiche Erfahrung wie der Manager, den wir im Kapitel über Aufgaben zitiert haben: Oft hatte man keine andere Wahl, als seine Unwissenheit einzugestehen, einige vorhandene Stärken herauszustellen und sich in einem Crashkurs die nötigen Grundkenntnisse anzueignen.

*Die reine Veränderung.* Bei vielen einprägsamen Erfahrungen spielte der Grad der Veränderung eine große Rolle. Manche Personen wurden um zwei oder mehr Stufen gleichzeitig befördert, in völlig unbekannte Geschäftsbereiche versetzt oder nach einer jahrelangen Linientätigkeit mit einer abstrakten, technischen Stabsaufgabe betraut, ohne Untergebene und ohne Grundgeschäft. Manager, die einen kometenhaften Aufstieg hinter sich hatten, wurden manchmal zurückgestuft, auf einen unbedeutenden Posten verbannt oder auf die Strafbank geschickt. Führungskräfte, die vorher völlig freie Hand hatten, gerieten an einen neuen Chef, der ihre Bewegungsfreiheit drastisch einschränkte. Manager, die sich einen Namen damit gemacht hatten, daß sie kränkelnde Unternehmen wieder aufpäppelten, wurden plötzlich mit einer Startaktion beauftragt.

Manchmal erfolgte der Übergang abrupt. Ein Chefunterhändler starb auf einem Flug in den mittleren Osten. Sein 26jähriger Trainee, der ihn begleitet hatte, um einige erste Eindrücke zu sammeln, wurde zum führenden Mann in einem Millionen-Dollar-Geschäft. Wenn Vorgesetzte starben oder entlassen wurden, fand ein Nachwuchsmanager sich häufig unversehens auf dem frei gewordenen Posten wieder. Ein junger Jurist, der zufällig als einziger in der Rechtsabteilung einen Kurs in internationalem Recht absolviert hatte, avancierte über Nacht zum Leiter eines Teams, das Verträge mit Japan aushandeln sollte, während erfahrenere Führungskräfte das Nachsehen hatten.

Persönliche Schicksale entwirrten sich inmitten ungeheurer beruflicher Belastungen; Fusionen oder Firmenumbildungen katapultierten manchen Mitarbeiter über Nacht an die Spitze oder ins Abseits; einige Manager standen urplötzlich vor einem Scherbenhaufen, nachdem ein Skandal das Unternehmen erschüttert hatte; anderen blieb nach einer Betriebsschließung nichts als das ferne Echo ihrer Schritte.

Es waren abrupte Übergänge; plötzliche, große Veränderungen zum Besseren oder Schlechteren.

Mit Hilfe dieser acht Kategorien kann man das Entwicklungspotential einer Beschäftigungsmöglichkeit untersuchen und die wahrscheinlichen Lernergebnisse ermitteln. Diese Kategorien umfassen sicher nicht alle Anforderungen, die ein Arbeitsplatz stellen kann, und spezifizieren auch nicht präzise, was man durch die Konfrontation mit diesen Herausforderungen lernen könnte oder sollte. Aber sie geben Aufschluß darüber, welche Situationen signifikante Lernmöglichkeiten eröffnen. Ob man den Mut hat, diese Möglichkeiten zu nutzen (oder das Urteilsvermögen, um zu erkennen, wann die Herausforderung zu groß ist) und ob man die Weisheit hat, daraus zu lernen, ist eine andere Frage und eine weitere Bewährungsprobe für den einzelnen Manager.

### Motive für eine Veränderung

Es erfordert schon eine Menge Mut, die Chance einer neuen Herausforderung anzunehmen, aber noch schwieriger kann es sein, Veränderungen zu provozieren, wenn sich keine konkrete Möglichkeit bietet. Wenn man eine Aufgabe gemeistert hat oder zu bequem wird, kann es an der Zeit sein, eine Veränderung aktiv herbeizuführen. Die Führungskräfte, mit denen wir gesprochen haben, wurden unruhig, wenn sie mehr als zwei oder drei Jahre dieselbe Tätigkeit ausübten. Um nicht auf der Stelle zu treten, suchten viele aktiv nach Veränderungsmöglichkeiten. Einige besprachen ihren Wunsch nach Veränderung einfach mit dem Vorgesetzten, andere machten Vorschläge für neue Unternehmungen und wieder andere meldeten sich freiwillig für Sonderaufgaben. Wenn es keine Veränderungsmöglichkeiten gab, versuchten einige Manager, ihre derzeitige Tätigkeit anspruchsvoller zu gestalten. Sie gingen nicht davon aus, daß ihre Entwicklung Aufgabe der Organisation sei.

Diese Manager strebten eine Veränderung an, weil sie eine faszinierende, aufregende und interessante Herausforderung suchten, nicht weil sie um jeden Preis befördert werden wollten. Das soll nicht heißen, daß diese erfolgreichen Führungskräfte nicht ehrgeizig waren – das waren sie zweifellos. Aber sie sahen die Dinge im richtigen Verhältnis, was am besten von einem Manager zum Ausdruck gebracht wurde, der aufstrebenden Führungskräften die Empfehlung gab: „Setzen Sie sich nicht das Ziel, in fünf Jahren Präsident [des Unternehmens] zu werden. Machen Sie sich einen Plan für die nächsten zwei oder drei Jahre." Wir waren offen gesagt überrascht, daß die überwältigende Mehrheit der erfolgreichen Manager nie ausdrücklich die Spitzenposition angestrebt hatte, die sie derzeit innehatte, noch viel weniger die oberste Spitze. Die meisten wollten einfach interessante Dinge tun und ihre Sache gut machen. Beförderungen waren ein Mittel, um an interessantere Tätigkeiten und größere Ressourcen heranzukommen.

### Erfahrungen deuten: Die Suche nach Sinn

Die zweite Empfehlung – „Hör nie auf zu lernen" – scheint für erfolgreiche Manager fast eine Selbstverständlichkeit zu sein. So schrieb zum Beispiel John Kotter:

Kennzeichnend für die Karrieren der erfolgreichsten Generaldirektoren war eine nahezu ununterbrochene Weiterentwicklung von interpersonalen und intellektuellen Fertigkeiten, von Geschäfts- und Organisationskenntnissen und von Beziehungen zu relevanten anderen.[14]

Bennis und Nanus kommen in ihrer Studie über neunzig Topmanager zu dem gleichen Schluß:

> Fast alle Führungskräfte haben eine ausgeprägte Fähigkeit, aus Erfahrungen zu lernen. Die meisten konnten einige wenige Mentoren und Schlüsselerlebnisse nennen, die ihre Philosophie, ihre Persönlichkeit, ihre Ziele und ihre Verfahrensweisen nachhaltig prägten. Und alle glaubten von sich, daß sie „wachsen", „über sich selbst hinauswachsen" und „auf neue Gebiete vorstoßen".
>
> ... Führungskräfte haben nicht bloß gelernt zu lernen, sondern *im Kontext einer Organisation zu lernen*.[15]

Auch unsere Manager entsprachen diesem Bild – sie hatten unleugbar ein ausgeprägtes Lernbedürfnis. Sie wollten Zusammenhänge begreifen und Ursachen verstehen. Die Lektionen, die sie lernten, spiegelten diesen Wunsch auf subtile und weniger subtile Weise wider. Sie wollten wissen, wie ein Produkt hergestellt wurde, warum der Markt sich auf eine bestimmte Weise verhielt, welche übergreifenden Kräfte das Geschäft steuerten. Wenn es um andere Personen ging, wollten sie wissen, wie diese die Welt sahen, warum sie ein bestimmtes Verhalten zeigten, was ihre „wunden Punkte" waren. Sogar Berichte und Zahlen wurden mit derselben Gründlichkeit erforscht: „Woher kommen diese Zahlen? Warum werden sie in dieser und nicht in einer anderen Form dargestellt? Welche zwei oder drei Zahlengruppen bestimmen über den Rest?"

Vielleicht sind es diese tausend kleinen Fragen nach dem *warum* und *wie* und *wieso nicht*, die schließlich zu wichtigen Lektionen und damit zu einem entscheidenden Vorteil anwachsen. Man konnte nie wissen, wann ein kleines Stückchen Information, ein winziger Zipfel Wissen zum Schlüssel für einen geschäftlichen Erfolg wurde. Dasselbe galt für weniger greifbare Dinge wie die Unternehmenspolitik – wenn man verstand, nach welchen Gesetzen sie ablief, erhielt man vielleicht im entscheidenden Moment die Zustimmung für eine neue Initiative.

Aufgaben, Menschen und Härten bieten unterschiedliche Erfahrungen und Lektionen und auch der Lernvorgang wird durch unterschiedliche Mechanismen gesteuert. Die Lektionen von Aufgaben erfordern zum Beispiel den klassischen Lernprozeß des handlungsorientierten, praktischen Einübens. Die Manager erwarben die Fähigkeiten, die sie für ihre Arbeit brauchten, durch die praktische Auseinandersetzung mit den Problemen; sie lernten durch Versuch und Irrtum, durch wiederholtes Herumprobieren, und wurden schließlich durch die erfolgreiche Bewältigung der Aufgabe belohnt. Wenn Erfolg bedeutete, daß man in drei Wochen etwas über Marketing lernte, dann lernten sie es in drei Wochen. Wenn es bedeutete, daß man lernen mußte, mit Gewerkschaften zu verhandeln, dann lernten sie auch das. Viele der Lektionen, die man braucht, um einen Aktionsplan aufzustellen, Beziehungen zu handhaben und seine Führungsqualitäten auszufeilen, werden offenbar durch diese praktische Methode gelernt.

Das Aufgabenlernen durch Versuch und Irrtum bringt einige Gefahren mit sich. Weil der Manager vollständig von seiner Aktivität in Anspruch genommen wird und seine ganze Aufmerksamkeit auf die Anforderungen und Schwierigkeiten konzentriert, bleibt ihm häufig keine Zeit zum Nachdenken. Wenn alles gut geht, verbucht man den Erfolg gern auf sein eigenes Konto und unterstellt, daß man ihn bewirkt – und alles richtig gemacht – hat. In extrem schwierigen Situationen, die schnelles Handeln verlangen, neigt man dazu, auf „bewährte" Fähigkeiten und Methoden zurückzugreifen und sich in erster Linie auf Anforderungen und Probleme zu konzentrieren, die einem vertraut sind. Deshalb kann ein Manager aus einer besonders schwierigen Aufgabe die „Lehre" ziehen, daß er im Grunde alles kann.

Der Kontakt zu einem signifikanten Vorgesetzten erforderte dagegen, daß man aus der Distanz lernte, indem man das Verhalten anderer beobachtete. Das ist eine eher kognitive und reflexive Lernmethode, auch wenn die Manager gelegentlich unter dem Verhalten solcher Personen zu leiden hatten. Während man bei Aufgaben durch die konkreten Anforderungen zum Lernen *gezwungen* war, erteilten die positiven und negativen Rollenmodelle indirekte Lektionen, die der Beobachter zunächst erkennen, dann interpretieren und schließlich einordnen mußte. Aber die tatsächliche Anwendung des Gelernten erforderte noch einen weiteren Schritt – das Nachahmen des „richtigen" oder das Vermeiden des „untragbaren" Verhaltens.

Vor allem extrem zielstrebige, selbstbestimmte Manager verpassen häufig die Chance, aus den „Rolleninszenierungen" wichtiger Akteure zu lernen (tatsächlich wurden in einigen Firmen praktisch *überhaupt keine* Rollenmodelle genannt). Auch wenn man auf das Verhalten anderer achtet, kann man leicht mißverstehen, was es bedeutet – ob es sich um ein gutes oder ein schlechtes Rollenmodell handelt. Es ist möglich, daß ein junger Manager, der seinen Vorgesetzten bewundert, zu abhängig wird und dann den Eindruck erweckt, er sei unfähig, sich „abzunabeln" oder eigenständig zu handeln. Manchmal kommt es auch zu dem unrealistischen Versuch, die bewunderten Eigenschaften nachzuahmen, obwohl der Manager einen ganz anderen Stil und ganz andere Stärken hat.

Ein Rollenmodell mit schlimmen Fehlern, bei dem man hofft, daß die Leute lernen, wie sie es *nicht* machen sollen, bewirkt mitunter das Gegenteil. Vor allem wenn ein Manager glaubt, daß die Organisation diese schlechten Eigenschaften belohnt, zieht er leicht den Schluß, daß man nur durch politisches Taktieren vorankommt, daß Unsensibilität ein Schlüssel zum Erfolg ist oder daß Vetternwirtschaft die Grundlage für Beförderungen bildet. Solche Schlußfolgerungen resultieren natürlich in verschrobenen Wertvorstellungen, die außer in verschrobenen Organisationen ins berufliche Abseits führen.

Der Unterricht durch Härten stellt den Manager vor eine dritte Art von Lernherausforderung. Wie bei Aufgaben gab es auch bei Härten keine Fluchtmöglichkeiten: Die Führungskraft mußte sich der Situation stellen. Aber anders als bei Aufgaben, wo man sich mit Märkten, Menschen oder Geschäftssituationen auseinandersetzen mußte, erzwangen Härten eine Auseinandersetzung mit der eigenen Persönlichkeit, eine beängstigende Konfrontation mit den eigenen Schwächen, ja sogar der eigenen Sterblichkeit. Um aus Härten zu lernen, mußte man seine eigene Psyche in Angriff nehmen und sich mit Ängsten, Fehlern und Unzulänglichkeiten auseinandersetzen – das genaue Gegenteil eines Verhaltens, bei dem man sich selbst (und anderen) das Bild selbstbewußter Führung suggeriert.

Auch Härten – vielleicht sie in besonderem Maße – scheinen ihre Lektionen gut zu hüten. Wenn ein Manager mit einem Problem konfrontiert wird, greift er vielleicht zunächst zur Abwehr der Verleugnung – er weigert sich zu glauben, daß die Sache wirklich geschehen ist, und schiebt jede Verantwortung weit von sich. Fehler kann man zum Beispiel leicht einer anderen Person anlasten oder als unglücklichen Zufall abtun; eine Zurückstufung wird vielleicht der Eifersucht des Vorgesetzten zugeschrieben oder als persönliche Vendetta statt als korrekte Leistungsbeurteilung betrachtet. In extremen Fällen, wenn die Härten traumatisch genug sind, können die Verleugnungsversuche zum körperlichen oder psychischen Zusammenbruch führen.

Bei einer weiteren Abwehrstrategie akzeptiert man zwar einen Teil der Verantwortung, entwickelt aber die fälschliche Überzeugung, daß man nichts gegen das Problem tun könne. Diese Gefühl der Machtlosigkeit kann schwere Zweifel an der eigenen Kompetenz („Ich bin solchen Situationen einfach nicht gewachsen") oder Zynismus auslösen („Diese Organisation ist ein einziger politischer Sumpf").

Der springende Punkt ist natürlich, daß Versuch und Irrtum, Beobachten-Deuten-Integrieren und Selbsterforschung nicht nur sehr unterschiedliche Lernweisen sind, sondern auch ganz eigene Gefahren der Leugnung und Fehlinterpretation von Lerninhalten mit sich bringen. Es gibt keine Garantie dafür, daß eine Person aus bestimmten Erfahrungen das lernt, was sie lernen könnte. Aber wir glauben, daß die von uns untersuchten Führungskräfte einige nützliche Anhaltspunkte dafür liefern, wie man die wahre Bedeutung einer Erfahrung entschlüsseln kann. Ihre ausgeprägte Fähigkeit, aus Erfahrungen zu lernen, beruhte offenbar sowohl auf ihrer Motivation als auch auf ihrem Können. Weil sie hoch engagiert waren, empfanden sie Fehler als zutiefst schmerzlich. Sie lernten also, weil es ihnen dabei half, ein Problem zu lösen oder ein Geschäft zum Laufen zu bringen. Wenn sie merkten, daß eine Fertigkeit, die sie nicht beherrschten, notwendig war, um eine Sache „besser zu machen", waren sie hoch motiviert, diese Fertigkeit zu erwerben.

Aber diese Lernmotivation war nicht genug. Die Führungskräfte verfügten entweder über konkrete Fähigkeiten oder mußten sie entwickeln. Sie mußten nicht nur lernen, sie mußten vor allem *schnell* lernen – sie mußten sich durch Berge von Informationen arbeiten und sich die notwendigen Kenntnisse in kürzester Zeit aneignen. Sie mußten die entscheidenden Aspekte im Chaos einer neuen Aufgabe erkennen und so schnell wie möglich durchschauen. Sie mußten sich in Windeseile mit neuen Technologien, Märkten oder Unternehmen vertraut machen, während Mitarbeiter und Vorgesetzte jede Entscheidung genau unter die Lupe nahmen, um zu sehen, ob der Neuling glaubwürdig war.

Das schnelle Lernvermögen der Manager beruhte offenbar zum Teil auf ihrer Fähigkeit, unter die Oberfläche zu schauen. Die meisten beobachteten sehr genau, was um sie herum geschah. Das zeigte sich besonders deutlich, wenn die Führungskräfte sich mit anderen Personen auseinandersetzen mußten und der Erfolg davon abhing, daß man die Standpunkte, Motive und Vorurteile anderer Menschen verstand. Durch die genaue Beobachtung von anderen Personen – von Vorgesetzten und Untergebenen, Kunden und Lieferanten, Unterhändlern und Behördenvertretern – entdeckten viele der Manager Anknüpfungspunkte für eine Zusammenarbeit („Du mußt in seine Haut schlüpfen" war eine typische Äußerung). Wer nicht die Fähigkeit (oder Motivation) hatte, andere zu beobachten und hinter die Fassade zu schauen, scheiterte später häufig daran, daß er nicht mit anderen zusammenarbeiten oder ihre Hilfe annehmen konnte.

Aber selbst ein schnelles Auffassungsvermögen und eine scharfe Beobachtungsgabe reichen nicht aus. Auf einer grundsätzlicheren Ebene erforderte Lernen aus Erfahrung die Fähigkeit, in sich selbst hineinzuschauen und sich mit den eigenen Gefühlen und Motiven auseinanderzusetzen. Vor allem, um aus Härten zu lernen, mußte man „seine tiefsten Gedanken und Gefühle ausgraben, mit sich selbst vertraut werden, herausfinden, was man wirklich will, sich sagen, was man nicht haben kann und warum nicht, und auf der Basis des Möglichen einen fairen Handel mit sich selbst abschließen."[16] Die Unfähigkeit, Erfahrungen in einen Bezug zum eigenen Innern zu setzen, schränkt die Lernfähigkeit drastisch ein. Erlebnisse, die uns mit unseren eigenen Unzulänglichkeiten konfrontieren, können sich nur dann als lehrreich erweisen, wenn wir unsere Abwehrmechanismen überwinden. Das führt mit einiger Logik zur dritten Empfehlung, die diese Manager gaben: „Erkenne dich selbst."

## Ein klares Selbstbild

Die meisten Menschen glauben, daß sie sich selbst kennen, aber psychologische Studien liefern überwältigende Nachweise dafür, daß wir eine Menge Energie in den Versuch stecken, unser Selbstbild zu schützen. So einfach es klingt, es kann unglaublich schwierig sein, die Erkenntnis persönlicher Grenzen zu akzeptieren, Verantwortung für Fehler zu übernehmen oder sich fachliche Schwächen einzugestehen. Es fällt uns schwer, die schlechten Nachrichten zu akzeptieren, und noch schwerer fällt es uns, etwas dagegen zu tun. Obwohl sie sich simpel anhören, sind die ersten Schritte sehr hart: Suche Rückmeldungen von anderen, denke darüber nach, was du tust (vor allem, wenn etwas schief geht), sei ehrlich mit dir selbst, und laß dir den Erfolg nicht zu Kopf steigen. Wie ein Manager es formulierte: „Es gibt immer jemanden, der schlauer ist als du oder mehr von einer Sache versteht."

Bei vielen Führungskräften, die wir befragten, wurde die Auseinandersetzung mit den eigenen Schwächen eindeutig durch eine Krise ausgelöst – sie wurden zurückgestuft, ausgetrickst, gerieten an einen unerträglichen Chef oder wurden auf andere drastische Weise zu einer Selbstkonfrontation gezwungen. Aber auf einer grundsätzlicheren Ebene hatten offenbar viele dieser Manager eine Einstellung zu sich selbst, die es ihnen erlaubte, sich mit ihren eigenen Fehlern auseinanderzusetzen. Sie gingen sehr pragmatisch an ihre Unzulänglichkeiten heran, was vielleicht mit zwei Merkmalen zusammenhing, die bei den von uns befragten Führungskräften sehr verbreitet waren: 1. Sie hatten in der Vergangenheit schwere Situationen erfolgreich gemeistert und daraus so viel Selbstvertrauen geschöpft, daß sie sich mit ihren erwiesenen Stärken wohl fühlten. 2. Ihr Wunsch, bessere Arbeit zu leisten, war so stark, daß sie aktiv nach Erkenntnissen strebten, durch die sie ihre Leistungen verbessern konnten. Ein gesundes Selbstbewußtsein und das Vertrauen in die eigenen Fähigkeiten machte es den Führungskräften leichter, auch Schwächen in bestimmten Bereichen zu akzeptieren. Und weil sie den starken Wunsch hatten, ihre Arbeit noch besser zu machen, betrachteten sie ihre Schwächen oder wunden Punkte in erster Linie als Chance, um ihre Leistung zu verbessern, und weniger als persönliches Versagen.

Unsere Erkenntnisse und Folgerungen decken sich mit denen von Bennis und Nanus, die feststellten, daß die neunzig von ihnen untersuchten Führungskräfte über ein gesundes Selbstwertgefühl verfügten. Sie schreiben:

Vielleicht ist es leichter zu sagen, was positives Selbstwertgefühl *nicht* ist. Zunächst handelt es sich bei dem, was wir meinen, nicht um die lautstark verkündete Überzeugung von der eigenen Wichtigkeit oder um egoistische Ich-Bezogenheit. Es ist auch nicht das, was man üblicherweise unter einem „narzißtischen Charakter" versteht. Die von uns Befragten wiesen keine Spur von Selbstbeweihräucherung oder Überheblichkeit auf. Aber sie kennen ihren Wert. Sie vertrauen auf sich, ohne sich von ihrem Ego oder ihrem Image behindern zu lassen.[17]

## Ein Entwicklungsgerüst

Die bislang erörterten Schritte – das Ergreifen von Gelegenheiten, die Suche nach Sinn und das Streben nach Selbsterkenntnis – sind Voraussetzungen, damit man sich selbst ändern kann. Es ist vielleicht nützlich, wenn man sich die Entwicklung als Abfolge von Wahlmöglichkeiten vorstellt: Man hat die Wahl, ob man sich Situationen aussetzt, die Schwächen zum Vorschein bringen und Lernmöglichkeiten bieten; die Wahl, ob man Verantwortung für seine eigenen Unzulänglichkeiten und für seine eigene Entwicklung übernimmt; und die Wahl, ob man etwas ändern will. (Diese Wahlmöglichkeiten sind in Abbildung 5.1 zusammengefaßt.)

Im nächsten Kapitel werden wir ausführlich erörtern, was eine Organisation tun kann, um die Entwicklung von Führungskräften zu fördern, aber an dieser Stelle wollen wir uns damit begnügen, den Gegenstand dieses Kapitels zu wiederholen: Jeder Mensch ist letzten Endes selbst für seine Entwicklung verantwortlich. Die Abbildung veranschaulicht diese Thematik; zunächst steht man vor der Wahl, ob man sich neuen Situationen aussetzt oder sie vermeidet. Die meisten der von uns untersuchten Führungskräfte entschieden sich für den aktiven Weg; sie akzeptierten oder suchten neue Herausforderungen und lernten auf die eine oder andere Weise etwas über sich selbst.

Wie die Abbildung zeigt, gibt es (zumindest für Manager, die irgendwelche Aufstiegschancen in der Hierarchie haben) nicht nur die Wahl zwischen aktiver Suche und dem Vermeiden von Risiken. Man kann auch darauf warten, daß etwas Dramatisches geschieht. Kurzum – Unzulänglichkeiten werden in der einen oder anderen Form aufgedeckt, und wenn das geschieht, steht man vor der zweiten Entscheidung – entweder man leugnet die Fehler oder man übernimmt die Verantwortung und versucht, seine Schwächen zu verstehen.

Wie aus der Darstellung ersichtlich, kann die Diagnose einen Mangel an Wissen, Erfahrung oder Fertigkeiten ergeben – allesamt behebbare Mängel – oder aber eine Situation, die schwerer zu korrigieren ist, weil sie mit grundsätzlichen Aspekten der Persönlichkeit, der Be-

164

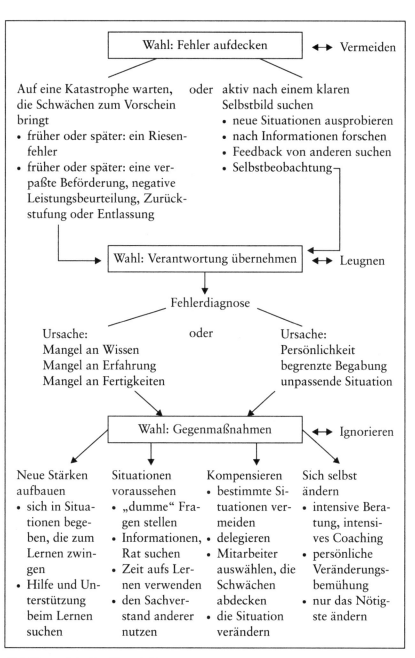

**Abbildung 5.1:** *Ein Entwicklungsgerüst*

fähigung oder des Berufes zusammenhängt. Keine dieser Diagnosen macht Veränderungen unmöglich, aber wie wir noch zeigen werden, wird die Auseinandersetzung mit Unzulänglichkeiten davon beeinflußt, wie leicht sie zu beheben sind und wie groß das persönliche Interesse an einer Veränderung ist.

Letzten Endes läuft Entwicklung immer wieder auf dieselbe „Do it, fix it, try it"-Philosophie hinaus, die charakteristisch für Spitzenunternehmen ist.[18] Nur wer seine Schwachstellen erkennt und versteht, hat die Möglichkeit, etwas daran zu ändern. Die allgemeine Meinung geht dahin, daß man sich selbst ändert, indem man auf vorhandene Stärken baut und Schwächen korrigiert. Unsere Erfahrung mit begabten Führungskräften spricht für einen etwas anderen Ansatz, der darauf zielt, neue Stärken zu entwickeln, Schwächen zu kompensieren und Situationen vorauszusehen, in denen Schwächen oder fehlende Stärken fatal sein könnten.

### Neue Stärken aufbauen oder entdecken

Ob in einer Organisation oder einer Fußballmannschaft – häufig fangen die Probleme damit an, daß Spezialisten zu Managern werden. Aber ein erstklassiger Ingenieur ist nicht zwangsläufig ein erstklassiger Manager, genausowenig wie ein guter Stürmer automatisch ein guter Trainer ist. Man hält es vielleicht für ganz natürlich, daß talentierte Menschen ihre vorhandenen Fertigkeiten einsetzen und ausweiten. Aber gutes Management verlangt mehr als eine bloße Ausweitung von speziellen technischen Fertigkeiten; die Herausforderung besteht vielmehr darin, ganz neue Talente zu entwickeln, wenn die ursprünglichen Stärken an Bedeutung verlieren. Wenn man die einzelnen Lektionen betrachtet, die wir in diesem Buch beschrieben haben, ist offensichtlich, daß viele davon sich ausschließlich auf die Führungsarbeit beziehen. Wenn es nicht ein bislang unentdecktes Chromosom gibt, muß man diese Fähigkeiten notgedrungen erlernen.

Die Frage ist natürlich, wie man das anstellt. Die Antwort liegt im zentralen Thema dieses Buches – man muß nach Erfahrungen suchen, aus denen man etwas Neues lernen kann. Es ist nie leicht, die Sicherheit eines vertrauten Tätigkeit für die Ungewißheit einer neuen Situation aufzugeben, aber die Bereitschaft, Risiken einzugehen, ist eine Voraussetzung für den Aufbau neuer Stärken.

166

## Die Kompensation von Schwächen

Die Buchhandlungen stehen voll mit Selbsthilfebüchern, die kreativen Rat für zahllose Probleme wie Übergewicht, Rauchen, straffällige Kinder und viele andere Ärgernisse bieten. Die gemeinsame Botschaft lautet, daß wir alles, was uns Kummer macht, bekämpfen können und sollten. Das ist vermutlich ein guter Rat, aber viele der von uns befragten Führungskräfte hatten ihren Fehlern und Schwächen durchaus nicht den Krieg erklärt. Sie waren eher bestrebt, ihre Schwächen zu kompensieren.[19] Ein Unternehmensleiter erklärte zum Beispiel: „Ich bin nicht gut mit Einzelheiten. Ich hasse Einzelheiten. Aber ich bin verdammt sicher, daß ich immer jemanden finde, der ganz wild darauf ist."

Unserer Meinung nach ist es ein wesentlicher Unterschied, ob ein Mensch seine Schwächen nicht kennt oder ob er sie kennt, sich jedoch dafür entscheidet, mit ihnen zu leben. Sich seiner Schwächen bewußt zu sein, ist also eine Grundvoraussetzung. Dann kommt die Entscheidung, ob man eine Radikaloperation vornimmt, zwei Aspirin schluckt oder nach Methoden sucht, um die schädlichen Auswirkungen zu begrenzen. Ob es möglich ist, grundlegende Persönlichkeitsveränderungen bei Erwachsenen zu bewirken, ist strittig. Es gibt, um es großzügig auszudrücken, keine eindeutigen Nachweise für tiefgreifende Veränderungen, auch nicht nach intensiven Therapien. Die Verbesserung einzelner Fertigkeiten – zum Beispiel die Fähigkeit, vor Gruppen zu sprechen – ist dagegen möglich. Wie man mit einer Schwäche umgeht, hängt offenbar von den Antworten auf mehrere Fragen ab: Wie hinderlich sind die Schwächen, im Moment und im Hinblick auf künftige Tätigkeiten? Wie schwer wäre es, eine merkliche Verbesserung zu erzielen? Gibt es Möglichkeiten, die Schwächen auszugleichen?

Weil erfolgreiche Führungskräfte nachweislich talentiert sind, verfügen sie sowohl über Selbstvertrauen als auch über tatsächliche Stärken. Sie haben ihren Erfolg trotz ihrer Schwächen erreicht, und mehr als einer berichtete uns, er habe Angst, an seinem Stil herumzudoktern. Wie wir in einem früheren Kapitel ausgeführt haben, konnte häufig nur eine wirkliche Härte zu einer ernsthaften Selbstkorrektur motivieren. In Anbetracht dieser Situation scheinen Kompensationsstrategien, gepaart mit mäßigen Fehlerkorrekturen ein vernünftiger Ansatz, außer wenn es sich um gravierende Schwächen handelt. Wir sind zum Beispiel auf folgende Strategien gestoßen:

| Schwächen | Beispiele für Kompensationsverhalten |
|---|---|
| Kein Interesse an Details | Einen Mitarbeiter einstellen, der Details liebt. |
| Schwache Vortragsleistungen | Einen Redenschreiber anheuern; verstärkt Graphiken/Schaubilder einsetzen; gut ausformulierte Berichte vorlegen (anstelle oder als Ergänzung zu Vorträgen); Vorträge delegieren oder gemeinsam mit anderen halten; sich kurz fassen. |
| Unfähigkeit, Konflikte zu lösen | Situationen vermeiden, die konfliktanfällig sind; einen Stellvertreter suchen, der sich mit der betreffenden Person auseinandersetzt; sich an Sachthemen halten. |
| Neigung, Untergebene zu stark zu kontrollieren | für eine räumliche Trennung sorgen; eine herausfordernde Aufgabe übernehmen, die sehr viel Zeit in Anspruch nimmt; ein Berichtssystem einführen, das das eigene zwanghafte Kontrollbedürfnis befriedigt, ohne daß man sich direkt einmischt. |
| Taktische Orientierung auf Kosten einer strategischen Perspektive | Mitarbeiter an Strategie-Entscheidungen beteiligen; sich selbst Termine für Präsentationen setzen (vor Vorgesetzten oder Untergebenen), um das eigene Denken zu forcieren; taktische Aufgaben delegieren; Brainstorming-Sitzungen für strategische Fragen anberaumen. |

Kompensationsstrategien sind keine gezielten Korrekturmaßnahmen. Obwohl einige (zum Beispiel partizipative Strategiebesprechungen) zu veränderten Verhaltens- und Denkweisen führen können, ist das primäre Ziel der Ausgleich von Schwächen. Dahinter steht die Philosophie: „Ich habe hier ein Problem, das ich nicht ändern kann oder will, aber ich werde einige Schritte ergreifen, um die negativen Auswirkungen zu begrenzen." Wenn ein Mensch nicht sich selbst ändern kann oder will, lenkt die Kompensation seine Aufmerksamkeit auf Dinge, die er ändern kann: sein Verhalten und die Situationen, die sein Verhalten beeinflussen.

### Situationen voraussehen

Die Geschichten dieser Führungskräfte waren Geschichten über Veränderungen – über kontinuierliche, häufig unerwartete, häufig dramatische Übergänge. Wenn die Manager sich ganz auf ihre bewährten Fähigkeiten konzentrierten oder wenn sie ihr Können überschätzten, mußten sie bei diesen Veränderungen manches Lehrgeld zahlen. Das ist nicht die schlechteste Art, um etwas zu lernen, aber sie ist nicht immer notwendig. „Ich hatte vergessen, meinen Vorgesetzten für die Idee zu erwärmen." „Ich hielt mich für allwissend und war fest entschlossen, ihnen zu zeigen, wo's langgeht." „Sie sollten nicht merken, wie wenig ich von dem Geschäft verstand, also stellte ich keine Fragen." „Ich habe schnell herausgefunden, daß ich nicht jeden rausschmeißen konnte." „Ich habe das Marketing total umorganisiert, denn vom Umorganisieren verstand ich was. Leider war das nicht das Problem."

Die Führungskräfte, die wir interviewten, überlebten die Überraschungen und lernten aus ihnen. Viele Manager, die wir nicht interviewten, jene, die als gescheitert beschrieben wurden, hatten weniger Glück. Wenn Vorgesetzte wechselten, wenn Manager eine neue Stelle übernahmen oder wenn Reorganisationen alles auf den Kopf stellten, traten Schwächen deutlich zu Tage. Wie man mit einschneidenden Veränderungen fertig wird, ist offenbar eine wichtige Frage.[20] Es kann also von großer Bedeutung sein, ob man voraussieht, welche Aspekte einer neuen Situation eigene Schwächen berühren oder bislang unerforschte Fähigkeiten auf die Probe stellen. Wenn ein Manager scheiterte, lag es meist nicht allein an falschen geschäftlichen Entscheidungen. Oft spielten weitere Faktoren eine Rolle – Vorgesetzte mit einem anderen Stil, Mitarbeiter, die eine Zusammenarbeit verweigerten (oder erfahrener waren als der Manager), eine schwierige Beziehung zu Kollegen, Geschäftspartnern oder Gewerkschaften und die Art und

Weise, wie der Manager an neue Bereiche heranging, von denen er wenig verstand.

Kurzum – dieselben Dinge, die Lern- und Wachstumsmöglichkeiten bieten, können die Karriere auch bedrohen. Wenn man die Situationen voraussieht, verringert man nicht nur das Risiko großer Fehler, sondern erhöht auch die Wahrscheinlichkeit, daß man etwas aus der Konfrontation lernt.

## Vielfalt und Balance: Entwicklungsziele

Erfolgreiche Führungskräfte sprachen immer wieder zwei Aspekte an, die entscheidend für ihre Karriere waren – die Vielfalt der Erfahrungen und die Ausgewogenheit der Lektionen. Eine allmählich wachsende Vielfalt an Aufgaben, bedeutsamen Vorgesetzten und Härten ist ein Leitfaden für die Entwicklung. Vielfalt sorgt für Veränderungen in den zu meisternden Herausforderungen und in den zu überwindenden Hindernissen. Das schafft unserer Ansicht nach die Voraussetzungen für Lernen und Wachstum, nicht nur bei Führungskräften, sondern bei allen Menschen. Am besten hat das vielleicht Jacob Bronowski zum Ausdruck gebracht:

> Wir müssen verstehen, daß wir die Welt nur durch Tun, nicht durch Kontemplation in den Griff bekommen … Die mächtigste Antriebskraft beim Aufstieg des Menschen ist sein Vergnügen an seiner eigenen Geschicklichkeit. Er macht gern, was er gut macht, und wenn er es gut gemacht hat, dann macht er es gern besser.[21]

Aber bloße Vielfalt ist nur der halbe Weg. Ein reiches Angebot an unterschiedlichen Erfahrungen ist noch keine Garantie dafür, daß die Person etwas daraus lernt. Verschiedene Erfahrungen lehren verschiedene Dinge; was ein Mensch lernt, hängt also entscheidend davon ab, welche Möglichkeiten diesem Mensch offenstehen. Die Lehren, die man im Laufe der Zeit aus seinen Erfahrungen zieht, sollten nicht nur vielfältig, sondern im Idealfall auch ausgewogen sein.

In einer simplen Welt sind die Menschen von langweiliger Eindimensionalität. Die Guten besitzen alle Tugenden, die Bösen haben das Monopol auf die Laster. Aber die Welt ist nicht simpel, und erfolgreiche Führungspersonen sind alles andere als eindimensional. Douglas MacArthur, nach Ansicht von William Manchester „fraglos ... der begabteste Soldat, den dieses Land hervorgebracht hat", war kein eindimensionaler Geist:

> Er war ein großes, donnerndes Paradox von einem Mann, edel und niederträchtig, inspirierend und abstoßend, arrogant und schüchtern, der Inbegriff des Guten und des Schlechten, der wandelhafteste, lächerlichste und erhabenste Mann ... Pompös, unerschütterlich und apokalyptisch wie er war, konnte er ... keine Irrtümer zugeben und versuchte, seine Fehler mit heimlichen, kindischen Tricks zu verbergen. Aber er verfügte über ungeheuren Charme, einen eisernen Willen und einen kühnen Geist.
>
> Auf jede Stärke von MacArthur kam eine entsprechende Schwäche.[22]

Wir meinen, daß alle Menschen, einschließlich Führungskräfte, ein bißchen wie MacArthur sind. Wir sind widersprüchlich, paradox, bunte Sammelsurien von Tugenden und Lastern. Und deshalb ist die Ausgewogenheit so wichtig. Jede Stärke kann sich als Schwäche erweisen, und große Stärken oder Schwächen können ausarten und unentschuldbare Ausmaße annehmen. Das Entscheidende ist die ganz spezielle Mischung von Stärken und Schwächen, die ein Mensch in eine Situation einbringt. Bei Führungskräften erscheint diese Ausgewogenheit häufig als grundsätzlicher Widerspruch, ein Eindruck, der von den widersprüchlichen Anforderungen der Tätigkeit hervorgerufen wird. Ein Manager soll

- eigenständig handeln *und* mit anderen zusammenarbeiten
- harte Entscheidungen treffen *und* einfühlsam sein
- genug Selbstvertrauen haben, um zu handeln, *und* genug Bescheidenheit, um seine Vorgehensweise nicht für die einzig richtige zu halten
- Gelegenheiten beim Schopf packen *und* für die Zukunft planen
- die Führung übernehmen *und* sich ins Unvermeidliche fügen
- seinen Weg unbeirrt fortsetzen, wenn er mit Widrigkeiten konfrontiert wird, aber trotzdem den Kurs ändern, wenn er sich geirrt hat

Ausgewogenheit ist also kein Punktezettel, auf dem man jeweils zwei Lektionen in jeder Spalte abhakt. Ausgewogenheit ist nichts, das man mit einem Schlag erwirbt und dann für immer behält. Wenn wir von Ausgewogenheit sprechen, meinen wir ein grundsätzliches Spannungsverhältnis, das mit der Zeit immer wieder in Unordnung gerät. Wenn etwas aus dem Gleichgewicht gerät, müssen wir etwas Neues lernen, um die Balance wiederherzustellen.

Modelle implizieren Statik, deshalb möchten wir sie am liebsten vermeiden. Trotzdem kann man die Aussagen der Manager bildlich darstellen wie in Abbildung 5.2. Im wesentlichen ergibt sich daraus das folgende Bild von Entwicklung:

1. Unterschiedliche Erfahrungen bieten unterschiedliche Lektionen. Aufgaben sind eine primäre Quelle für Unabhängigkeit, Verständnis

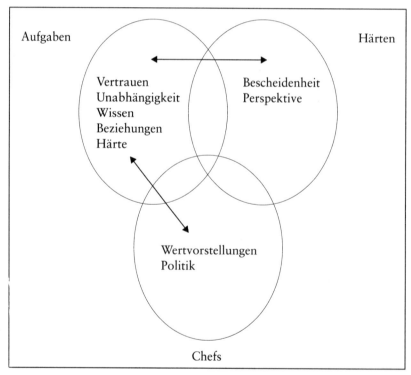

**Abbildung 5.2:** *Gleichgewicht*

vom Geschäft, Selbstvertrauen, Führungsfähigkeit, Durchsetzungskraft und das Handhaben von Beziehungen. Vorgesetzte sind eine primäre Quelle für persönliche und führungsbezogene Wertvorstellungen und für ein besseres Verständnis der Unternehmenspolitik. Härten bringen persönliche Schwächen zum Vorschein und fördern die Selbsterkenntnis.

2. Die Vielfalt der Erfahrungen sorgt für ein breites Angebot an vielfältigen Lektionen. Die Vielfalt der gelernten Lektionen kann zur notwendigen Ausgewogenheit beitragen. Die Selbstsicherheit, die durch das erfolgreiche Meistern schwieriger Aufgaben erworben wird, muß mitunter durch eine Niederlage und die daraus gewonnene Erkenntnis eigener Schwächen ausgeglichen werden. Durchsetzungskraft kann sich zur Unsensibilität auswachsen, wenn sie nicht durch fundamentale Wertvorstellungen über die Behandlung anderer Menschen aufgewogen wird.

### Das gewisse Etwas*

Es gab auch keine Prüfung, um festzustellen, ob ein Pilot diese Eigenschaften besaß oder nicht. Statt dessen gab es eine scheinbar nicht enden wollende Serie von Tests. Die Pilotenlaufbahn glich dem Erklimmen einer jener alten, ungewöhnlich hohen und steilen babylonischen Pyramiden über eine verwirrende Folge von Stufen und Absätzen, und man stellte sich vor, daß man bei jedem Schritt diese Pyramide hinauf unter Beweis stellen müsse, daß man zu den Auserwählten und Gesalbten gehörte, die das gewisse Etwas besaßen und höher und höher steigen konnten und sogar – schließlich, wenn Gott wollte, eines Tages – befähigt sein mochten, zu den wenigen Besonderen ganz oben an der Spitze aufzuschließen, zu jener Elite, die das Zeug hatte, Männern Tränen in die Augen treten zu lassen, zu der wahren Bruderschaft derer mit dem gewissen Etwas.[23]

---

\* Auszug aus *Die Helden der Nation* von Tom Wolfe (Hamburg: Hoffmann & Campe, 1983).

# 6. Packen wir's an:
# Was Unternehmen tun können

Vor kurzem sprachen wir mit dem Leiter eines großen Unternehmens, der seinem Ärger über das Thema Führungskräfte-Entwicklung Luft machte:

> Ich bin nicht sicher, was der Begriff bedeutet. Was heißt eigentlich Führungskräfte-Entwicklung? Ist es ein Bündel von Theorien? Ich glaube nicht, aber ich finde nirgends eine klare Antwort. Welche Vision steht dahinter?

Die Entwicklung und Förderung des Führungspotentials wird allzu häufig als reines Maßnahmenbündel verstanden: Karriereplanung, Personalplanung, Mentorprogramme, Rotationssysteme, Konzepte für das Beurteilungssystem, Trainingskurse, Fortbildungscenter, Programme zur Förderung einer frühen Identifizierung. Aber es ist vielmehr die gezielte Bemühung einer Organisation, ihren Führungskräften (und potentiellen Führungskräften) reiche Möglichkeiten zum Lernen, Wachsen und Verändern zu eröffnen, in der Hoffnung dadurch auf lange Sicht einen Führungskader zu erzeugen, der über die erforderlichen Fähigkeiten verfügt, um erfolgreich in dieser Organisation zu wirken. Wichtig an dieser wortreichen Definition sind folgende Implikationen:

1. Die Entwicklung von Führungskräften ist organisationsspezifisch. Das Ziel ist, Mitarbeiter dahingehend zu fördern, daß sie effektiver in einem spezifischen Organisationskontext arbeiten können.
2. Die Entwicklung ist Teil der langfristigen Unternehmensplanung. Eine systematische Förderung soll sicherstellen, daß das Management in der Lage ist, das Unternehmen zu seinen angestrebten Zielen zu führen. Während Bildung um ihrer selbst willen lohnend sein mag, ist Weiterbildung nur dann eine gute Investition, wenn sie – im Laufe der Zeit – mehr effektive Manager hervorbringt.
3. Zur Entwicklung gehört, daß eine Organisation Entfaltungsmög-

lichkeiten bietet. Es gibt eindeutig keine Garantie dafür, daß der einzelne Mitarbeiter diese Möglichkeiten in irgendeiner Form nutzen wird, aber ohne dieses Angebot ist jede Entwicklung von vornherein ausgeschlossen.

4. Entwicklung ist eine bewußte Anstrengung, auch wenn ein Großteil der Entwicklung zweifellos reiner Zufall ist. Der Unterschied zwischen einer Organisation, die sich um die Förderung ihrer Führungskräfte bemüht, und einer Organisation, die das nicht tut, besteht darin, daß erstere der Entwicklung klare Priorität einräumt und einige konkrete Maßnahmen ergreift, um ihren besten Leuten Entwicklungsmöglichkeiten zu bieten.

Wenn diese Aussagen zutreffend sind, dann liegen die Anfänge einer praktikablen Förderung und Weiterbildung vor allem in der Organisation selbst – in ihrer Kultur und ihrer Unternehmensstrategie. Die Firmenkultur muß von dem Glauben an die Entwicklung durchdrungen sein. Die Priorität muß klar sein, und die Handlungsweisen der Organisation müssen mit dieser Priorität übereinstimmen. Wenn Weiterbildung ein Extra ist, eine Option, ein Luxus, wenn sich niemand dafür zuständig fühlt, wenn sie sich bei jedem geschäftlichen Engpaß in Luft auflöst, dann wird sie schwerlich Früchte tragen. Und weil Entwicklung ein langfristiges Projekt ist, muß das Unternehmen über die notwendige Stabilität verfügen, damit es eine solche Kultur nicht nur hervorbringen kann, sondern auch deren konkrete Manifestationen, die sich im Laufe der Zeit herausbilden, als angemessene Karriereschritte akzeptieren kann. Lange bevor wir über das *wie* nachdenken, lautet die erste Frage also, ob eine ernsthafte Entwicklungsanstrengung überhaupt möglich ist. Wir haben in unserer Zusammenarbeit mit Unternehmen, die sich mit solchen Problemen auseinandersetzen, die Erfahrung gemacht, daß es vier Fragen gibt, mit denen man klären kann, ob eine Organisation bereit und in der Lage ist, eine ernsthafte Weiterbildungsanstrengung zu unternehmen. Hat die Organisation eine starke übergreifende Identität und Philosophie oder ist sie ein Konglomerat aus vielen unabhängigen Teilen? Ist das Unternehmen bereit, Entwicklungsrisiken in Kauf zu nehmen, Risiken, die sehr kostspielig sein können? Regt die Unternehmenskultur zum Lernen an, ermutigt sie zum Experimentieren und fängt sie den Mitarbeiter auf, wenn er Fehler macht? Ist die Organisation gewillt, einen Pool von vielversprechenden

Talenten zu ermitteln und ihre Entwicklung zu beobachten, auch auf die Gefahr hin, ein elitäres Denken zu fördern?

## *Einheitliches Unternehmen oder Mischkonzern?*

Die Weiterbildung von Führungskräften ist für uns kein Thema. Wir kaufen und verkaufen Firmen. Wenn das Management schlecht ist, verkaufen wir.

Diese Aussage einer hohen Führungskraft, die dem Vorstand eines großen Konglomerats angehört, bringt es auf den Punkt. Eine Organisation, die sich selbst als stark zergliederten Mischkonzern betrachtet, oder eine Holding, die Firmen aus finanziellen Gründen akquiriert oder veräußert, ist kaum in der Lage, ihr Potential an Topmanagern erfolgreich zu kultivieren. Wenn es überhaupt zu einer derartigen Förderung kommt, findet sie innerhalb der verschiedenen Unternehmen statt. Auf der anderen Seite des Extrems stehen Unternehmen mit einer starken gemeinsamen Philosophie und Identität. Ein solches Unternehmen ist eher in der Lage, seine Mitarbeiter über Bereichs- und Aufgabengrenzen hinweg einzusetzen; es kann besser von den vielfältigen Kontakten und dem erweiterten Horizont seiner Manager profitieren und hat mehr Möglichkeiten, um Führungskräften vielfältige berufliche Erfahrungen zu bieten.

Wir haben in unserer Studie festgestellt, daß jede Organisation anders war. Jede hatte ein unverwechselbares Profil an Entwicklungserfahrungen und einen Pool von Spitzenmanagern mit typischen Stärken und Schwächen. Viele Konglomerate sind wenig mehr als eine Anhäufung von unterschiedlichen Unternehmen, mit jeweils eigener Kultur, eigenen Wertvorstellungen, Unternehmenspraktiken und Erfahrungen, lose zusammengehalten von einer Unternehmenszentrale. Wenn es sich um sehr unterschiedliche Unternehmen handelt, ist schwer zu erkennen, welche Vorteile eine Rotation bringen würde, selbst wenn es möglich wäre, die Burgmauern zu überspringen.

Natürlich fallen nicht alle Organisationen in eine dieser beiden Kategorien. Die Diversifikationsmanie der siebziger Jahre und der Fusionsboom der achtziger haben viele seltsame Kreuzungen und Mischformen hervorgebracht. Weder Fisch noch Fleisch müssen sie

176

sich mit multiplen Persönlichkeiten oder zusammengewürfelten Erscheinungsbildern herumschlagen, die bestenfalls von hochgradigen Abstraktionen zusammengeschmiedet werden. („All unsere Unternehmen haben mit Technik zu tun.") Eine Graphik (Abbildung 6.1) umreißt dieses Problem in groben Zügen.

**Echter Mischkonzern**

Zentrale

Zahlreiche Unternehmen, häufig aus völlig unterschiedlichen Branchen, die von einer Holdinggesellschaft oder Zentrale zusammengehalten werden. Häufig ballen sich verwandte Unternehmen mit ganz unterschiedlichem Selbstverständnis in bestimmten Geschäftsbereichen zusammen.

Starke gemeinsame Identität

Wenn neue Unternehmen hinzukommen, werden sie völlig in die Unternehmensstruktur integriert. Voraussetzung ist, daß es ein definierbares Geschäft gibt, zu dem alle Teile beitragen.

**Teilweiser Mischkonzern**

Einige Organisationen haben sich aus einem Kernunternehmen entwickelt, dem andere Firmen aus unterschiedlichen Branchen angeschlossen wurden. Die gemeinsame Philosophie beschränkt sich auf eine Widerspiegelung der Grundwerte des angestammten Kerngeschäfts, während die diversen Unternehmen ihre Einzelidentität bewahren.

**Abbildung 6.1:** *Einheitliches Unternehmen oder Mischkonzern?*

Nach Peters und Waterman halten sich besonders erfolgreiche Unternehmen an das alte Motto: „Schuster, bleib bei deinem Leisten", das heißt, ihre einzelnen Teile sind durch ein angestammtes Geschäft, gemeinsame Werte und integrierte Ziele miteinander verbunden.[1] Diese Merkmale gelten offenbar auch für Organisationen, die ihr Führungspotential effektiv fördern. In Firmen mit starkem gemeinsamen Selbstverständnis herrscht häufiger Konsens über die vorrangige Bedeutung der Führungsförderung, die Manager sind stärker mit dem Gesamtunternehmen identifiziert, eher bereit, Unternehmensgrenzen (und sogar die Grenze zwischen Linie und Stab) zu überschreiten, und setzen sich engagierter für die firmeninterne Entwicklung von Führungstalenten ein.

Auch wenn die Unternehmen nicht durch eine starke gemeinsame Philosophie verbunden sind, kann das klare Selbstverständnis einzelner Geschäftsbereiche eine Entwicklungsgrundlage bieten. Es ist möglich, daß innerhalb der einzelnen Unternehmen oder Sparten einer hoch differenzierten Holdinggesellschaft dieselben Strategien angewendet werden. Im Hinblick auf die Förderung des Führungspotentials operieren diese Unternehmen allerdings unabhängig voneinander, so als ob es die anderen nicht gäbe. Die Führungskräfte neigen zur Kurzsichtigkeit, sie sind ganz auf ihren Geschäftsbereich konzentriert, der ihre Wertvorstellungen und Verhaltensweisen prägt. Man könnte einwenden, daß ein Vorstand, der sich aus Vertretern der diversen Unternehmen zusammensetzt, von dieser Verschiedenartigkeit profitieren müßte und als Team die notwendige übergreifende Perspektive entwickeln würde. Unsere Erfahrung spricht allerdings dagegen. Die Kurzsichtigkeit setzt sich auch im Vorstandszimmer fort, und viele Mischkonzerne rekrutieren ihre oberste Führungsspitze von außerhalb. Jüngere Studien deuten jedoch darauf hin, daß die Einstellung von externen Bewerbern hohe Risiken mit sich bringt.[2]

Wir kommen daher zu dem Schluß, daß die Fähigkeit einer großen Organisation, ihr Führungspotential zu fördern, mit ihrer fundamentalen Selbstdefinition und Strategie beginnt. Wenn es keine starke Unternehmensidentität gibt, sollte man die Ressourcen vielleicht lieber in eine gute Personalauswahl investieren als in die Entwicklung, und letztere den dezentralen Unternehmenseinheiten überlassen. Wenn eine gemeinsame Identität besteht, mit integrierten Geschäftsbereichen und gemeinsamen Zielen, wird die Förderung des Führungspotentials zu

178

einem realistischeren Vorhaben. Kurz, die Entwicklung und Weiterbildung von Führungskräften ist unserer Ansicht nach eine Unternehmensstrategie. Sie hängt davon ab, ob man weiß, in was für einem Unternehmen man tätig ist.

### Entwicklungsrisiken

> Wir sind eine erfolgsorientierte Firma mit hartem Grundgeschäft. Wenn du die Margen nicht erreichst, steckst du in ernsthaften Schwierigkeiten. Ich bin sehr konservativ, wenn ich Leute für Schlüsselpositionen auswähle ... Ich gebe ihnen die Stelle nur, wenn ich überzeugt bin, daß sie der Aufgabe gewachsen sind.

Dieser Unternehmensleiter verdeutlichte die Risikothematik, als er auf die Frage antwortete, wann er ein Entwicklungsrisiko in Kauf nehmen würde – wann er einem Mitarbeiter eine Aufgabe übertragen würde, weil dieser daran wachsen könnte, anstatt den „qualifiziertesten" Bewerber auszuwählen (das heißt, eine Person, die bereits bewiesen hat, daß sie die Aufgabe meistern kann). Unsere Arbeit spricht dafür, daß der qualifizierteste Bewerber in der Tat die geringste Entwicklung durchläuft, weil er die Grundlektionen der Erfahrung bereits durch frühere Tätigkeiten gelernt hat. Es ist diese Entscheidung, bei der das Auswahl- und Entwicklungsprinzip am dramatischsten aufeinanderprallen und bei der klar hervortritt, was es bedeutet, in die Entwicklung zu investieren. Eine Führungskraft, die etwas Neues lernt und dabei scheitert oder zahlreiche Fehler macht, kostet das Unternehmen Geld. Auf höheren Ebenen kann sich dieses Risiko auf viele Millionen Dollar belaufen.

Ironischerweise betrachten die meisten Firmen Entwicklungskosten im Rahmen der Investitionen, die sie für Trainingsaktivitäten, Personalfachleute und ähnlich identifizierbare Maßnahmen aufwenden (zum Beispiel für den Bau eines Ausbildungszentrums). Obwohl solche Investitionen mitunter schwindelnde Höhen erreichen, sind wir der Ansicht, daß sich das Engagement für die Entwicklung eher am Grundgeschäft ablesen läßt und wesentlich höhere Summen verschlingt, als es auf den ersten Blick scheint. Wie eine Führungskraft es ausdrückte, die auf die Frage nach Entwicklungsrisiken antwortete:

Ich habe ihm diese Arbeit übertragen, weil ich dachte, daß er daraus lernen würde. Er war eindeutig nicht der qualifizierteste Bewerber. Ich ging davon aus, daß es uns zwei Millionen kosten würde, wenn er die Sache verpatzte. In einem Zwei-Milliarden-Dollar-Geschäft war das tragbar.

Bei einigen großen Unternehmen liegt das Gesamtbudget für die Aus- und Weiterbildung *unter* 2 Millionen Dollar! Und in diesem Fall betraf das Risiko eines einzigen hochbegabten Manager!

Die Bereitschaft, in die Entwicklung zu investieren, kann vielerlei Formen annehmen. Im Laufe unserer Zusammenarbeit mit einer wachsenden Zahl von Unternehmen, haben wir einige konkrete Beispiele dafür gesammelt, wie direkte Weiterbildungsinvestitionen in On-the-Job-Erfahrungen aussehen können. Manche Firmen

- richten Wagniskapital-Pools ein, um Managern mit hohem Potential den Aufbau neuer Unternehmen zu ermöglichen;
- kaufen und behalten kleinere Unternehmen (häufig mit niedriger Gewinnspanne) und übertragen die Leitung jungen Managern (Gewinn- und Verlustverantwortung);
- schaffen Stabspositionen und „Assistentenjobs", damit Linienmanager mit dem Unternehmensstab und/oder hochgestellten Führungskräften in Kontakt kommen;
- behalten kränkelnde Unternehmen, damit die Führungskräfte sich an einer Reorganisation versuchen können;
- investieren in Projekt- und Arbeitsgruppen, damit vielversprechende Manager Erfahrungen mit Akquisitionen, Joint Ventures, neuen Produkten, Marktentwicklungen o.ä. sammeln können;
- zahlen Managern mit hohem Potential weiterhin Spitzengehälter, damit sie bestimmte Stellen übernehmen, die normalerweise schlechter bezahlt werden, aber notwendige Erfahrungen oder Herausforderungen bieten.

Es ist klar, daß Lernen durch Erfahrung ein sehr teures Unterfangen sein kann. Wenn eine Firma geschäftliche Risiken scheut, wird sie vielleicht auch Entwicklungsrisiken scheuen. Aber ob die Risiken höher oder niedriger sind, wenn man auf Entwicklung setzt, ist eine Frage der Perspektive. Kurzfristig betrachtet, scheinen die Kosten hoch. Aber Kotters Studie über gut geführte Unternehmen belegt, daß sie ihren

Mitarbeitern diese Art von Entfaltungsmöglichkeiten bieten.[3] Unsere eigene Studie über gescheiterte Führungskräfte deutet darauf hin, daß solche Risiken zwar kostspielig sein können, daß es aber auf lange Sicht noch erheblich kostspieliger sein kann, sie zu vermeiden.[4]

Die Entwicklung von Führungstalenten ist nur möglich, wenn das Unternehmen an den Wert von Risiken glaubt. Diese Überzeugung führt zu der Bereitschaft, in ein breites Angebot an wertvollen Lernerfahrungen zu investieren, und vielleicht nicht ganz optimale Geschäftserlöse zugunsten von Lernerfolgen zu akzeptieren. Das heißt nicht, daß man finanziell verantwortungslos handeln soll, aber es bedeutet, daß man zusätzliche Beurteilungsmaßstäbe für Investitionsgewinne heranzieht. Im wesentlichen läuft es auf folgendes hinaus: Auf die Frage, wann sie ein Entwicklungsrisiko in Kauf nehmen würden, damit ein vielversprechender Manager aus einer neuen Aufgabe lernen könne, entgegneten die Führungskräfte, daß sie *angemessene* Risiken eingingen. In diesem Zusammenhang verweisen wir auf die Geschichte des Managers, der einen Fehler machte und sein Unternehmen 100 000 Dollar kostete. Von Schuldgefühlen geplagt, schlug er seinem Chef vor, ihn zu feuern. Die Antwort seines Vorgesetzten? „Warum sollte ich Sie entlassen? Ich habe gerade 100 000 Dollar in Ihre Weiterbildung investiert."

Manche Führungskräfte denken, daß sie gar keine andere Wahl haben, als in die Talententwicklung zu investieren. Wie ein Manager es formulierte: „Wenn ich jemandem befördere, der in jeder Hinsicht bewiesen hat, daß er der Aufgabe gewachsen ist, dann fördere ich ihn nicht, weil ich ihm keine Entwicklungsmöglichkeiten biete. Und außerdem kann diese Strategie sowieso nicht funktionieren. Die besten Leute werden das Unternehmen zu diesem Zeitpunkt längst verlassen haben."

### Eine Unternehmenskultur, die das Lernen unterstützt

Die Investition in On-the-Job-Erfahrungen ist in jedem Fall sinnvoll, gleichgültig, ob die Organisation strenge Ausleseverfahren bevorzugt („Laßt uns sehen, ob er das Zeug dazu hat") oder auf Entwicklung setzt („Wir sollten ihm die Stelle geben, damit er etwas über Akquisitionen lernt"). Der Unterschied zwischen einer unerbittlichen Survival-of-the-Fittest-Ideologie und einer Entwicklungsphilosophie liegt in den angebotenen Unterstützungssystemen und in der Reaktion auf unvermeidliche Fehler. Die Hauptverantwortung für die Entwicklung liegt zwar beim Manager selbst, aber da es ungeheuer schwierig ist, sich ganz ohne fremde Hilfe weiterzuentwickeln, braucht er Unterstützung. Und wenn Fehler nicht toleriert werden, kann die Entwicklung zweifellos abrupt zum Stillstand kommen.

Was heißt, man soll die Entwicklung unterstützen? Wiederum liegt die beste Definition vielleicht in dem, was einzelne Unternehmen und Manager *tun*, und weniger in abstrakten Philosophien.

- Sie erklären, warum eine Person mit einer bestimmten Aufgabe betraut wird, vor allem wenn der neue Job als wenig erstrebenswert oder als laterale Versetzung erscheinen könnte. Wie an anderer Stelle ausgeführt, haben wir oft gehört, daß eine neue Aufgabe, die als Entwicklungschance gemeint war, als Zurückstufung oder Verbannung aufgefaßt wurde. Die Person hat vielleicht eine Menge daraus gelernt, aber nicht das, was das Unternehmen sich erhofft hatte. Ob der Manager weiß, warum er einen speziellen Job erhält, was das Unternehmen sich davon erhofft und was als nächstes geschehen wird, kann von großer Bedeutung sein.
- Sie stellen keine unnötigen Hindernisse auf. Wenn man einen vielversprechenden Manager, der nichts vom Marketing versteht, in eine Marketingabteilung mit inkompeten Mitarbeitern und einem lausigen Vorgesetzten steckt, könnte das ein bißchen zuviel des Guten sein. Zumindest ist eine Reise ins Ungewisse förderlicher für die Entwicklung, wenn der Reisende Zugang zu wichtigen Lernquellen hat: zu einem außergewöhnlichen Vorgesetzten, zu einem sehr kompetenten Mitarbeiter, zu Experten, zu einem Vorbereitungskurs oder Coaching.
- Sie sorgen dafür, daß die Person ein Feedback bekommt, oder helfen ihr dabei, ein Feedback zu interpretieren. Wer einen blühenden Geschäftszweig „erfolgreich" leitet oder an dem Versuch „scheitert", ein völliges Desaster ins Gegenteil zu verkehren, lernt daraus unter Umständen gar nichts. Wertvolle Lernerfahrungen fangen erst beim nächsten Schritt an – wenn man sich fragt, *wie* man eine bestimmte Situation gehandhabt hat, ob man die verfügbaren Ressourcen optimal genutzt hat oder ob eine andere Vorgehensweise vielleicht effizienter gewesen wäre. Einige Vorgesetzte können solche Informa-

tionen gut vermitteln. Gelegentlich können auch ausführliche Leistungsbeurteilungen zum richtigen Zeitpunkt dieses Feedback geben. Aber meistens trägt der Manager selbst die Verantwortung für die „Autopsie" seiner Erfahrung.

* Sie bieten Entwicklungsmöglichkeiten und ermutigen ihre Mitarbeiter dazu, diese Chancen zu ergreifen. In der Tat sind wir auf die ganze Palette der in diesem Buch beschriebenen Erfahrungen gestoßen, angefangen bei dem Angebot an lehrreichen Situationen bis hin zu verschiedenen herausfordernden Aufgaben, die von der einen oder anderen Organisation gezielt eingesetzt wurden.

Die Liste ließe sich fortsetzen, aber die Grundvoraussetzung ist klar. Entwicklungsziele können wie jede andere Unternehmenspriorität nur realisiert werden, wenn Unternehmensressourcen konsequent auf dieses Ziel angewendet werden. Dazu gehört, daß man Fehler toleriert, um die Entwicklung zu fördern. Dieses Thema haben wir in einiger Ausführlichkeit in Kapitel 4 erörtert, aber es ist in diesem Zusammenhang sehr wichtig. Die Frage ist nicht, ob Fehler gemacht werden, sondern ob man etwas daraus lernt. Eine Organisation, die keine Fehler toleriert, wird größtenteils Manager hervorbringen, die ihre Fehler nicht zugeben und folglich auch nichts daraus lernen können. Im Gegensatz dazu wird eine entwicklungsorientierte Firma darauf achten, wie der Manager mit einem Fehler umgeht und was er daraus lernt.

Das soll nicht heißen, daß die Unternehmen, die wir untersucht haben, „weich" waren. Wie eine Führungskraft es ausdrückte: „Wir sind nicht auf Sicherheitsnetze spezialisiert." Dumme Fehler, wiederholte Fehler werden in den meisten gut geführten Organisationen nicht geduldet. Sogar Fehler, die aus Unwissenheit geschehen, bleiben nicht immer ungestraft. Das wirklich Besondere an diesen toleranteren Unternehmen war, daß sie über die grundsätzliche Akzeptanz von Fehlern hinaus durch konkrete Maßnahmen deutlich machten, daß ein Mißerfolg nicht das Ende der Welt war. Auf Patzer folgten vielleicht Strafversetzungen, Zurückstufungen, schlechte Leistungsbeurteilungen oder sogar eine Verbannung, aber die Unternehmen ließen auch keinen Zweifel daran, daß man den Fehler wieder gutmachen konnte. Die Hauptüberbringer dieser Botschaft waren natürlich praktische Beispiele – Manager, die abstiegen und wieder hochkamen, die ein klares Feedback, Beratung und eine zweite Chance erhielten.

*Die Unternehmensressource*

Die Produkte sind das Geschäft. Die Menschen sind das Kapital.

Diese Führungskraft bezog eine klare Stellung zu einer kniffligen Frage. Wir sehen keine andere Möglichkeit, als die vielversprechendsten Talente zu ermitteln und zu fördern. Wie in jedem anderen Beruf gibt es relativ wenige wirklich herausragende Begabungen. Die Erfahrungen, die wir in diesem Buch beschrieben haben, sind ebenfalls relativ selten. Das Herzstück der Entwicklung besteht darin, daß man im Zusammenhang mit einer kohärenten Unternehmensstrategie den richtigen Personen die richtigen Chancen bietet. Daß das nicht immer geschieht, liegt nicht nur an kurzsichtigen Managern, die nicht über den Tellerrand von Funktionen, Produkten oder Geschäftsbereichen hinausblicken und deshalb entwicklungsfördernde Versetzungen blockieren. Manchmal weigern sie sich, ihren Mitarbeitern neue Lernmöglichkeiten zu eröffnen, weil es ihre eigene Arbeit wenig fördert, wenn sie ihre besten Leute verlieren – und das setzt schon voraus, daß sie überhaupt wissen, welche Entwicklungsmöglichkeiten in anderen Unternehmenseinheiten bestehen.

Und so schließt sich der Kreis, denn je stärker die Organisaton einem Mischkonzern ähnelt, desto unwahrscheinlicher wird ein Entwicklungsverständnis, das über die unmittelbaren Grenzen und den eingeschränkten Talentpool der einzelnen Teile hinausreicht. Wenn eine Organisation ihr Führungspotential fördern will, muß sie irgendeine Möglichkeit finden, um die unausweichlichen Grenzen zu überwinden, weil sie zweierlei erreichen muß: Sie muß die entwicklungsfähigen Talente in allen Teilen des Unternehmens ermitteln, und sie muß feststellen, welche relevanten Entwicklungsmöglichkeiten diesen Talenten im Gesamtunternehmen offenstehen.

Die Unternehmensstrategien für diese Ziele reichen von nicht existenten bis hin zu ausgeklügelten formalen Beurteilungs- und Auswahlverfahren. Einige Firmen setzen die Mitarbeiter davon in Kenntnis, daß sie zu Rittern geschlagen wurden (für einen raschen Aufstieg auserkoren), während andere versuchen, es geheimzuhalten. Einige investieren unglaublich viel Zeit in die systematische Aufspürung aller hochbegabten Führungsanwärter (mitunter drei bis sechs Monate pro Jahr), während andere sich eher an eine Salami-Taktik halten und ihre

Manager nach und nach auf frei werdende Stellen befördern. Einige legen die Entscheidungen über das Führungspotential in die Hände einer starken Personalabteilung; andere beauftragen kleine Ausschüsse von Linienmanagern mit dieser Aufgabe. Unternehmen unterscheiden sich auch darin, wie viele Mitarbeiterebenen sie in Betracht ziehen; einige durchforsten alle Unternehmensränge, angefangen bei der Eingangsstufe. Andere warten, bis die Mitarbeiter mittlere oder höhere Führungsebenen erreicht haben. Aber Organisationen, die die Weiterbildung ernst nehmen, scheinen etwas gemeinsam zu haben: Sie behalten ihre vielversprechendsten Leute auf die eine oder andere Weise im Auge, und setzen sich mit den unerwünschten Begleiterscheinungen auseinander.

Wir sind der Ansicht, daß Unternehmen, die ihre begabtesten Führungskräfte erfolgreich ermitteln und fördern, folgendermaßen vorgehen:

- Sie forschen gründlich. Überprüfungsverfahren gewährleisten, daß junge ebenso wie erfahrenere Talente beurteilt werden.

- Sie erweitern ihren Blick. Sie schauen über die Grenzen von Unternehmen, Produkten, Sparten und Funktionen hinaus. Sie gehen davon aus, daß Spitzentalente überall schlummern können.

- Sie wenden gleiche Kriterien an. Wenn man Personen aus verschiedenen Sparten vergleichen will, muß man eine gemeinsame Vergleichsbasis finden. Wie vergleicht man ein Marketinggenie mit einem Finanzgenie, und wie erkennt man, ob einer von ihnen das Zeug zum Generaldirektor hat? Es gibt keine eindeutige Antwort, aber die besten Firmen konzentrieren sich in erster Linie auf Führungsbegabungen und weniger auf technische Spezialkenntnisse.

- Die Beurteilungsverfahren werden häufig wiederholt. Die Aufnahme in den Begabtenpool ist kein Freifahrschein. Man sorgt dafür, daß neue Talente hinzukommen und daß Kandidaten, die den Erwartungen nicht gerecht wurden, wieder aussortiert werden.

- Sie bringen eine unternehmensweite Perspektive zum Tragen. Wer immer die Bewertung vornimmt – ob Personalfachleute oder Linienmanager –, hat den erforderlichen Überblick. Ein Ausschuß setzt sich vielleicht aus Vertretern verschiedener Unternehmen und Stabsfunktionen zusammen oder besteht aus Managern, die das Unternehmen aus unterschiedlichen Blickwinkeln sehen.

Wir haben die Erfahrung gemacht, daß Firmen beim Ermitteln von entwicklungsfördernden Erfahrungen weit weniger effizient sind als beim Identifizieren eines Talentpools. Es ist keine Seltenheit, daß die Topmanager eines Unternehmens „alle Sessel durch haben", was bedeutet, daß sie eine bestimmte Reihe von Positionen durchlaufen haben, die als entwicklungsrelevant gelten. Es ist auch nichts Ungewöhnliches, daß Firmen die Rotationsmethode anwenden (Erfahrungen in verschiedenen Unternehmensbereichen), Mentoren einsetzen (Kontakt zu einflußreichen Managern) oder Karrierewege entwerfen (das Planen von Erfahrungen entsprechend einer hypothetischen Abfolge von bedeutsamen Tätigkeiten). Aber wie wir noch erörtern werden, gehen diese Strategien am eigentlichen Kern der Entwicklung vorbei, weil sie außer acht lassen, daß das Entscheidende nicht der Arbeitsplatz an sich ist, sondern die damit verbundenen Herausforderungen. Es geht weniger um den Arbeitsinhalt als vielmehr um die Frage, was der Manager tun muß, während er sich damit auseinandersetzt. Wir denken, daß effektivere Entwicklungssysteme auf ein breites Spektrum unterschiedlicher Führungsherausforderungen mit spezifischen Lernmöglichkeiten ausgerichtet sind. So könnte es zum Beispiel wünschenswert sein, daß ein Unternehmensführer in seiner Laufbahn

- multifunktionale Gewinn und Verlust-Verantwortung wahrgenommen hat (zum Beispiel durch einen Auslandsauftrag oder durch die Leitung einer kleineren Firma);
- für einige Zeit eine strategische oder finanzielle Tätigkeit im Unternehmensstab übernommen hat (oder eine Linienfunktion, wenn er überwiegend im Stab gearbeitet hat);
- an einer Arbeitsgruppe mitgewirkt hat, die ein größeres strategisches Problem zu lösen hatte (zum Beispiel die Aufgabe, einen neuen Markt zu erschließen, ein neues Produkt zu entwickeln oder eine Akquisition durchzuführen);
- ein Unternehmen geleitet hat, das in ernsthaften Schwierigkeiten steckte, und es wieder auf Erfolgskurs gebracht hat.

Diese und andere Erfahrungen, die wir an früherer Stelle beschrieben haben, bieten konkrete Herausforderungen, nicht Vielfalt um ihrer selbst willen.

186

# Grundlagen der Entwicklung

Als ich [von außerhalb] in dieses Unternehmen kam, gab es in der ganzen Firma nicht einen einzigen Mitarbeiter, der über genügend breite Kenntnisse verfügte, um meinen Arbeitsplatz zu übernehmen, oder auch nur einen der mir unterstellten Arbeitsplätze. Das wird hier nie wieder passieren.

Es ist ein langer Weg von der festen Absicht, die diese Führungskraft zum Ausdruck brachte, bis zu ihrer Realisierung. Wir glauben, daß der Prozeß mit dem spezifischen Charakter der Organisation beginnt, daß es bestimmte Böden gibt, auf denen die Saat der Entwicklung eher aufgeht. Abbildung 6.2 (siehe Seite 188) veranschaulicht unsere Haltung. Je ausgeprägter die übergreifende Philosophie und Identität einer Organisation ist, je bereitwilliger sie erhebliche Summen für die Weiterbildung am Arbeitsplatz investiert (ein Risiko eingeht) und je stärker die Unternehmenskultur zum Lernen anregt und Fehler toleriert, desto wahrscheinlicher wird es, daß man eine bedeutungsvolle Entwicklungsbemühung am Leben erhalten kann.

Wenn das gelingt, hat man schon eine Menge erreicht, aber auch dieser Erfolg hat seinen Preis. Wie Abbildung 6.2 zeigt, ist ein ernsthaftes Engagement für die Weiterbildung nicht immer und nicht für jede Organisation eine rundum gute Sache. Sogar wenn es eine rundum gute Sache ist, kann es in einer bestimmten Organisation schwierig oder unmöglich sein, die notwendigen Voraussetzungen zu schaffen. Aber selbst in der feindseligsten Umwelt findet ein gewisses Maß an Entwicklung statt. Die Frage ist also, wie man das Positive, das bereits geschieht, in die richtigen Bahnen lenkt, steuert und fördert. Das heißt, man muß *etwas tun*, und der Rest dieses Kapitels befaßt sich damit, wie man die Kernfragen in einem Entwicklungsprogramm in Angriff nehmen kann. Wir werden darauf eingehen,

- wie man entwicklungsfördernde Tätigkeiten ermittelt
- wie man einen Talentpool schafft
- wie man mit den Fragen der Breite und Tiefe umgeht
- wer die Verantwortung für den Entwicklungsprozeß übernimmt
- wie man Menschen hilft, aus Erfahrung zu lernen
- welche Rolle Kurse und Trainingsaktivitäten spielen.

| Baustein | Vorteile | Nachteile |
|---|---|---|
| Starke gemeinsame Identität und Philosophie | Manager sind eher bereit, Grenzen zu überschreiten | Autonomieverlust der Unternehmenseinheiten |
| | Organisationsweites Angebot an entwicklungsfördernden Aufgaben | Der besondere Esprit, der in bestimmten (vor allem akquirierten) Unternehmen herrscht, kann verloren gehen. |
| | Die Entwicklungsstrategie kann an klaren und einheitlichen Unternehmenszielen ausgerichtet werden | Insgesamt ein Verlust an Vielfalt und Individualität |
| Risikobereitschaft | Entwicklungsziele bestimmen darüber, mit welchen Aufgaben talentierte Mitarbeiter betraut werden | Kosten, weil man Unternehmen behält, die niedrige Gewinnspannen haben oder unprofitabel sind |
| | Erweitert das Spektrum an verfügbaren Entwicklungsmöglichkeiten | Unzufriedenheit bei Managern, die solide Leistungen erbringen, und sich selbst für qualifizierter halten |
| | Ermutigt Führungskräfte, Gelegenheiten zu nutzen, Begabungen zu entdecken | Kostspielige Lernfehler |
| Unterstützende Unternehmenskultur | Eine Umwelt mit reichem Feedback – im Mittelpunkt stehen nicht Resultate, sondern wie jemand vorgegangen ist | Kurzfristige Ziele können leiden |
| | | Gefahr zu großer Toleranz ... die Leistung rückt in den Hintergrund |
| | Ermutigt Mitarbeiter, Risiken einzugehen und Fehler zu machen – wenn sie daraus lernen | Kosten für Fehler |
| | Gewährt Beratung, Hilfe, Ressourcen | |

| Baustein | Vorteile | Nachteile |
|---|---|---|
| Talentpool | Erkennt Begabungen in diversen Unternehmensbereichen und Funktionen durch Anwenden gleicher Kriterien | Erzeugt elitäres Denken – was passiert mit guten Mitarbeitern, die nicht zum Ritter geschlagen werden? |
| | Sichert entwicklungsfördernde Versetzungen im Interesse des Unternehmens | Verärgert einzelne Manager, die nicht mehr bestimmen dürfen, was mit ihren besten Leute geschieht |
| | Bietet Methoden, um die langfristige Entwicklung über Unternehmensgrenzen hinweg zu verfolgen | Anfälligkeit für oberflächlich elegante, starre Entwicklungssysteme mit einer einzigen Ausstechbackform für alle Manager |
| | Man ist nicht auf einzelne Vorgesetzte angewiesen, um Begabungen zu entdecken und zu fördern | Gefahr, daß man die Manager zu schnell an zu viele Aufgaben setzt, so daß sie schließlich zu sehr in die Breite und zu wenig in die Tiefe gelernt haben |

**Abbildung 6.2:** *Einige Vor- und Nachteile einer starken Entwicklungsgrundlage*

Unser Ziel ist es, einige konkrete Vorschläge zu machen, wie man die verschiedenen Bestandteile eines umfassenden Programms zur Führungsförderung schaffen, umsetzen und verbessern kann. Diese Ideen stützen sich größtenteils auf unsere praktische Erfahrung mit Firmen, die sich mit Fragen der Führungsnachfolge und mit Förderungsprogrammen auseinandersetzen, stimmen aber mit unseren Forschungsergebnissen und denen anderer Studien überein.[5] Für alle praktischen Ratschläge gilt jedoch die Einschränkung, daß wir keinen Königsweg zum Erfolg kennen, der für alle Organisationen oder alle hochbegabten Manager optimal geeignet wäre.

### Wie man entwicklungsfördernde Tätigkeiten ermittelt

Ein Großteil dieses Buches hat sich mit dieser Frage beschäftigt, insbesondere Kapitel 2. Wir wollen die Einzelheiten hier nicht wiederholen, aber wir meinen, daß dazu vier grundlegende Verfahren erforderlich sind: Die Organisation muß ermitteln, welche entwicklungsfördernden Tätigkeiten vorhanden sind, gegebenenfalls neue Lernerfahrungen schaffen, die ausgewählten Tätigkeiten bewerten und sich über die Veränderungen, die sich im Laufe der Zeit ergeben, auf dem laufenden halten.

Das Feststellungsverfahren kann verschiedene Formen annehmen. Man könnte zum Beispiel von den Ergebnissen unserer Studie ausgehen und die Organisation daraufhin untersuchen, ob es Startaktionen, Reorganisationen, Projekte, Stabsfunktionen, Erweiterungen des Aufgabenumfangs oder gute und schlechte Chefs gibt, die den Kriterien entsprechen. Wie wir an anderer Stelle dargelegt haben, verbergen sich manche Erfahrungen an Orten, wo man sie nie vermutet hätte (zum Beispiel an einem Arbeitsplatz im Ausland oder in kleineren Bereichen des Unternehmens) und müssen aufgespürt werden. Kluge Personalfachleute und Linienmanager – ob in kleinen Gruppen oder allein – können normalerweise in kürzester Zeit eine große Zahl von relevanten Tätigkeiten ermitteln.

Eine zweite Möglichkeit wäre, daß man die Form, aber nicht notwendigerweise den Inhalt dieser Studie wiederholt. Man könnte erfolgreiche Führungskräfte und andere sachkundige Experten danach befragen, welche Arbeitserfahrungen für diese spezielle Organisation sehr wichtig waren, und dann eine maßgeschneiderte Liste von entwicklungsfördernden Tätigkeiten zusammenstellen. Bei dieser Methode ist wichtig, daß man die Befragten dazu bringt, über die reinen Tätigkeitsbezeichnungen und ihre „exponierte Stellung" hinauszublicken (die erste spontane Reaktion) und die konkreten Führungsanforderungen zu beschreiben (vgl. die Liste der „Kernelemente" in Kapitel 5).

Die Bestandsaufnahme der vorhandenen Möglichkeiten wird wahrscheinlich ergeben, daß bestimmte Erfahrungen selten sind oder verstärkt werden müssen. Einige Firmen machen zum Beispiel kaum Gebrauch von bedeutsamen Projektaufgaben, während andere sie extensiv nutzen. Einige Unternehmen haben vielleicht bisher wenige oder gar keine Startaktionen durchgeführt oder verfügen kaum über Positionen, die mit einer erheblichen Erweiterung des Aufgabenumfangs verbunden sind. Man muß also in einem zweiten Schritt neue Aufgaben schaffen oder bestehende auspolstern, damit die Führungskräfte „Erfahrungslücken" schließen können. Welche Strategien man dafür anwenden kann, wurde früher in diesem Kapitel erörtert.

Die dritte Komponente besteht darin, daß man das Entwicklungspotential der ermittelten Tätigkeiten bewertet. Welche Herausforderungen bieten sie? Was kann man daraus lernen? Wie groß ist das Risiko für die Organisation, wenn sie diese Entwicklungsmöglichkeiten nutzt? Diese Art von Informationen ist unerläßlich, wenn man vor konkreten Personalentscheidungen steht.

Schließlich ist es von wesentlicher Bedeutung, daß man irgendeine Methode entwickelt, um diese Schlüsseltätigkeiten im Laufe der Zeit regelmäßig neu zu bewerten. Durch einen Wechsel der Vorgesetzten oder eine Veränderung in der personellen oder geschäftlichen Situation kann eine wichtige Erfahrung belanglos werden oder umgekehrt. Zweifellos sollte jeder Arbeitsplatz neu bewertet werden, bevor man eine entwicklungsorientierte Personalentscheidung trifft. Das erfordert zwei grundsätzliche Vorgehensweisen: Zum einen braucht man ein System, das einen Überblick über die ermittelten Lernmöglichkeiten gibt und das man für die Karriereplanung und für Beurteilungszwecke nutzen kann; zum anderen braucht man ein System, mit dem man diese Aufstellung nochmals überprüfen kann, wenn ein wichtiger Manager tatsächlich versetzt werden soll.

Wenn all das erledigt ist, steht man vor zwei weiteren kniffligen Aufgaben. Die eine ist die Kontrolle dieser entwicklungsrelevanten Tätigkeiten, was zum Beispiel bedeuten könnte, daß das „Unternehmenskapital" an bestimmten Tätigkeiten und Mitarbeitern systematisch erfaßt und verwaltet. Damit verbunden ist die zweite Frage, nämlich wie man diese Schlüsseltätigkeiten für Entwicklungszwecke offenhält. Das kann mitunter ernsthafte Probleme bereiten, vor allem wenn eine Schlüsselposition von einem soliden, aber stagnierenden Manager „blockiert" wird.[6] Wenn der Entwicklungsgrundsatz nicht nur auf hochbegabte, sondern auf alle Führungskräfte angewendet wird, fin-

☐ vorhandene Tätigkeiten unternehmensweit ermitteln

- Startaktionen
- Reorganisationen
- Projekt-/Arbeitsgruppen     oder     • maßgeschneiderte Liste für
- Erweiterungen des                    die Organisation
  Aufgabenumfangs
- Stab

☐ unterrepräsentierte Erfahrungsarten neu schaffen oder ausbauen

☐ das Entwicklungspotential der Schlüsseltätigkeiten bewerten

- Welche Herausforderungen bieten sie
- Was lernt man daraus
- Wie hoch ist das Risiko für die Organisation

☐ Mechanismen für eine kontinuierliche Aktualisierung, vor allem Systeme, die ein schnelles Reagieren bei Stellenbesetzungen ermöglichen

☐ entscheiden, wie Schlüsselpositionen kontrolliert werden sollen

☐ Methoden, um blockierte Schlüsselpositionen frei zu machen

**Abbildung 6.3:** *Checkliste für die Ermittlung von entwicklungsfördernden Tätigkeiten*

det man vielleicht auch für solche Stelleninhaber mehr praktikable und annehmbare Veränderungsmöglichkeiten. Abbildung 6.3 präsentiert eine Checkliste für die Ermittlung entwicklungsfördernder Tätigkeiten.

### Wie man einen Talentpool schafft

In einem früheren Abschnitt dieses Kapitels haben wir einige allgemeine Prinzipien beschrieben, die für die Schaffung eines Talentpools von Bedeutung sind: Gründliches Nachforschen, ein erweiterter Blick, das Anwenden gleicher Kriterien, häufiges Neubewerten und eine unternehmensweite Perspektive. Die praktische Umsetzung dieser Grundsätze gestaltet sich mitunter schwierig, auch wenn man theoretisch von ihrem Wert überzeugt ist. Wenn es an die Praxis geht, scheint es wieder mal keinerlei klare Regeln zu geben. Das Problem fängt damit an, daß es keine allgemeingültigen Kriterien für die Bewertung des Führungspotenials gibt. Obwohl tatsächlich jede nur erdenkliche Eigenschaft von Führungskräften und Managern zu irgendeinem Zeitpunkt untersucht wurde, lassen die Ergebnisse dieser Bemühungen viel Raum für Spekulationen.[7] Bislang ist es der Wissenschaft nicht gelungen, sich auf zehn oder zwanzig oder hundert Faktoren zu einigen, die in direkter und eindeutiger Beziehung zu einem effektiven Führungsverhalten stehen. (Tatsächlich besteht erhebliche Uneinigkeit in der Frage, was effektive Führung überhaupt ist, ganz zu schweigen von der Frage, wodurch sie „verursacht" wird.) Einig sind sich die Forscher bis jetzt nur über den situationsabhängigen Charakter der Führung, was bedeutet, daß unterschiedliche Situationen unterschiedliche Eigenschaften und Fähigkeiten erfordern. Das ist keine Überraschung für Manager und Führungskräfte, aber es ist auch keine Lösung. Es erklärt vielleicht, warum sich lokal herangezüchtete Talentpools (zum Beispiel innerhalb von einzelnen Sparten oder funktionalen Bereichen) so stark voneinander unterscheiden, was jedoch lediglich unterstreicht, wie wichtig eine erweiterte Perspektive ist, wenn man die begabtesten Kräfte für Führungspositionen ermitteln will.

Aber auch wenn wichtige Informationen fehlen, muß man *irgend etwas* tun. In diesem Zusammenhang gibt es zwei Hauptaufgaben: Man muß die Kriterien festlegen, die man anwenden will, und eine Anwendungsmethode entwickeln. Wenn die Ermittlung potentieller Führungskräfte nach einem gerechten Urteil verlangt, dann ist die Frage, wer der Richter sein soll, von nicht geringer Bedeutung. Der einzelne Vorgesetzte ist in seine spezifische Situation eingebunden und darauf konzentriert, daß „die Arbeit erledigt" wird; er ist also schwerlich in der Lage, objektive Urteile darüber zu fällen, wie das Führungspotential des einzelnen sich in der Zukunft und in einem völlig anderen Kontext entwickeln wird. Logischerweise sollte man also irgendeine andere Methode finden.

Der vielleicht beste Ansatz für die Bewertung des Führungspotentials auf unterer und mittlerer Managementebene ist das Assessment Center. Weil das Assessment Center standardisierte Tests, gemeinsame Kriterien und viele unterschiedliche Bewerter (häufig hochrangige Führungskräfte) bietet, ist es für die verschiedensten Unternehmen und Funktionen geeignet und kann den künftigen Erfolg recht zuverlässig voraussagen.[8] Die enormen Kosten für Assessment Center haben einige Firmen veranlaßt, standardisierte Testverfahren zu entwickeln, die sich in einigen Fällen als genauso wirkungsvoll erwiesen haben.[9]

Aber die bei weitem häufigste Methode in Unternehmen, die sich nicht auf das Urteil einzelner Vorgesetzter verlassen wollen, ist die Bewertung durch spezielle Ausschüsse.[10] Kleine Gruppen von Managern und Führungskräften, normalerweise unterstützt von der Personalabteilung, schätzen das Führungspotential in den ihnen unterstellten Einheiten ein. In der Regel versammeln sich diese Ausschüsse auf strategischen Ebenen der Hierarchie und geben die Ergebnisse für eine abschließende Beurteilung an die oberste Führungsebene weiter. Diese Methode kostet sehr viel Zeit, bietet aber die Möglichkeit, einen kurzfristigen Nachfolgeplan und einen langfristigen Entwicklungsplan für die Schlüsselpositionen im Unternehmen aufzustellen. In Firmen, die dieses Verfahren ernsthaft betreiben, ist es keine Seltenheit, daß mehr als 200 vielversprechende Manager von solchen Führungsausschüssen unter die Lupe genommen werden. Meist ist es gängige Praxis, das Verfahren einmal jährlich zu wiederholen und die Fortschritte und Entwicklungspläne der auserkorenen Nachwuchsmanager streng zu überwachen (normalerweise durch die Personalabteilung).

Es bleibt eine bohrende Frage, welche Kriterien man anwenden sollte, auch wenn man ausgeklügelte Methoden benutzt. Sogar ein Führungsausschuß hat nur Daten über die individuellen Leistungen in einer gegebenen Situation, und wie wir bereits ausgeführt haben, sagen solche Informationen oft nichts über künftige Leistungen in einem anderen Kontext aus. Tatsächlich ist eine bislang ungebrochene Erfolgsbilanz *kein* Indiz dafür, daß eine Führungskraft auch künftig erfolgreich sein wird.[11] Solange die Wissenschaft keinen definitiven und allgemein anwendbaren Kriterienkatalog für den Führungserfolg aufgestellt hat, halten wir die in diesem Buch beschriebenen Lehren der Erfahrung für einen vernünftigen Ausgangspunkt. Zu dem Bündel von Kenntnissen und Fertigkeiten, die wir in den vorangehenden Kapiteln ausführlich erörtert haben, gehören:

- die Fähigkeit, einen realistischen Aktionsplan aufzustellen, der über die Grenzen der aktuellen Tätigkeit hinausreicht (zum Beispiel die Entwicklungsmöglichkeiten in der nächsten Stufe miteinbezieht)
- die Fähigkeit, unterschiedliche Beziehungen zu handhaben, zum Beispiel zu unterschiedlichen Vorgesetzten, Untergebenen, Kunden, Spezialisten usw.
- die Fähigkeit, sich den Gegebenheiten der Führungswelt anzupassen und Mehrdeutigkeit, Druck, Streß und Fehler zu akzeptieren

- die Demonstration von Werthaltungen, die mit den Ansprüchen der Organisation an die Integrität von Führungskräften und an die Behandlung anderer Menschen übereinstimmen
- erwiesene Selbsterkenntnis, die darin zum Ausdruck kommt, daß der einzelne sich seiner Stärken und Schwächen bewußt ist und aus Erfahrungen lernen kann.

Es könnte sinnvoll sein, nicht nur die Tugenden zu messen, sondern auch zu untersuchen, ob die Gefahr des Scheiterns besteht. Die zehn Faktoren, die in Abbildung 6.4 (siehe Seite 196) aufgeführt sind, wurden als Ursachen für ein späteres Scheitern talentierter Manager genannt und lassen sich vielleicht frühzeitig aufdecken.

Unserer Ansicht nach liegt der Schlüssel zur erfolgreichen Anwendung dieser oder anderer Kriterien[12] darin, daß man den Kontext berücksichtigt. Ein Manager kann eine Begabung nur dann unter Beweis stellen, wenn seine Tätigkeit es erfordert. Die Fähigkeit, einen durchführbaren und strategischen Aktionsplan zu entwickeln, wird nur auf die Probe gestellt, wenn der Manager so viel Verantwortung und Spielraum hat, daß er eine bestimmte Richtung festlegen kann. Persönliche Wertvorstellungen zeigen sich erst, wenn ein Problem zu einer Handlungsweise zwingt, die mit bestimmten Wertvorstellungen übereinstimmt oder von ihnen abweicht. Ob eine Führungskraft mit Mehrdeutigkeit umgehen kann, ist in eindeutigen Arbeitssituationen schwer zu bewerten. Wie jemand auf Fehler reagiert, wird man erst wissen, wenn die Person einen Fehler macht. Unserer Ansicht nach muß sich eine Bewertung des Potentials auf die Anforderungen der spezifischen Tätigkeiten und Aufgaben stützen, die der Manager im Laufe der Zeit übernimmt. Man könnte auch sagen, man muß der Erfahrung auf der Spur bleiben.

Wir haben während unserer Studie festgestellt, daß Personalakten über berufliche Werdegänge in dieser Hinsicht alles andere als hilfreich waren. Sogar die detailliertesten Unterlagen enthielten wenig mehr als Arbeitsplatzbezeichnungen und Daten über die Dauer der Tätigkeit. Aus den Aufzeichnungen über eine zwanzigjährige Laufbahn, die zehn bis fünfzehn Tätigkeiten umfaßt hatte, war nicht ersichtlich, mit welchen Herausforderungen der Manager konfrontiert worden war, geschweige denn, was er aus all diesen Erfahrungen gelernt hatte. Unternehmensunterlagen über hochbegabte Manager sollten zumindest

1. Speziele Leistungsprobleme in geschäftlicher Hinsicht

Manchmal zeichnen sich bestimmte Leistungsschwächen ab, die dazu führen, daß ein Manager keine Gewinne mehr macht, träge wird oder zeigt, daß er bestimmte Arbeiten nicht bewältigen kann (normalerweise neue Unternehmungen oder Tätigkeiten, bei denen viel Überzeugungsarbeit erforderlich ist). Noch wichtiger ist, ob der Manager das Problem leugnet, es unter den Teppich kehrt oder anderen in die Schuhe schiebt. Ein solches Verhalten zeigt, daß er nicht veränderungsfähig ist.

2. Unsensibilität für andere: ein schroffer, einschüchternder, tyrannischer Stil

Unsensibilität für andere war die häufigste Ursache, wenn ein Manager scheiterte. Diese Schwäche zeigt sich besonders deutlich, wenn Führungskräfte unter Streß stehen.

3. Kalt, distanziert, arrogant

Einige Manager sind so brillant, daß sie arrogant werden und andere mit ihrem Wissen beschämen. Eine typische Beschreibung solcher Führungskräfte lautete: „Er gab anderen Leuten das Gefühl, dumm zu sein … er hörte nie zu, hatte alle Antworten parat, behandelte dich wie Luft, außer du warst genauso brillant."

4. Vertrauensmißbrauch

In einem unglaublich komplexen und verwirrenden Job ist Vertrauen eine absolute Notwendigkeit. Einige Manager begehen die vielleicht einzig unverzeihliche Sünde im Management – sie mißbrauchen das Vertrauen anderer. Das hat selten irgend etwas mit Ehrlichkeit zu tun (die in nahezu allen Fällen eine Selbstverständlichkeit war); ein solches Verhalten, das sich verheerend auf die Effizienz einer Organisation auswirkt, hängt eher damit zusammen, daß jemand seine Überlegenheit demonstrieren will oder nicht in der Lage ist, gegebene Versprechen einzuhalten.

5. Übermanagement: Die Unfähigkeit, zu delegieren oder ein Team aufzubauen

Von einem gewissen Punkt an hören Manager auf, die Arbeit selbst zu tun, und werden zu Führungskräften, die dafür sorgen, daß die Arbeit getan wird. Manche schaffen diesen Übergang nie; sie lernen nicht, wie man delegiert oder wie man ein Mitarbeiterteam aufbaut. Obwohl Übermanagement auf allen Ebenen lästig ist, kann es auf höheren Führungsebenen tödlich sein, weil die Untergebenen ein anderes Kaliber haben.

6. Übertriebener Ehrgeiz: Politische Taktiker, die nur an die nächste Beförderung denken

Manche Manager sind, wie Cassius, allzu ehrgeizig. Sie scheinen pausenlos an ihren nächsten Karrieresprung zu denken, verletzen andere in ihrer blinden Hast und verwenden zu viel Zeit auf den Versuch, dem oberen Management zu gefallen.

7. Die falschen Leute auswählen

Einige Manager verstehen sich gut mit ihren Mitarbeitern, stellen jedoch grundsätzlich die falschen Leute ein – sie suchen Mitarbeiter aus, die ihnen selbst ähnlich sind, zum Beispiel technische Spezialisten, oder wählen Leute, die später scheitern.

8. Unfähigkeit, strategisch zu denken

Manche Manager vertiefen sich in Details oder verstricken sich in technische Probleme und verlieren dadurch den größeren Überblick. Es gelingt ihnen einfach nicht, den Übergang vom Macher zum Planer zu vollziehen.

9. Das Unvermögen, sich einem anderen Führungsstil anzupassen

Mangelnde Anpassungsfähigkeit kommt als Stilkonflikt mit einem neuen Chef zum Ausdruck. Obwohl erfolgreiche Führungskräfte dasselbe Problem haben, graben sie deswegen nicht das Kriegsbeil aus, bekämpfen Probleme mit Fakten und lassen die Sache nicht persönlich werden.

10. Zu große Abhängigkeit von einem Mentor oder Ratgeber

Manchmal bleiben Manager zu lange bei einem einzelnen Ratgeber oder Mentor. Wenn der Mentor in Ungnade fällt, teilen sie sein Los. Sogar wenn der Mentor an der Macht bleibt, zweifelt man an der Fähigkeit des Managers, eigenständige Entscheidungen zu treffen. Kann er allein stehen, oder braucht er den Mentor als Stütze?

Auszug aus M.W. McCall u. M.M. Lombardo, *Off the Track: Why and How Successful Executives Get Derailed*, Technical Report No. 21 (Greensboro, N.C.: Center for Creative Leadership, Januar 1983).

**Abbildung 6.4:** *Zehn fatale Fehler*

Informationen über die wichtigsten Anforderungen der einzelnen Aufgaben enthalten. Im Idealfall würden die Akten auch Aufschluß darüber geben, wie gut ein Manager diese Kernanforderungen bewältigt und wie er sich weiterentwickelt hat. In gewisser Weise sind die Aufgaben, die ein Manager in Angriff nimmt, ein lebendes Assessment Center. Jährliche Leistungsbeurteilungen, die normalerweise ergebnisorientiert sind, sagen wenig darüber aus, was jemand gelernt hat und noch weniger darüber, welche Lernerfahrungen sich im Laufe einer Karriere angesammelt haben.

Auch wenn der Schwerpunkt dieses Buches auf der Entwicklungsthematik liegt, ist die Ermittlung eines Talentpools offenkundig eine Frage der *Auswahl.* Dasselbe gilt, wenn man einen bestimmten Mitarbeiter mit einer speziellen Aufgabe betrauen will. Mit anderen Worten: Ein wirkungsvolles Entwicklungssystem muß genauestens mit Nachfolge- und Stellenbesetzungsplänen koordiniert sein. Allzuhäufig sind Nachfolge und Entwicklung auf völlig verschiedene Bereiche der Organisation verteilt und werden unabhängig voneinander behandelt. Nützlicher sind unserer Ansicht nach Nachfolgepläne, die sich gezielt mit konkreten Entwicklungsbedürfnissen auseinandersetzen (ebenso wie mit erworbenen Qualifikationen) und die bei Personalentscheidungen sowohl Entwicklungsstrategien als auch Unternehmensbedürfnisse berücksichtigen. Wenn Nachfolge und Entwicklung nicht aufs engste miteinander verknüpft sind, wird das Auslese- und nicht das Entwicklungsprinzip über das Führungspotential bestimmen.

Eine nahezu unvermeidliche Folge der Begabtenförderung (ob in Schulen oder Unternehmen) ist offenbar ein elitäres Denken, mit dem man sich in irgendeiner Form auseinandersetzen muß. Der Ausschluß aus einer Elitegruppe kann sich negativ auf die Moral und Motivation von soliden Mitarbeitern auswirken. Die Auserkorenen erhalten unter Umständen die besseren Stellen, mehr Aufmerksamkeit, höhere Gehälter und ähnliches. So wird vielleicht ein hochqualifizierter solider Manager bei einer Beförderung übergangen, weil man einem unerfahrenen, aber hoffnungsvollen Talent eine Entwicklungsmöglichkeit geben möchte. Um solche Auswirkungen zu vermeiden, halten viele Firmen ihre Talentlisten geheim, sogar vor den auserwählten Kandidaten selbst. Ob diese Zurückhaltung irgendeinen Nutzen bringt, ist schwer zu sagen, weil kluge Beobachter wahrscheinlich trotzdem herausfinden, wie der Hase läuft. Im schlimmsten Fall könnten die hoffnungsvollsten Nachwuchskräfte, die nicht wissen, daß man sie für solche hält, die „geheimen" Förderintentionen mißverstehen und eine neue

Aufgabe als Abschiebung oder Zurückstufung auffassen. Ob man Talentlisten geheimhalten sollte oder nicht ist ähnlich umstritten wie die Frage, ob man offen über sein Gehalt plaudern sollte. Auch wenn manche es für verrückt halten mögen – wir plädieren für Offenheit. Zumindest sollten die „Hopos" (die Manager mit hohem Potential), wissen, warum man sie für begabt hält, was von ihnen erwartet wird und aus welchen Gründen man ihnen bestimmte Aufgaben überträgt.

Es ist wahrscheinlich unvermeidlich, daß eine systematische Begabtenförderung auch negative Auswirkungen hat. Eine Methode, um damit umzugehen, ist ein starkes Entwicklungsprogramm für alle Mitarbeiter (oder zumindest für alle Führungskräfte). Die Hopos bilden einen relativ kleinen (wenn auch wichtigen) Teil der Führungsbevölkerung. Sie sind keineswegs die einzigen, die sich entwickeln und entfalten können. Eine Methode, um blockierte Positionen freizumachen und Fähigkeiten zu fördern besteht darin, daß man auch soliden Managern aufregende Möglichkeiten bietet. In Abbildung 6.5 ist eine Checkliste für die Schaffung eines Talentpools wiedergegeben.

---

☐ Entwicklung von akzeptablen und organisationsspezifischen Kriterien
  • beziehen sich auf Führungsbegabungen, nicht auf derzeitige Ergebnisse
  • werden über alle Geschäftsbereiche, Funktionen etc. hinweg angewendet

☐ Die Beurteilung von Managern mit hohem Potenital ist nicht einzelnen Vorgesetzten überlassen

☐ Manager mit hohem Potential werden einmal jährlich von höchster Ebene überprüft

☐ Berufliche Werdegänge werden dokumentiert; die Dokumentation gibt Aufschluß über die wichtigsten Herausforderungen jeder Aufgabe und die erzielten Lernerfolge

☐ Nachfolge- und Entwicklungssysteme sind auf engste miteinander verknüpft

☐ Unterschiedliche Interpretationen von „Breite" abklären (zum Beispiel bei Stab und Linie)

**Abbildung 6.5:** *Checkliste für die Schaffung eines Talentpools*

Selbst der streitsüchtigste Führungsausschuß wird sich auf das Prinzip einigen, daß die Manager mehr „Breite" brauchen, daß sie ihren Horizont erweitern und mehr Erfahrungen in anderen Bereichen sammeln sollten. Aber unter diesem oberflächlichen Konsens verbirgt sich eine ernste Meinungsverschiedenheit. Während der Unternehmensstab unter dem Erwerben breiter Kenntnisse häufig versteht, daß ein Manager Unternehmensgrenzen überschreitet, aber in derselben Funktion bleibt, verstehen Linienmanager darunter eher kurze Abstecher in unterschiedliche Funktionen oder Abteilungen, wie zum Beispiel Produktion oder Marketing, aber innerhalb desselben Unternehmens. Wenn die Diskussion bei der Frage anlangt, ob Linienmanager die Grenzen von Geschäftsfeldern überschreiten oder ob Stabsmanager Linienerfahrungen sammeln sollten, kann es mitunter recht hitzig zugehen. Um den Streit zu schlichten, einigt man sich manchmal auf ein Rotationssystem, in der Hoffnung, daß die reine Masse der Eindrücke einige dauerhafte Auswirkungen haben wird.

Daß Spitzenmanager über breite Kenntnisse verfügen, ist von wesentlicher Bedeutung. Wir halten es jedoch für keine gute Lösung, wenn man zu diesem Zweck ein Rotationssystem mit schnell wechselnden Aufgaben einrichtet oder die Manager auf höheren Führungsebenen wahllos hin- und herschiebt. Man sollte diese Frage vielmehr als ernsthaften Bestandteil der Unternehmensstrategie behandeln. Was sind die angestrebten Ziele des Unternehmens und welche Erfahrungen bereiten künftige Führungskräfte am besten darauf vor, in diesem spezifischen Umfeld zu arbeiten? Wenn das Überschreiten von Geschäftsfeldern notwendig ist, damit man bestimmte Erfahrungen erwirbt, erübrigt sich jede weitere Diskussion. Wenn man für bestimmte Stabsfunktionen spezifische Linienerfahrungen braucht, ist die einzige Frage, wie und wo man diese Kenntnisse erwirbt. Manchmal müssen die besonderen Stärken von mehreren Unternehmen für eine künftige Strategie kombiniert werden.

Der Punkt ist, daß es einen *Grund* für radikale Wechsel und Veränderungen geben muß, und daß dieser Grund einen Bezug zu den Unternehmenszielen haben sollte. Es ist durchaus möglich, daß ein Manager eine zu breite Perspektive entwickelt – wenn er so häufig wechselt, daß er von nahezu allen Dingen nur oberflächliche Kennt-

☐ Unterschiedliche Interpretationen von „Breite" abklären (zum Beispiel bei Stab und Linie)

☐ Es wird deutlich zum Ausdruck gebracht, welchen Bezug grenzüberschreitende Versetzungen zur Unternehmensstrategie haben

☐ Der einzelne Manager kennt die Gründe für eine bestimmte grenzüberschreitende Versetzung

**Abbildung 6.6:** *Checkliste für das Problem „Breite versus Tiefe"*

nisse hat. Häufiger ist allerdings, daß Führungskräfte die Spitze mit einer gewissen Kurzsichtigkeit erreichen, weil sie zu lange in einem einzigen Unternehmen oder derselben Funktion tätig waren. Die Antwort auf „Wieviel Breite ist genug?" lautet „Wieviel Breite ist notwendig?" Wie gesagt – die entscheidende Frage für die individuelle Entwicklung ist: „Was kann die Führungskraft aus dieser Erfahrung lernen, das zum Erreichen der Unternehmensziele beiträgt?" Keine Karriere ist lang genug, als daß ein Topmanager praktische Erfahrungen in jedem wichtigen Bereich eines Riesenunternehmens sammeln könnte. Und damit wären wir wieder beim Ausgangspunkt. Eine Organisation, die ihre Ziele nicht kennt, wird es höllisch schwer haben, Talente zu entwickeln, die sie dorthin führen können. (Vgl. Abbildung 6.6.)

### Die Verantwortung für den Entwicklungsprozeß

Es ist *mein* Job, meine Leute zu fördern, nicht der irgendeiner Stabsgruppe. Man kann sich hinter der Personalabteilung verstecken – einige Manager benutzen sie, um sich vor ihrer eigenen Verantwortung zu drücken.

Ein hoher Linienmanager

Ein Defizit. Der Dollarkurs. Internationaler Wettbewerb. Die Handelsbilanz. Die Gefahr, von feindseligen Unternehmen geschluckt zu werden. Schlechte Produktqualität – die Liste der wichtigsten Probleme, die die Aufmerksamkeit des Topmanagement erfordert, ist in der Tat eindrucksvoll. Steuern, Zinsraten, Rohstoffe und Lohnkosten, Marktanteile, neue Technologien, überholte Fachkenntnisse ... und so weiter und so weiter. Es ist leicht gesagt, daß die Entwicklung zu den unmittelbaren Aufgaben eines Unternehmens gehört, aber wie realistisch ist die Erwartung, daß die Führungsförderung die notwendige Aufmerksamkeit vom Linienmanagement erhält? Sehr realistisch ist es wohl nicht. Die uns bekannten Unternehmen, die eine effektive Weiterbildung betreiben, haben häufig eine starke, fähige Personalabteilung, die gut mit der Linie zusammenarbeitet. Es gibt Unterschiede im Aufbau der Funktion – dezentral oder zentral, Auswahlprinzip versus Weiterbildungsprinzip, variierende Zahlen und Bezeichnungen – aber wenig Unterschiede im Einfluß und in der Kompetenz.

Es ist immer riskant, Rezepte zu geben, aber unsere Erfahrung und die Berichte der Topmanager über ihre eigene Entwicklung sprechen sehr stark für einige Parameter.

1. Die Verantwortung für die systematische Entwicklung von Führungskräften *muß* bei Linien- und Funktionsmanagern liegen und insbesondere bei der Gruppe der Topmanager.[13] Nur sie können der Entwicklung Priorität einräumen und diese Priorität aufrecherhalten; nur sie können eine Unternehmenskultur schaffen, die zum Lernen ermutigt.

2. Auch wenn das Management klare Prioritäten setzt und einen erheblichen Teil seiner Zeit für die Entwicklung aufwendet, spielt die Personalabteilung eine wichtige Rolle. Das wurde sehr schön von dem Führungsausschuß einer Firma formuliert, die wir kürzlich untersuchten. Die Ausschußmitglieder erläuterten, was sie von ihren Personalexperten erwarteten. Ihre Vorstellungen von der Arbeit dieser Mitarbeiter lassen sich folgendermaßen zusammenfassen: Die Personalfachleute sollen

- aussagekräftige Daten liefern, damit die Manager die Entwicklung planen und gute Entscheidungen treffen können;
- als Gewissen fungieren, und immer wieder überprüfen, ob die Manager ihre Arbeit tun und ob sie sie gut tun;
- Ideen produzieren und Verbesserungsvorschläge machen;
- überreden, schmeicheln, anstupsen und nörgeln: kurzum – dafür sorgen, daß etwas geschieht; und
- dabei helfen, die Vision und Strategie für ein solides Entwicklungssystem in der Organisation zu entwickeln und aufrechtzuerhalten.

Am besten läßt sich die Rolle der Personalexperten vielleicht mit der des Finanzstabs in einer effizienten Organisation vergleichen. Sie agieren als Partner, die ihre Sachkenntnis im Einklang mit den Entscheidungsträgern der Linie anwenden.

Dieser Ansatz umfaßt einige Implikationen, angefangen mit den wünschenswerten „Qualifikationen", die Personalfachleute mitbringen sollten. Dazu gehören die herkömmlichen Zeugnisse und Referenzen für das Spezialgebiet Personal, aber die wichtigste Voraussetzung ist eine schwer faßbare Eigenschaft – Glaubwürdigkeit. Wer erfolgreich mit dem Topmanagement zusammenarbeiten und es überzeugen will, muß glaubwürdig sein, wie viele der von uns interviewten Führungskräfte durch bittere Erfahrungen gelernt haben. Worauf beruht die Glaubwürdigkeit eines Personalmitarbeiters, wenn nicht auf reinen Fachkenntnissen? Glaubwürdigkeit bedeutet, daß man etwas vom Geschäft und von den Menschen versteht. Wie sonst könnte ein Personalexperte bestimmte Aufgaben empfehlen, die die Entwicklung fördern? Wie sonst könnte er an der Beurteilung eines hochbegabten Managers teilnehmen? Die Führungskräfte, die wir untersucht haben, wiesen immer wieder auf den Wert praktischer Lernerfahrungen und geschäftlicher Kenntnisse hin. Dasselbe gilt für Personalfachleute, die mit der Förderung des Führungspotentials betraut sind. Das ist keine theoretische oder abstrakte Sache. Vielleicht findet man deshalb in vielen entwicklungsorientierten Unternehmen Personalfachleute, die einige Erfahrungen mit Linienaufgaben haben, die Linienmanagern unterstellt sind (mit fließenden Übergängen zum Unternehmensstab) und über unterschiedliche Geschäftsbereiche verteilt sind.

Aber das ist noch nicht alles. Das obere Management trägt die Verantwortung dafür, daß qualifizierte Personalfachleute die notwendigen Handlungsspielräume erhalten. Es muß nicht nur Prioritäten setzen und Zeit für die Entwicklung aufwenden, sondern seinem Engagement auch den nötigen Nachdruck verleihen. (Vgl. Abbildung 6.7 [siehe Seite 204]). Das kann in der Unternehmenswelt auf vielfältigste Form geschehen, aber wir sind auf folgende Beispiele gestoßen:
- 25 Prozent der Bonuszahlungen an Manager sind direkt mit dem Erreichen von Entwicklungszielen verknüpft;
- die Ernennung eines leitenden Personaldirektors, der dem Vorstand angehört;
- die regelmäßige Teilnahme von Personalfachleuten an Managementsitzungen, in denen über Nachfolge und Stellenbesetzungen entschieden wird.

☐ Die grundsätzliche Verantwortung für die Entwicklung liegt bei hohen Linienmanagern, die dieser Aufgabe einen erheblichen Teil ihrer Zeit widmen

☐ Personalmitarbeiter sind glaubwürdig, haben umfassende Kenntnisse vom Geschäft, von den Arbeitsplätzen und den Mitarbeitern

☐ Personalmitarbeiter agieren als Partner, liefern Informationen, fungieren als Gewissen und treiben den Prozeß voran

☐ Das Linienmanagement verleiht seinem Engagement für die Entwicklung den nötigen Nachdruck

**Abbildung 6.7:** *Checkliste für die Entwicklungsverantwortung*

### Wie man Menschen hilft, aus Erfahrungen zu lernen

Auch wenn jeder Mensch letzten Endes selbst für seine Entwicklung verantwortlich ist (siehe Kapitel 5), gibt es vieles, was eine Organisation – direkt und indirekt – tun kann, um den Lernprozeß zu erleichtern. Die Liste ist zweifellos sehr lang, und wir können an dieser Stelle nur einige Aspekte streifen, wie zum Beispiel die entscheidende erste Führungsstellung, die Frage des richtigen Timing, Hilfe bei kritischen Übergängen, Fehlerkorrekturen und schließlich die Rolle der unmittelbaren Vorgesetzten.

*Hilfe bei der ersten Führungstätigkeit.* Viele der von uns befragten Manager konnten sich auch nach 25 Jahren noch sehr lebhaft an ihre erste Führungstätigkeit erinnern. Die Herausforderung dieser Tätigkeit bestand darin, daß die künftigen Manager zum ersten Mal andere Menschen führten, und viele gelangten zu der einfachen, aber grundlegenden Erkenntnis, daß für Führungsentscheidungen andere Kriterien galten als für technische Entscheidungen. Wie ein kampferprobter Manager es ausdrückte:

> Ich erlebe oft, daß wir junge Leute entlassen müssen, weil sie einfach nicht begreifen, daß Management etwas anderes ist als Spezialistentum. Sie treffen die Entscheidung, die in technischer Hinsicht die beste ist, und damit basta. Sie versuchen nicht, andere zu überzeugen, und sie sind nicht in der Lage, sich in andere einzufühlen.

204

Vor kurzem haben wir eine Bohrinsel in China eingerichtet, und die Chinesen wollten außer ihrem technischen Personal 73 Beobachter dabeihaben. Nun ist der Platz auf solchen Bohrinseln nicht gerade üppig bemessen, aber das ist eben die Methode, nach der man in China am liebsten lernt. Der junge Mann, der die Sache leitete, sagte: „Kein Problem, geht in Ordnung", aber ich kenne eine Menge Leute, die diese Bitte abgeschlagen hätten – zum Nachteil aller Beteiligten.

Dieser Manager spricht einen sehr wichtigen Aspekt an, nämliche den grundsätzlichen psychologischen Übergang vom Spezialisten zum Manager. Wenn diese Lektion nicht schnell gelernt wird, ist ein späteres Scheitern der Führungskraft sehr wahrscheinlich. Viele Organisationen überlassen es dem Zufall, was junge Manager aus ihrer ersten Führungserfahrung lernen, aber sie ist ein kritischer Wendepunkt, an dem junge Menschen oft Hilfe brauchen. Keiner der von uns befragten Manager beschrieb ein Führungsseminar als wichtig für diesen Lernprozeß, aber *fast alle* fühlten sich einem Vorgesetzten verpflichtet, der sich die Zeit genommen hatte, ihnen zu helfen.

Wir gehen später noch gesondert auf die Rolle der Vorgesetzten ein, aber die entscheidende Erkenntnis ist, daß diese Veränderung vom Spezialisten zum Manager offenbar schwer wiegt, daß sie bei der Entwicklungsplanung besondere Aufmerksamkeit verdient. Die Auswahl der ersten Aufgabe, der begleitende Vorgesetzte und gezielte Interventionen können einen hochbegabten Führungsfrischling ungeheuer beeinflussen.

*Hilfe durch richtiges Timing.* Zu den indirekten Methoden der Entwicklungssteuerung gehört ein gutes und sorgfältiges Timing von Interventionen und Stellenwechseln. Damit meinen wir, daß man sich aktiv mit bestimmten Aufgaben in der Karriere von hochbegabten Führungskräften beschäftigt und überlegt, wie man das Lernen maximieren kann. So verbringen zum Beispiel junge Managementtalente in der Regel viel Zeit im Kerngeschäft. Das kann sich als problematisch erweisen, weil das Lernen in die Tiefe das Lernen in die Breite behindern kann. Projekte, Wechsel von Linie zu Stab und kleinere Erweiterungen des Aufgabenumfangs sind exzellente Mittel, um dem Manager Erfahrungen auf anderen Gebieten und neue Herausforderungen zu bieten, ohne ihn zu früh aus dem Kernbereich zu entfernen.

In jeder Karriere gibt es Flauten, Phasen, in denen keine neuen Herausforderungen zur Verfügung stehen. Wir empfehlen, diese Lücken energisch zu stopfen – zum Beispiel durch eine Projektaufgabe zusätzlich zur momentanen Tätigkeit.

Wie lange eine Person auf einem bestimmten Arbeitsplatz bleiben sollte, ist in Organisationen eine heiß diskutierte Streitfrage, um die sich viele Legenden spinnen. Das eine Extrem ist, daß man die Person noch lange nach jedem möglichen Lerngewinn in einer Position beläßt; das andere Extrem ist, daß man die Leute von wichtigen Arbeitsplätzen abzieht, bevor irgendeine nennenswerte Entwicklung stattfinden konnte. Um eine sehr anspruchsvolle Aufgabe zu meistern (wie zum Beispiel die in Kapitel 2 beschriebenen größeren Reorganisationen oder Erweiterungen des Aufgabenbereichs), braucht man etwa drei Jahre, weil das Lernen aus praktischen Erfahrungen über mehrere unterschiedliche Stufen erfolgt. Wie Gabarro gezeigt hat, nehmen Manager zuerst jene Probleme in Angriff, die sie am besten kennen (das heißt, Marketingleute arbeiten an Marketingproblemen), und wenden ihre Aufmerksamkeit erst später den neuen Aspekten der Aufgabe zu.[14] Dann folgt eine zweite Welle der Aktivität, wenn Probleme, die nicht sofort offensichtlich waren, an die Oberfläche kommen. Schließlich kommen die Phasen der Konsolidierung und Vervollkommnung. Viele Führungskräfte, mit denen wir sprachen, haben das intuitiv erkannt. „Als ich gerade herausgefunden hatte, um welche Probleme es eigentlich ging, wurde ich versetzt", berichtete ein Manager. Ein anderer erklärte: „Ich hatte immer genug Zeit, um einem Unternehmen wieder auf die Beine zu helfen, aber nie genug Zeit, um es richtig zum Laufen zu bringen."

Manche Firmen haben so rasante Wachstumsraten, daß die Manager glauben: „Entweder du kriegst alle achtzehn Monaten etwas Neues oder du hast die Erfolgsbahn verlassen." Schnelle Versetzungen von Mitarbeitern mögen mitunter notwendig sein, aber sie verursachen erhebliche Entwicklungskosten. Die von Gabarro untersuchten Manager durchliefen eine Phase der Neuorientierung, wenn die Tätigkeit länger als achtzehn Monate dauerte, und machten in dieser Phase tiefere Lernerfahrungen als während der ersten Welle.

Zusammenfassend kann man sagen, daß viele junge Manager nie die Gelegenheit erhalten, eine Arbeit wirklich abzuschließen, geschweige denn das daraus Gelernte zu festigen und zu vervollkommnen. Damit eine bedeutungsvolle Entwicklung stattfinden kann, ist es wichtig, daß die Person nicht nur einen kurzen Einblick in eine Tätigkeit erhält, sondern die Aufgabe wirklich zu Ende führen und innerlich verarbeiten kann.

*Hilfe bei kritischen Übergängen.* Wie an anderer Stelle ausgeführt, ist die erste Führungstätigkeit zweifellos ein kritischer und folgenschwerer Übergang. Aber es gibt mindestens zwei weitere Übergänge im Management, bei denen eine Organisation Hilfe leisten kann: Anstiege in der Komplexität und Anstiege in Umfang und Gewicht der Verantwortung. Manager müssen lernen, sehr komplexe Situationen zu meistern, und man kann ihnen dabei helfen, indem man sie nach und nach in Positionen mit wachsenden Anforderungen versetzt. Das könnte zum Beispiel so aussehen, daß man einen Manager zunächst mit der Leitung einer neuen Gruppe betraut, dann mit der Verbreitung eines Produkts zusammen mit einer neuen Gruppe und schließlich mit der Gründung eines neuen Unternehmens.

Anstiege im Gewicht und Umfang der Verantwortung (vgl. den Abschnitt über Erweiterungen des Aufgabenumfangs in Kapitel 2) werden gemeinhin mit der Beförderung zum Generaldirektor assoziiert. Die Arbeiten von Kotter und Gabarro liefern einige nützliche Anregungen, wie man Manager dazu anleiten kann, die richtigen Fragen zu stellen, andere beim Setzen eigener Ziele zu unterstützen, Warnsignale zu erkennen und immer effizientere Lernmethoden zu entwickeln.[15]

Weil viele wichtige Führungstätigkeiten mit einem Anstieg der Komplexität und Verantwortung verbunden sind, muß man frühzeitig mit der Hilfe für diese Probleme anfangen. Um es nochmals zu wiederholen – die Entwicklung einer Führungskraft beginnt lange bevor eine Person die Chefetage erreicht.

*Korrekturen vornehmen.* Fehler und Mißerfolge sind in einer Karriere so unvermeidlich wie die Schwächen und wunden Punkte, die dazu beitragen. Aber viele Organisationen schrecken davor zurück, ihre Manager über Härten oder Niederlagen zu beraten, zum einen, weil es dabei um persönliche Fragen geht, zum anderen weil sie solche Maßnahmen oft für überflüssig halten und meinen, daß kluge Menschen diese Dinge von allein erkennen.

Das tun kluge Menschen häufig nicht. Wie in Kapitel 4 und 5 ausgeführt, gehört das Lernen aus Rückschlägen zu den schwierigsten Lernaufgaben überhaupt. Eine einfühlsame Beratung kann selbst für den stabilsten Menschen erforderlich sein, und spezielle Aufgaben und sogar „Strafversetzungen", verbunden mit einem klaren Feedback, können manche Karriere retten.

Mit anderen Worten, Menschen brauchen mitunter Hilfe, um die Botschaft ihrer Fehler und Mißerfolge zu verstehen. Je größer die Erfolgsbilanz eines Managers ist und je mehr positive Rückmeldungen er erhalten hat, desto wahrscheinlicher wird es, daß er diese Hilfe braucht und desto schmerzlicher kann die Botschaft ausfallen. Aber wenn man Menschen dazu ermutigen will, ihre Entwicklung selbst in die Hand zu nehmen, dann ist es eine Grundvoraussetzung, daß man sie auf bestehende Probleme aufmerksam macht.

*Die Rolle des Vorgesetzten.* Die vorangehenden Ausführungen zeigen, daß der unmittelbare Vorgesetzte eine zentrale Rolle in der Entwicklung von Führungsbegabungen spielen kann. Vor allem weil die Person, die Förderung braucht, möglicherweise nicht in der Lage ist, sich selbst objektiv zu beurteilen oder den Gang der Ereignisse zu steuern, kann der direkte Vorgesetzte zum zweitwichtigsten Drahtzieher der Entwicklung werden.

In Kapitel 3 haben wir ausführlich dargelegt, wie Vorgesetzte das Lernen in einem positiven oder negativen Sinn beeinflußten. In Kapitel 2 haben wir auf die große Bedeutung hingewiesen, die Vorgesetzte beim Lernen aus anspruchsvollen Aufgaben haben (insbesondere bei starken Erweiterungen des Aufgabenumfangs). Sogar bei einigen Härten konnte der Vorgesetzte eine wichtige Rolle spielen (Kapitel 4), vor allem durch seine Reaktionen auf Fehler und durch das Feedback, das er nach verpaßten Beförderungen, nach Verbannungen oder Zurückstufungen gab.

- In diesen Kapiteln zeigte sich die erstaunliche Vielfalt der Rollen, die ein Vorgesetzter übernehmen konnte. Er konnte:
- der Person freie Hand lassen und ihr die Möglichkeit geben, Verantwortung zu übernehmen;
- dafür sorgen, daß der Mitarbeiter ständig vor neuen Herausforderungen stand;
- Hilfestellung durch Rat, Vorschläge, Feedback und Coaching geben;

- dem Mitarbeiter die Möglichkeit geben, die inneren Mechanismen einer Aktivität zu beobachten (vor allem auf Gebieten, wo er besonders Stärken hatte), indem er ihn zur aktiven Teilnahme ermunterte;
- den einzelnen vor dem System schützen und ihm genügend Raum für Fehler lassen;
- den Schurken spielen und die Aufmerksamkeit des Mitarbeiters durch Tadel, Strafen und Drohungen erregen; und
- abwechselnd Härte zeigen und Hilfe gewähren, je nachdem, was die Situation verlangte.

Leider sind nicht alle Chefs all diese Rollen gewachsen (tatsächlich könnte der Vorgesetzte weniger talentiert sein als der hochbegabter Manager, der ihm unterstellt ist!); auch gehören solche Aktivitäten nicht unbedingt zu den Top-Prioritäten, wenn man ein Geschäft zu leiten hat. Einige Organisationen versuchen, ihre Manager in engagierte Talentförderer zu verwandeln, indem sie systematische Leistungsbeurteilungen durchführen, in Feedback- und Coachingmethoden unterweisen, die Förderungsbemühungen durch Meinungsumfragen messen oder sogar einen Teil der Bezahlung an Entwicklungsanstrengungen koppeln. Diese Verfahren stützen sich auf die Annahme, daß zwar nicht alle Manager geborene Pädagogen sind, daß aber jeder dazulernen kann. Das Argument ist nicht völlig von der Hand zu weisen, aber das Entscheidende bleibt die sehr persönliche Beziehung zwischen einem spezifischen Vorgesetzten und einem spezifischen Untergebenen. Wie bereits erwähnt, können grauenvolle Chefs positive Auswirkungen auf die Entwicklung haben, und manchmal konnte ein Vorgesetzter schon dadurch zum positiven Einfluß werden, daß er weit weg war.

Das bringt uns zu einem früheren Punkt zurück. Außer bei einigen speziellen Aufgaben, die vielleicht einen wirklich guten Vorgesetzten erfordern, ist das Entscheidende für die Entwicklung offenbar, daß man im Laufe seiner Karriere den *verschiedenartigsten* Vorgesetzten ausgesetzt wird. Weil zwischen Chef und Untergebenen eine ganz individuelle Beziehung besteht, kann man eine Mentorbeziehung nicht erzwingen. Außerdem ist es nicht zwangsläufig eine gute Idee, dem Vorgesetzten die Alleinverantwortung für die Entwicklung aufzubürden, selbst wenn es möglich wäre.

Demnach kann man die Vorgesetzten von hochbegabten Nach-

☐ Es gibt spezielle Unterstützungsysteme für begabte Mitarbeiter, die ihre erste Führungsposition übernehmen

☐ Es wird überlegt, wie lange eine Person in einer bestimmten Position bleiben sollte: Ist sie schon zu lange auf diesem Arbeitsplatz? Steigt sie zu schnell auf?

☐ Kritische Veränderungen der Komplexität und des Verantwortungsumfangs werden aufmerksam beobachtet

☐ Wenn überall rote Warnlampen aufblinken, weil ein Manager mit hohem Potential zu scheitern droht, erhält er ein offenes Feedback

☐ An kritischen Übergängen wird nach guten Chefs Ausschau gehalten

☐ Zu den Entwicklungszielen gehört, daß der Manager einer bunten Mischung von unterschiedlichen Chefs ausgesetzt wird

**Abbildung 6.8:** *Checkliste: Wie man Menschen hilft, aus Erfahrung zu lernen*

wuchskräften unter zwei Aspekten betrachten. Zum einen sind Vorgesetzte ein direkter Bestandteil der Erfahrung, und wer für einen Chef arbeitet, zieht bestimmte Lehren aus der Beziehung. Das Verhalten von Vorgesetzten prägt die Wertvorstellungen, die ein aufstrebender Manager herausbildet, und die besonderen Begabungen eines besonderen Vorgesetzten können auf Untergebene abfärben.

Zum anderen kann man Vorgesetzte als wirksames Entwicklungswerkzeug betrachten, das die Organisation als Teil einer umfassenderen Strategie der Führungsförderung nutzen kann. Wenn eine Organisation ihre Manager als Teil des Entwicklungsprozesses versteht, kann sie den Kontext der individuellen Entwicklung gestalten. Auch wenn Reifung zwangsläufig ein ganz individueller Prozeß ist, hat die Organisation erheblichen Einfluß auf den zeitlichen Verlauf und die beteiligten Personen. So wie der einzelne im Laufe seines Reifungsprozesses immer wieder vor verschiedene Wahlmöglichkeiten gestellt wird, muß auch eine Organisation, die eine angemessene Zahl von kompetenten Führungskräften entwickeln und sie begabten Vorgesetzten aussetzen will, bestimmte Entscheidungen treffen. Die Checkliste in Abbildung 6.8 faßt zusammen, wie man Menschen helfen kann, aus ihren Erfahrungen zu lernen.

*Hilfe durch Kursarbeit.* Wir haben uns in diesem Buch in erster Linie mit dem Lernen am Arbeitsplatz befaßt, wo der Großteil der Entwicklung stattfindet. Einige Führungskräfte beschrieben jedoch die formale Kursarbeit als wichtiges Schlüsselerlebnis.[16] Aber die Seminare und Lehrgänge, die zu tiefgreifenden Veränderungen führten, fielen aus dem üblichen Rahmen. Sie waren nicht Teil des normalen, gradlinigen Ausbildungsprozesses (aufeinander folgende Fachschul- oder Hochschulkurse) und waren selten auf spezielle technische Fachgebiete beschränkt. Kurse, die einen tiefen Eindruck hinterließen, wurden in der Regel freiwillig besucht, fielen in einen späteren Karriereabschnitt und befaßten sich mit allgemeinen Managementthemen, mit Wirtschaftsfragen oder mit der Prozeß-/Selbstanalyse. Über die Hälfte wurde in Universitäten abgehalten (wie zum Beispiel die Managementprogramme für Fortgeschrittene in Harvard, Dartmouth, MIT und Wharton) und fast alle wurden außerbetrieblich durchgeführt. Lehrgänge, die eine nachhaltige Wirkung zeigten, schienen zwei Dinge gemeinsam zu haben: Sie behandelten ein Thema, das für den Manager sehr wichtig war, und sie fanden zu einem günstigen Zeitpunkt in der Entwicklung statt.

Ironischerweise betraf das wichtigste Ergebnis normalerweise nicht den Inhalt des Kurses, sondern das durch die Erfahrung gewonnene Selbstvertrauen. Das nahm mehrere Formen an:

- Vertrauen in das eigene berufliche Fortkommen, weil der Manager für einen exklusiven oder prestigereichen Lehrgang (zum Beispiel Harvard, Sloan u.ä.) ausgewählt wurde, was er als Belohnung und Auszeichnung empfand;
- gestärktes Selbstvertrauen, weil der Manager entdeckte, daß er mehr von einer Sache verstand, als er vermutet hatte (wenn er zum Beispiel am Arbeitsplatz etwas über Finanzen gelernt hatte und merkte, daß er den Unterrichtsstoff bereits beherrschte);
- gestärktes Selbstvertrauen, weil der Manager feststellte, daß er genauso kompetent war wie die Führungskräfte aus anderen renommierten Firmen.

Der eigentliche Unterrichsstoff erwies sich als bedeungsvoll, wenn die Führungskraft das Gelernte sofort am Arbeitsplatz anwenden konnte. Ein Manager nahm zum Beispiel an einem Lehrgang über Organisationsplanung teil, während er gerade an einer Projektgruppe mitwirkte, die das Unternehmen umstrukturieren sollte. Ein anderer besuchte einen Workshop zum Thema Streß, als er bei der Arbeit gerade eine besonders harte Zeit durchmachte.

Durch Lehrgänge können Manager auch lernen, Probleme aus unterschiedlichen Blickwinkeln zu betrachten, nicht weil sie die Lehrbücher studieren, sondern weil sie durch die Zusammenarbeit mit anderen Personen unterschiedliche Problemlöseansätze kennenlernen. „Es war eine faszinierende Erfahrung", erklärte ein Manager, „wie völlig anders ein Marketing- oder Finanzmensch an bestimmte Probleme heranging."

Schließlich konnte eine Schulungserfahrung auch dazu beitragen, daß der Manager neu überdachte, wie es um das Gleichgewicht von Leben und Arbeit bestellt war (die „Wer bin ich?"- und „Was will ich wirklich?"-Fragen). Wenn der Lehrgang eine sorgfältige Selbstanalyse und ein ehrliches Feedback umfaßte, förderte er auch die Auseinandersetzung mit möglicherweise verhängnisvollen Schwächen wie Arroganz, Unsensibilität oder einer Neigung zu Alleingängen. Der Abstand vom Alltag, verbunden mit den Anregungen und der Zeit zum Nachdenken, die die Kursarbeit bieten kann, ist offenbar eines der wenigen sicheren und verläßlichen Mittel, mit denen man Managern bei diesen wichtigen Fragen helfen kann.

In gewisser Weise hängt jeder Lehrgang vom richtigen Timing und von den anderen Teilnehmern ab. Das heißt nicht, daß alle anderen Schulungen wertlos sind, aber es spricht schon dafür, daß einige verbreitete Praktiken bei hochbegabten Managern weniger wirkungsvoll sind. So zum Beispiel:

- eine feste Abfolge von Kursen für alle Manager auf einer bestimmten Ebene (zum Beispiel für das gesamte mittlere Management);
- Kurse ohne Prestigefaktor (sehr heterogene Begabungs- und Erfolgsmischungen bei den Teilnehmern);
- Kurse, deren Inhalt kaum Bezug zur Tätigkeit des Manager hat (zum Beispiel Lerninhalte, die nichts mit dem konkreten Arbeitsplatz zu tun haben, oder allgemeine Theorien ohne praktischen Nutzen);
- Kurse, deren Leiter unglaubwürdig sind, weil sie den Managern an Erfahrung oder Kompetenz unterlegen sind;
- Förderseminare oder Zwangskurse, an denen der Manager gegen seinen Willen und unabhängig von seinen Bedürfnissen teilnehmen muß.

Wie andere einschneidende Erfahrungen hatten auch einflußreiche Lehrgänge einen gewissen Testcharakter. Bin ich genausogut wie die Manager eines anderen renommierten Unternehmens? Weiß ich genausoviel (über Marketing oder Finanzen oder den weltweiten Wettbewerb) wie die Spezialisten? Bin ich den intellektuellen Anforderungen eines Harvardkurses gewachsen? Schaffe ich es, einen Vollzeitjob, einen Lehrgang und meine Familie unter einen Hut zu bekommen?

Wenn Führungskräfte aufsteigen und ihre Verantwortung wächst, fällt es ihnen natürlich immer schwerer, Zeit und Lust für Lehrgänge aufzubringen. Eine Trainingsstrategie für höhere Führungsebenen besteht darin, solche Erfahrungen mit Stabs- oder Projektaufgaben zu verknüpfen. Weil die Manager dann eher auf eine einzelne Aufgabe konzentriert sind, haben sie mehr Interesse an Lehrgängen, die ihr Wissen in diesem speziellen Bereich vertiefen. Eine weitere Strategie besteht darin, Lehrgänge so zu planen, daß sie mit schwierigen Übergängen zusammenfallen – zum Beispiel wenn jemand seine erste Stelle als Generaldirektor antritt.

Im Idealfall vermitteln Lehrgänge Erkenntnisse über Stärken und über Bereiche, in denen der Manager sich verbessern oder etwas Neues ausprobieren könnte. Sie sind kein Ersatz für das Lernen am Arbeitsplatz und man sollte nicht erwarten, daß sie diesen Zweck erfüllen (siehe Abbildung 6.9). Richtig angewendet können sie die berufliche Entwicklung fördern, aber sie sind kein Allheilmittel für jedes erdenkliche persönliche Defizit.

---

☐ Kurse und Lehrgänge befassen sich mit arbeitsrelevanten Themen, sind aber nicht auf neue technische Entwicklungen beschränkt.

☐ Einige Kurse geben Gelegenheit zu einer sorgfältigen Selbstanalyse und bieten Feedback.

☐ Es wird auf das richtige Timing geachtet – die Kurse müssen zu den aktuellen Arbeitsanforderungen passen.

☐ Es wird darauf geachtet, daß Instruktoren und Kollegen glaubwürdig und kompetent sind.

☐ Das Kursangebot gilt als ein Entwicklungswerkzeug unter vielen und wird in Verbindung mit praktischen Arbeitserfahrungen angewendet.

Abbildung 6.9: *Checkliste für Kursarbeit und Training*

# Ein Punktzettel für eine systematische Förderung von Führungskräften

Kein Zweifel, die meisten gut geführten Unternehmen strotzen nur so vor formalen Systemen der Mitarbeiterförderung. Es herrscht kein Mangel an Nachfolgeplänen, Leistungsbeurteilungen, Trainingskatalogen, Handbüchern für die Karriereplanung, schriftlichen Verhaltensregeln, Assessment Centern und Spezialprogrammen. Diese Fülle an formalen Maßnahmen mag zur Personalentwicklung beitragen (vor allem zu ihrer Institutionalisierung), aber wir glauben nicht, daß die Zahl der Grundsatzbroschüren und Zielformulierungen ein Gradmesser für eine effektive Praxis ist. Wichtiger ist, *wie* man vorgeht – wodurch sich der Prozeß auszeichnet, mit dem man das bereits beschriebene Engagement umsetzt. Entwicklung ist keine Zauberei. Sie ist keine Wissenschaft. Sie gibt sich weder für präzise Meßverfahren her noch läßt sie sich in glatte Formeln pressen.

Wir müssen uns also wohl oder übel mit vielfältigen Erscheinungsformen und mit Widrigkeiten herumschlagen. Sie sind der Stoff, aus dem die Lehren der Erfahrung gemacht sind. Welche konkrete Gestalt diese Lehren annehmen, wie ein Mensch sich tatsächlich entwickelt, ist wesentlich schwerer zu bestimmen, aber offenbar ist es förderlich für das Wachstum, wenn das Leben nicht programmierbar ist. Wir scheinen uns am besten zu entwickeln, wenn uns jene merkwürdige Mischung von Anziehung und Angst gefangenhält, die wir als Aufregung bezeichnen. Allzuhäufig vergessen wir das und versuchen, ein perfektes System auszutüfteln, das am laufenden Band Spitzenmanager produziert. Frohgemut würden wir denselben Fehler machen, dem laut Lewis Thomas die Biologen zum Opfer gefallen wären, wenn sie die DNA entworfen hätten: „Unser Molekül wäre vollkommen gewesen ... Bei unserer Denkweise wäre es uns nie in den Sinn gekommen, daß das Ding in der Lage sein mußte, Fehler zu machen."[17]

Wie ein Mensch sich entwickelt, ist seine ganz persönliche Angelegenheit. Die Aufgabe eines „Systems" besteht darin, ihm dabei zu helfen, und deshalb meinen wir, daß ein effizientes System der Führungsförderung die folgenden Merkmale aufweisen sollte:

*1. Opportunität.*  Einige von Amerikas bestgeführten Unternehmen bemühen sich nach Kräften, ihre hoffnungsvollsten Manager durch entwicklungsfördernde Positionen laufen zu lassen. Aber sogar in den allerbesten Firmen hat das Geschäft Priorität. Es wäre töricht, einen Anfänger mit einer Aufgabe zu betrauen, die das Unternehmen ruinieren könnte – jedenfalls solange man eine andere Wahl hat. Das Geschäftsrisiko wird also in den meisten Fällen stärker ins Gewicht fallen als der Entwicklungsgedanke. Kein Zweifel, die lehrreichen Erfahrungen, die uns geschildert wurden, waren häufig reine Glücksfälle. Oft hatte das Unternehmen keine andere Wahl, als zu sagen: Du bist unser Mann. Vorgesetzte starben, kündigten oder gingen in Rente. Manchmal steckte ein Unternehmen so tief im Schlamassel, daß man einen Neuling losschickte, um zu sehen, ob er es besser machen könnte als die ratlosen Experten. Zur richtigen Zeit am richtigen Ort zu sein, erwies sich immer wieder als wichtiger Faktor.

Manchmal wurden Aufgaben, mitunter auch Vorgesetzte bewußt als Testgelände ausgewählt. Aber die Organisation hatte wenig Einfluß auf solche Faktoren wie Scheidungen, das Chaos von Fusionen, auf Fehler, auf die Demonstration von Werthaltungen und ähnliches. Einige der lehrreichsten Erfahrungen waren reiner Zufall. Die Grundregel lautet also: Erwarte nie, daß Entwicklungsziele über die Erfahrungen einer talentierten Führungskraft bestimmen. Wer feste Systeme bevorzugt, hält den Zufall für einen lästigen Störenfried, und wird zwangsläufig enttäuscht werden.

Da man das Unerwartete nicht kontrollieren kann, versuchen effiziente Entwicklungssysteme das Beste daraus zu machen. Man nutzt günstige Gelegenheiten, schafft mehr davon (mehr Auswahlmöglichkeiten) und stellt sich darauf ein, daß man improvisieren muß. Weil man den Gang der Ereignisse nur teilweise steuern kann, muß man bereit sein, sich dem Unerwarteten anzupassen. Daß alles anders kommt als erwartet, sollte der Ausgangspunkt und keine nachträgliche Überlegung sein, wenn man eine systematische Förderung von Führungskräften plant.

Im Hinblick auf die Weiterbildung von Führungskräften bedeutet die Fähigkeit zu improvisieren, daß man weiß, welche Lernmöglichkeiten bestimmte Erfahrungen bieten,[18] und daß man in der Lage ist, auftauchende Gelegenheiten blitzschnell beim Schopf zu packen, anzustoßen oder zu verstärken. Opportunität bedeutet, daß man sich ins Geschehen stürzt, etwas vom Geschäft versteht, die Mitarbeiter und die Vorgesetzten kennt und ein Gespür für die Anforderungen entwickelt.

Der erste Schritt zu einem Opportunitätssystem ist also ein Stab von Personalfachleuten, die wissen, welches Entwicklungspotential in welchen Tätigkeiten steckt; sie müssen dicht genug an diesen Tätigkeiten und am Geschäft dran sein, damit sie im richtigen Moment die richtigen Leute anstubsen und überreden können; und sie müssen erklären können, warum eine bestimmte Entwicklungsentscheidung auch den Unternehmenszielen dient. Diagramme, Graphiken, Systeme und Theorien helfen da wenig. Was zählt, ist praktisches, solides und glaubwürdiges Wissen.

Opportunität heißt, daß man improvisiert, flexibel reagiert, Sicherheitsnetze auswirft und Optionen schafft. Vor allem heißt es, daß man Entscheidungen trifft, die besser fürs Geschäft sind. Es bedeutet, daß man nach Möglichkeiten sucht, um das Entwicklungspotential von bestehenden Jobs auszubauen, daß man Tätigkeiten mit ähnlichen Herausforderungen findet, sogar in Firmen, die keine ganz neuen Unternehmungen starten. Es heißt, daß man anspruchsvolle Aufgaben für junge Manager sucht oder schafft (zum Beispiel durch Auslandsstellen). Es bedeutet, daß man immer mit einem Auge nach Entwicklungsmöglichkeiten für begabte Leute schielt.

Die meisten Linienkräfte sind bestrebt, ihren talentierten Mitarbeitern ständig neue Herausforderungen zu bieten. Sie denken ganz von allein an Aufgaben, die die Fähigkeiten ihrer besten Leute erweitern könnten. Das Anstubsen, das Verstärken besteht darin, daß man ihnen hilft, diese Sache mit etwas mehr Präzision zu betreiben. Man muß sie dabei unterstützen, alle bestehenden Möglichkeiten in Betracht zu ziehen und denjenigen Kandidaten auszuwählen, der am meisten von einer bestimmten Erfahrung profitieren könnte. Das ist keine Ideallösung, kein großartiger Strategieplan, aber es ist der ausschlaggebende Unterschied.

2. *Individualität.* Jeder Mensch ist anders; jeder Spitzenmanager ist anders. Menschen wachsen und lernen mit unterschiedlichem Tempo, auf unterschiedliche Weise, durch unterschiedliche Dinge. Die Entwicklung von Führungsqualitäten ist eine individuelle Angelegenheit und ein wirksames Förderungssystem wird sie als solche behandeln. Jeder Mensch zeichnet sich durch eine einzigartige Mischung von Stärken und Schwächen aus. Um das Führungspotential systematisch zu fördern, muß man den einzelnen Manager so gut kennen, daß man

Entwicklungsbedürfnisse und Entwicklungsmöglichkeiten aufeinander (und auf die Unternehmensziele) abstimmen kann. Personalfachleute und Linienmanager müssen die Mitarbeiter persönlich kennen. Das beste Informationssystem ist kein Ersatz für direktes Wissen aus erster Hand, und ein individuelles Förderungssystem sorgt dafür, daß die Führungstalente in Kontakt mit wichtigen Entscheidungsträgern bleiben.

*3. Langfristigkeit.* Wie John Kotter ausführte, ist die Entwicklung von Führungsqualitäten ein lebenslanger Prozeß.[19] Eine langfristige Perspektive ist wesentlich für die Führungsförderung. Man kann nur im Laufe der Zeit vielfältige Erfahrungen sammeln und aus ihnen lernen. Das Problem ist, daß man der *Abfolge* von Erfahrungen mehr Aufmerksamkeit gewidmet hat, als sie verdient, während man die Vielfalt, Ausgewogenheit und den Wandel vernachlässigt hat. Erst Wachstum und Veränderung geben der Vielfalt ihre Bedeutung: Wichtig ist, daß man die Manager – im Laufe der Jahre – den unterschiedlichsten Aufgaben, Vorgesetzten und Herausforderungen aussetzt; daß man die langfristige Entwicklung bewertet, die sich aus der Konfrontation mit den spezifischen Anforderungen ergibt; und daß man im Laufe der Zeit ein ausgewogenes Verhältnis zwischen kurzfristigen, gezielten Projekten und langfristigen vollverantwortlichen Leitungstätigkeiten, zwischen Teamanstrengungen und Alleinflügen schafft.

Ein effektives System zeichnet sich also auch dadurch aus, daß es auf eine zehn- bis zwanzigjährige Entwicklung angelegt ist und nicht auf Crashkurse.

*4. Selbstmotivation.* Entwicklung ist nichts, das man *für* jemanden tut oder *an* jemandem praktiziert. Die primäre Verantwortung für Lernen, Wachstum und Veränderung liegt beim Manager selbst, nicht beim Vorgesetzten, beim Führungsausschuß oder bei Personalexperten. Deren Aufgabe ist es, Lernmöglichkeiten anzubieten, an kritischen Übergängen zu helfen und sachliche Leistungsbeurteilungen abzugeben. Ein effektives Entwicklungssystem schafft die Voraussetzungen dafür, daß Menschen sich selbst helfen können.

Hier einige Grundprinzipien für ein System, das Menschen dazu motivieren könnte, ihre Entwicklung selbst in die Hand zu nehmen:
• Man sollte gezielt nach Aufgaben suchen, die die Lernmotivation wecken. Die Lernmotivation ist besonders hoch, wenn die Person

neue Kenntnisse oder Fertigkeiten braucht, um ihre Arbeitsleistung zu verbessern. Wenn der Erfolg davon abhängt, daß man sich neue Kenntnisse aneignet, wird aus dem Wunsch zu lernen eine Notwendigkeit.

- Man sollte Ressourcen bereitstellen, die das Lernen erleichtern. Man könnte zum Beispiel dafür sorgen, daß die Person Zugang zu erfahrenen Mitarbeitern oder kompetenten Spezialisten erhält, angemessene Finanzmittel für externe Beratung zur Verfügung stellen u.ä. Ein stark eingespannter Manager hat unter Umständen nicht die Zeit, ein dreiwöchiges Marketingseminar in Harvard zu besuchen, kann aber vielleicht zwei Stunden am Sonntagmorgen abzweigen, um sich von einem erfahrenden Experten beraten zu lassen.

- Ein effektives System hat genügend Biß, um einen hochbegabten Manager nötigenfalls in seine Schranken zu weisen. Erfolgreiche Führungskräfte neigen zu einem starken Selbstvertrauen, mitunter auch zur Arroganz. Welche Schwächen sie auch immer haben mögen, sie haben es jedenfalls geschafft, erfolgreich zu sein. Manchmal muß man ihnen gehörig den Kopf waschen, sie vielleicht sogar zurückstufen, um ihre Aufmerksamkeit zu wecken.

- Der Satz: „Das geschieht zu Ihrem eigenen Besten" wird erklärt. Viele Geschichten, die wir gehört haben, vor allem über laterale Versetzungen oder scheinbare Zurückstufungen, hatten einen zornigen Unterton. Erst später erkannten die Manager, daß man sie durch die Versetzung fördern und nicht bestrafen wollte. Viel böses Blut hätte sich vermeiden lassen, wenn man die Manager über den Zweck und die Dauer der neuen Tätigkeit aufgeklärt hätte.

- Wer sich bemüht und scheitert, wird aufgefangen. Auch wenn nahezu einmütiger Konsens darüber herrscht, daß Lernen mit Risiken und unvermeidlichen Fehlern verbunden ist, liegt die Toleranz von geschäftsschädigenden Fehlern mitunter bei Null. In einer lernfördernden Umwelt gibt man dem Manager eine zweite Chance, schickt ihn vorübergehend auf die Strafbank und übermittelt ihm die unmißverständliche Botschaft, daß Fehler nicht das Ende der Welt sind, solange man aus ihnen lernt.

- Man sollte dem Manager Zeit zum Nachdenken und Analysieren lassen. Die Führungswelt ist handlungsorientiert und steckt voller Lernmöglichkeiten. Die Kombination von Erfolg und Tempo kann die Entwicklung gefährden, wenn der Manager keine Zeit hat, um das Gelernte zu festigen. Die Phase unmittelbar nach Abschluß einer anspruchsvollen Aufgabe ist vielleicht die wichtigste Zeit für eine kurze Denkpause und eine Bewertung des Geschehens. (Und gerade dann fällt es besonders schwer. Vor allem siegreiche Helden melden sich wahrscheinlich gleich am Montag für die nächste Aufgabe.) Wir empfehlen drakonische Maßnahmen – zum Beispiel einen einwöchigen „Zwangsurlaub" an dem entlegensten Strand, der sich finden läßt – damit der Manager Zeit zum Nachdenken hat. Eine Analyse unter fachlicher Anleitung – in der Sicherheit einer Trainingssituation – ist vielleicht sogar noch effektiver. Es ist eine beängstigende Vorstellung, wie viel kostbare Erfahrung verschwendet wird, nur weil der Manager nicht innehalten darf (oder muß), um über das Erlebte nachzudenken.

Ein effizientes System hilft Menschen also sich selbst zu motivieren, indem es ihnen anspruchsvolle Herausforderungen bietet, Ressourcen bereitstellt, Aufmerksamkeit weckt, Absichten und Pläne offenlegt, zum Experimentieren ermutigt und Zeit zum Nachdenken läßt.

5. *Praxisorientiertheit.*  Wie mittlerweile klar sein dürfte, sind wir davon überzeugt, daß man die entscheidenden Lernerfahrungen in der Praxis macht. Das heißt, man muß sich mit *realen* Problemen und mit *realen* Konsequenzen auseinandersetzen. Ob Medizinstudenten, angehende Piloten oder künftige Führungskräfte – irgendwann müssen sie die Simulationen und die Theorie hinter sich lassen und ihr Können praktisch unter Beweis stellen.

Die Botschaft für alle, die mit der Entwicklung und Förderung von Führungskräften zu tun haben, ist eindeutig. Die Herausforderung besteht darin, praktische Arbeitserfahrungen besser zu nutzen. Dazu muß man bessere Methoden finden, um entwicklungsfördernde Tätigkeiten zu ermitteln, um sie den richtigen Leuten zu übertragen und um begabten Managern beim Lernen zu helfen. Wie gut man diese Dinge macht, ist weit wichtiger als die Frage, wie theoretisch ausgefeilt oder elegant die Verfahrensweisen sind.

# Anhang
## Anleitung für das Originalinterview

### Interviewbogen
### Research Sponsor Program

*Vorbereitung für Abschnitt I*

Wenn Sie an Ihre Karriere als Manager denken, sind Ihnen sicher einige Ereignisse oder Episoden besonders stark in Erinnerung geblieben – Dinge, die zu einer *bleibenden Veränderung* Ihres Führungsverhaltens geführt haben. Bitte beschreiben Sie mit einigen Worten mindestens drei solcher „Schlüsselerlebnisse" in Ihrer Karriere: Dinge, die Ihren heutigen Führungsstil stark beeinflußt haben. In einem Gespräch werden wir Sie später über jedes dieser Ereignisse befragen:

1. Was ist passiert?
2. Was haben Sie daraus gelernt (im positiven oder negativen Sinn)?

*Abschnitt II: Schlüsselereignisse*

Nachdem wir über die wirklich herausragenden Schlüsselerlebnisse in Ihrer Karriere gesprochen haben, möchten wir Sie jetzt zu einigen Erfahrungen befragen, die vielleicht ebenfalls wichtig für Ihre Entwicklung waren. Um die uns zur Verfügung stehende Zeit so gut wie möglich zu nutzen, möchten wir Sie um Ihre Hilfe bitten. Wenn Sie die Fragen durchlesen, werden Ihnen einige sicher bedeutungsvoller erscheinen als andere. Bitte stellen Sie sich darauf ein, die wichtigeren etwas ausführlicher zu beantworten und die anderen nur kurz zu kommentieren. Einige Fragen haben Sie vielleicht schon im ersten Abschnitt beantwortet.

*A. Initiationsriten*

1. Was war Ihre erste Führungstätigkeit? Gab es irgend etwas besonderes daran? An Ihrem ersten Vorgesetzten?

2. Was war Ihr erster „Quantensprung" – die erste Tätigkeit mit erheblich mehr Verantwortung/Herausforderungen/Druck als Ihre früheren Tätigkeiten?

3. Wann mußten Sie sich zum ersten Mal ernsthaft mit hochgestellten Führungskräften auseinandersetzen? Gab es andere Personen, die einen tiefen Eindruck auf Sie gemacht haben?

4. Wann hatten Sie Ihr erstes „intimes Date" mit der Organisation? Wann haben Sie sich gefühlt wie bei Ihrem ersten wirklichen Rendezvous, weil Sie ganz auf sich allein gestellt waren und die volle Verantwortung für etwas trugen, das ganz neu für Sie war?

5. Was war die größte Herausforderung, vor der Sie jemals gestanden haben?

6. Was war Ihre erste große Angstpartie – wann standen Sie zum ersten Mal vor einer ganz neuen Situation, die Ihnen wirklich Kopfzerbrechen bereitet hat?

7. Durch welches Ereignis (oder welche Ereignisse) ist Ihnen klar geworden, daß Sie ein erfolgreicher Manager werden würden? War es in dieser Organisation?


## B. Phönix aus der Asche

1. Was war Ihre schwärzeste Stunde?

2. Welches Erlebnis kam einer Niederlage am nächsten – wann haben Sie etwas versucht und sind gescheitert?

3. Beschreiben Sie bitte eine Situation, in der Sie sich gefährlich nah am Abgrund bewegten – als Sie den Bogen fast überspannt hätten, weil Sie sich Regeln, Normen oder Autoritäten widersetzten.

4. Was war Ihr folgenschwerstes Zögern? Damit meinen wir eine Situation, in der Sie einem Problem ausgewichen sind, das immer größer wurde und schließlich in einem Riesenschlamassel endete?

5. Können Sie sich an eine Zeit erinnern, in der man Ihnen den Boden unter den Füßten wegzog? Eine Situation, in der Sie zum Losstürmen bereit waren und man Ihnen die Tür vor der Nase zuschlug?

6. Haben Sie sich schon einmal völlig erschöpft oder ausgebrannt gefühlt, und es geschafft, einen neuen Anfang zu machen?

7. Haben Sie je eine tiefe Wahrheit erkannt, die sich als falsch erwies? Das heißt, haben Sie schon einmal gedacht, Sie hätten etwas Wichtiges gelernt und später festgestellt, daß es ein Irrtum war?

8. Gab es ein Erlebnis, das Sie sehr belastet hat, als es geschah, über das Sie aber nach einigen Monaten (oder Jahren) lachen konnten?

## C. Die Rolle anderer Menschen

1. Beschreiben Sie bitte diejenige Person, von der Sie in Ihrer Karriere am meisten gelernt haben. Welche Verhaltens- oder Handlungsweise hat diesen Menschen zu etwas ganz Besonderem für Sie gemacht?
2. Die meisten von uns haben schon einmal für einen Chef gearbeitet, den sie aus dem einen oder anderen Grund einfach unerträglich fanden. Was haben Sie aus einer solchen Erfahrung gelernt?
3. Was war Ihr wichtigster zwischenmenschlicher Konflikt – eine Situation, in der es sehr schwierig für Sie war, mit einer anderen Person (Personen) zurechtzukommen?

## Abschnitt III: Allgemeine Fragen

1. Alles in allem, wie haben Sie sich im Laufe Ihrer Karriere verändert, zum Vorteil und zum Nachteil? Wenn Sie zufällig einem alten Freund begegnen würden, den Sie jahrelang nicht gesehen haben, welche Veränderungen würden ihm auffallen?
2. Gibt es bestimmte Situationen, in denen Sie eher bereit sind, etwas Neues zu lernen? Weniger bereit?
3. Welche Rolle haben private Erfahrungen in Ihrer Entwicklung zum Manager gespielt?
4. Welche Seiten am Managerleben haben Ihnen Spaß gemacht? Können Sie einige Situationen oder Ereignisse nennen, die besonders schön waren? Die am meisten Spaß gemacht haben?
5. Welchen Rat würden Sie einem jüngeren Manager geben, der seine Karriere vorantreiben möchte? Was muß er selbst tun? Was sollte er andere für sich tun lassen?
6. Was ist das Wichtigste, das Sie als erwachsener Mensch gelernt haben – die eine entscheidende Erkenntnis, die Sie an andere weitergeben würden, wenn Sie könnten?
7. Was kommt als Nächstes? Stehen Sie im Moment vor einer Situation, von der Sie hoffen, daß Sie etwas Neues daraus lernen können?

# Abbildungen

1.1 Die Entwicklung von erfolgreichen Generaldirektoren

1.2 Was man aus Erfahrung lernen kann

1.3 Entwicklungsereignisse

2.1 Was man aus frühen Arbeitserfahrungen lernen kann

2.2 Was man aus der ersten Aufsichtstätigkeit lernen kann

2.3 Was man aus Projekt- und Arbeitsgruppen lernen kann

2.4 Was man aus Wechseln von Linie zu Stab lernen kann

2.5 Was man aus Startaktionen lernen kann

2.6 Was man aus Reorganisationen lernen kann

2.7 Was man aus einer Erweiterung des Aufgabenumfangs lernen kann

2.8 Das Lernpotential von Aufgaben

2.9 Was man aus Aufgaben lernen kann

3.1 Was man von anderen Menschen lernen kann

4.1 Was man aus einem persönlichen Trauma lernen kann

4.2 Was man aus Karriererückschlägen lernen kann

4.3 Was man durch einen radikalen Arbeitsplatzwechsel lernen kann

4.4 Was man aus geschäftlichen Mißerfolgen und Fehlern lernen kann

4.5 Was man aus Leistungsschwächen von Untergebenen lernen kann

4.6 Aus Härten lernen

4.7 Was man aus Härten lernen kann

5.1 Ein Entwicklungsgerüst

5.2 Gleichgewicht

6.1 Einheitliches Unternehmen oder Mischkonzern?

6.2 Einige Vor- und Nachteile einer starken Entwicklungsgrundlage

6.3 Checkliste für die Ermittlung von entwicklungsfördernden Tätigkeiten

6.4 Zehn fatale Fehler

6.5 Checkliste für die Schaffung eines Talentpools

6.6 Checkliste für das Problem »Breite versus Tiefe«

6.7 Checkliste für die Entwicklungsverantwortung

6.8 Checkliste: Wie man Menschen hilft, aus Erfahrung zu lernen

6.9 Checkliste für Kursarbeit und Training

# Anmerkungen

## Kapitel 1: Führungstalente fördern und entwickeln

1. A. Short, „The Corporate Classroom: Are We Getting Our Money's Worth?" *New Management* 4 (Winter 1987): 22–26 und J.P. Kotter, *Erfolgsfaktor Führung* (Frankfurt/New York: Campus, 1989).
2. Aus einem persönlichen Gespräch mit dem Personalleiter eines großen US-Unternehmens der *Fortune-500* Liste. Die Zahl berücksichtigt die Kosten für Personalauswahl, Versetzung, Betreuung, Outplacing und Ersetzen des gescheiterten Managers, aber nicht die geschäftlichen Verluste (die noch erheblich höher liegen können).
3. D.T. Hall, *Careers in Organizations* (Pacific Palisades, Calif.: Goodyear Publishing Company, 1976). Siehe auch D.W. Bray, R.J. Campbell und D.L. Grant, *Formative Years in Business: A Long-Term AT&T Study of Managerial Lives* (New York: Wiley, 1974).
4. Kotter, *Erfolgsfaktor Führung.*
5. C.D. McCauley, *Developmental Experiences in Managerial Work: A Literature Review*, Technical Report No. 26 (Greensboro, N.C.: Center for Creative Leadership, 1986), S. 2.
6. Tom Bouchard soll in seiner Studie über getrennt aufgewachsene Zwillinge festgestellt haben, daß 61 Prozent der Führungseigenschaften genetisch bedingt waren. Siehe „All about Twins", *Newsweek*, 23. November 1987, S. 69.
7. Einen interessanten Beitrag zum Thema Erbanlagen versus erlernte Fähigkeiten liefert B.S. Bloom, „Generalizations About Talent Development", in B.S. Bloom (Hrsg.), *Developing Talent in Young People* (New York: Ballantine, 1985), S. 507–549.
8. J.P. Kotter, *The General Managers* (New York: Free Press, 1982).
9. Für einen umfassenden Überblick siehe B.M. Bass (Hrsg.), *Stogdill's Handbook of Leadership* (New York: Free Press, 1981), und J.P. Campbell, M.D. Dunnette, E.E. Lawler III. u. K.E. Weick, Jr., *Managerial Behavior, Performance, and Effectiveness* (New York: McGraw-Hill, 1970).
10. R.M. Klimoski u. M. Brickner, „Why Do Assessment Centers Work? The Puzzle of Assessment Center Validity?", *Personnel Psychology* 40 (1987):243–260.
11. Kotter, *The General Managers.*
12. Kotter, *Erfolgsfaktor Führung.*

225

13. L. Thomas erörtert die Frage, wie Wissenschaft funktioniert, *Late Night Thoughts on Listening to Mahler's Ninth Symphony* (New York: Viking 1983), S. 18–28.

14. In der ersten Studie wurden 79 Führungskräfte aus drei Unternehmen interviewt. Bei drei zusätzlichen Studien wurden mittels zeitlich unbegrenzter Fragebogenaktionen weitere 112 Führungskräfte (Probandengruppen mit 28, 20 und 64 Teilnehmern) aus drei weiteren Unternehmen zu denselben Themen befragt. Die Gesamtprobandengruppe setzte sich fast ausschließlich aus männlichen Weißen im Alter zwischen 40 und 45 Jahren zusammen.

15. Die Begriffe *erfolgreich* und *Führungskraft* werden häufig benutzt, aber selten definiert. Beide Begriffe sind schwer einzugrenzen. Um erfolgreiche Führungskräfte zu ermitteln, haben wir eng mit hochgestellten Personal- und Linienmanagern zusammengearbeitet; auf diese Weise haben wir handverlesene Probandengruppen zusammengestellt, deren Teilnehmer nach Einschätzung des jeweiligen Unternehmens die besten Aussichten auf hochrangige Führungspositionen hatten. Erfolg wurde also in bezug auf die jeweils untersuchte Firma definiert und umfaßte die bisherige Erfolgsbilanz *und* Beurteilungen des künftigen Potentials.

    *Führungskraft* ist kein Begriff, der in allen Firmen dasselbe bedeutet. Um zu gewährleisten, daß die Probanden aus verschiedenen Unternehmen in etwa vergleichbar waren, benutzten wir als Kriterien die Position innerhalb des Organisationsplans, Gehaltsstufen oder sonstige verfügbare Daten, die den Verantwortungsgrad und die Stellung innerhalb der Hierarchie widerspiegelten. In unsererer letzten Probandengruppe gab es die unterschiedlichsten Titel, die je nach Organisationsstruktur von fachliche Führungskraft oder Leiter über Generaldirektor bis CEO reichten. Ob eine Person in technischer Hinsicht eine Führungskraft war, hing davon ab, wie die Organisation den Begriff definierte (zum Beispiel nach den 150 Spitzenpositionen, nach Bonusberechtigungen oder nach der Höhe von bestimmten Bewertungspunkten).

16. Nach Abschluß der Studien gehörten fünf der sechs Firmen zur Fortune-Liste der 50 größten US-Unternehmen. Bei der sechsten Firma handelte es sich um die Tochtergesellschaft eines kanadischen Unternehmens von vergleichbarer Größe.

17. Eine umfassende Analyse dieser Daten liefern E. Lindsey, V. Homes und M.W. McCall, Jr., *Key Events in Executives' Lives*, Technical Report No. 32 (Greensboro, N.C.: Center for Creative Leadership, 1987).

18. Diese Themen wurden erstmalig von Lindsey et al. beschrieben, siehe: *Key Events in Executives' Lives*, S. 225–228. Hier werden auch die einzelnen Lektionen ausführlich erläutert.

19. Kotter, *The General Managers*.
20. Ibid., S. 66.
21. Die Entscheidungskriterien, nach denen die Lektionen den einzelnen Er-eignissen zugeordnet wurden (also die Lektionen, die in den Abbildungen hervorgehoben sind), und die Daten werden detailliert in Lindsey et al., *Key Events in Executives' Lives* dargelegt.
22. Kotter, *Erfolgsfaktor Führung*, S. 108.
23. Siehe auch M.M. Lombardo u. M.W. McCall, Jr. „Great Truths That May Not Be", *Issues and Observations*, Februar 1983: 1–4.

# Kapitel 2:
# Feuerproben: Aus übertragenen Aufgaben lernen

1. Die Äußerungen der Führungskräfte sind entweder wörtliche Zitate (aus den zeitlich unbegrenzten Erhebungen) oder aus Interviewnotizen rekon-struiert. Zum Teil haben wird die Zitate leicht abgewandelt, um die An-onymität oder Vertraulichkeit zu wahren.
2. M.W. McCall, Jr., u. M.M. Lombardo, „What Makes A Top Executive?" *Psychology Today*, Februar 1983, S. 26–31. Siehe auch Hall, *Careers in Organizations*.
3. Bray, Campbell u. Grant, *Formative Years in Business*.
4. D.W. MacKinnon, „The Assessment and Development of Managerial Creativity", Invited address, Third International Congress on the Assess-ment Center Method, Quebec City, Quebec, Kanada, 28.–30. Mai 1975.
5. Kotter, *Erfolgsfaktor Führung*.
6. G. Jennings, *The Mobile Manager* (New York: McGraw-Hill, 1971).
7. E. Schein, *Career Dynamics: Matching Individual and Organizational Needs* (Reading, Mass.: Addison-Wesely, 1978).
8. R.J. Grey u. G.G. Gordon, „Risk-Taking Managers: Who Gets the Top Jobs", *Managerial Review* 67 (1978): 8–13.
9. D.C. Hambrick, „Environment, Strategy and Power Within Top Man-agement Teams", *Administrative Science Quarterly* 26 (1981): 253–275.
10. McCauley, *Developmental Experiences in Managerial Work*.
11. W. Skinner u. E. Sasser, *Manufacturing in the Corporate Strategy* (New York: Wiley, 1978).
12. F. Allen, „Bosses List Main Strengths, Flaws Determining Potential of Managers", *Wall Street Journal*, 14. November 1980.
13. Kotter, *Erfolgsfaktor Führung*.
14. J. Sonnenfeld u. J.P. Kotter, „The Maturation of Career Theory", *Human Relations* 35 (1982): 29.

15. C. Margerison u. A. Kakabadse, *How American Chief Executives Succeed* (New York: American Management Association, 1984).
16. W.F. Dowling, „Conversation: An Interview With Fletcher Byrom", *Organizational Dynamics* 7 (1978): 41.
17. Bass, *Stogdill's Handbook of Leadership*, S. 553–583.
18. Schein, *Career Dynamics*.
19. D.W. Bray u. A. Howard, „Career Success and Life Satisfactions of Middle-Aged Managers", In L.A. Bond u. J.C. Rosen (Hrsg.), *Competence and Coping During Adulthood* (Hanover, N.H.: University Press of New England, 1980), S. 22.
20. H. Mintzberg, *The Nature of Managerial Work* (New York: Harper & Row, 1973).
21. Eine Zusammenfassung dieser Studien findet sich in M.W. McCall, Jr., A.M. Morrison u. R.L. Hannan, *Studies of Managerial Work: Results and Methods*, Technical Report No. 9 (Greensboro, N.C.: Center for Creative Leadership, Mai 1978). Siehe auch L. Sayles, *Leadership* (New York: McGraw-Hill, 1979), S. 1–24.
22. Kotter, *The General Managers*, S. 143.

# Kapitel 3: Wenn andere Menschen zählen

1. Zitiert nach McCauley, *Developmental Experiences in Managerial Work*, S. 10.
2. Ibid., S. 12.
3. Marshall u. Stewart, „Managers' Job Perceptions: Their Overall Frameworks and Working Strategies" (*Journal of Management Studies* 18:177–190), zitiert nach McCauley, *Developmental Experiences in Managerial Work*, S. 12.
4. Clawson, „Mentoring in Managerial Careers" (In C.B. Derr (Hrsg.), *Work, Family, and the Career*), zitiert nach McCauley, *Developmental Experiences in Managerial Work*, S. 10.
5. Zusätzlich zu dem Interview mit der Führungskraft hatten wir Gelegenheit, vier ehemalige Mitarbeiter zu befragen, die verschiedene Teile dieser Geschichten bestätigten.
6. Auszüge aus diesem Kapitel erschienen auch in M.M. Lombardo u. M.W. McCall, Jr., *Coping with an Intolerable Boss*, Special Report (Greensboro, N.C.: Center for Creative Leadership, Januar 1984), und in M.M. Lombardo u. M.W. McCall, Jr., „The Intolerable Boss", *Psychology Today*, Januar 1984, S. 45–48.
7. C. Argyris, „Interpersonal Competence and Organizational Effective-

ness"; M.M. Lombardo, *Values in Action: The Meaning of Executive Vignettes*, Technical Report No. 28 (Greensboro, N.C.: Center for Creative Leadership, 1986).
8. M.M. Lombardo, *Values in Action*.

# Kapitel 4: Härten

1. Auch wenn sich nur wenige Forschungsarbeiten direkt mit dem Entwicklungspotential von Härten befaßt haben, gelangen einige Studien zu Ergebnissen, die – als Ganzes gesehen – diese Generalisierung stützen. So zum Beispiel Glickman et al., *Top Management Development and Succession*; Kaplan et al., *High Hurdles: The Challenge of Executive Self-development*; Kobasa, „Stressful Life Events, Personality, and Health: An Inquiry into Hardiness"; Sheehy, *Pathfinders*; Vaillant, *Werdegänge. Erkenntnisse der Lebenslaufforschung*; und Zaleznik, *Management and Disappointment*".
2. Siehe zum Beispiel M.M. Lombardo u. M.W. McCall, Jr., *Coping with an Intolerable Boss*.
3. Die Autoren sind sich nicht sicher, ob dieser Ausspruch von dem befragten Manager selbst stammt. Es ist uns allerdings nicht gelungen, eine andere Quelle ausfindig zu machen.

# Kapitel 5: Das Beste aus seiner Erfahrung machen

1. C. Yeager u. L. Janos, Yeager: *An Autobiography* (New York: Bantam, 1985), S. 134.
2. T. Wolfe, *Die Helden der Nation* (Hamburg: Hoffmann & Campe, 1983).
3. C. Yeager u. L. Janos, *Yeager: An Autobiography*, S. 319.
4. Ibid., S. 83–84.
5. Ibid., S. 1.
6. F.E. Fiedler, „Leadership Experience and Leader Performance", *Organizational Behavior and Human Performance 5* (1970): 1–14.
7. Für eine ausführliche Erörterung der Elemente, aus denen die einzelnen Erfahrungen sich zusammensetzen, siehe Lindsey et al., *Key Events in Executives' Lives*.
8. Siehe, unter anderem, M.W. McCall, Jr., u. C.A. McCauley, „Analyzing the Developmental Potential of Jobs." In: J.L. Moses (Chair), Expanded Potential for Job Analysis, Symposium conducted at the meeting of the American Psychological Association, Washington D.C., August 1986.

9. Siehe die entsprechenden Kapitel in Lindsey et al., *Key Events in Executives' Lives.*

10. Lombardo u. McCall, *Coping with an Intolerable Boss.*

11. J.J. Gabarro, *Die Übernahme von Managementverantwortung* (Wiesbaden: Gabler 1988). Auch M.W. McCall, Jr., u. M.L. Lombardo, *Off the Track: Why and How Successful Executives Get Derailed*, Technical Report No. 21 (Greensboro, N.C.: Center for Creative Leadership, Januar 1983).

12. Kotter, *The General Managers.*

13. V.J. Bentz, *Explorations of Scope and Scale: The Critical Determinant of High Level Executive Effectiveness*, Technical Report No. 31 (Greensboro, N.C.: Center for Creative Leadership, September 1987).

14. Kotter, *The General Managers*, S. 135.

15. W. Bennis u. B. Nanus, *Führungskräfte: Die vier Schlüsselstrategien erfolgreichen Führens* (Frankfurt/Main: Campus 1992), S. 173.

16. R. Heinlein, *Time for the Stars* (New York: Ballantine, 1978), S. 99.

17. W. Bennis u. B. Nanus, *Führungskräfte: Die vier Schlüsselstrategien erfolgreichen Führens*, S. 60–61.

18. T.J. Peters u. R.H. Waterman, Jr., *Auf der Suche nach Spitzenleistungen. Was man von den bestgeführten US-Unternehmen lernen kann* (Landsberg: Moderne Industrie, 1984).

19. Ein weiteres wichtiges Ergebnis der Studie von W. Bennis und B. Nanus, *Führungskräfte. Die vier Schlüsselstrategien erfolgreichen Führens.*

20. Siehe auch J.J. Gabarro, *Die Übernahme von Managementverantwortung*, und M.W. McCall, Jr., u. M.M. Lombardo, *Off the Track.*

21. J. Bronowski, *Der Aufstieg des Menschen* (Frankfurt a.M./Berlin/Wien: Ullstein 1976).

22. W. Manchester, *American Caesar: Douglas MacArthur* (New York: Dell, 1978), S. 15.

23. T. Wolfe, *Die Helden der Nation*, S. 26–27.

# Kapitel 6:
# Packen wir's an: Was Unternehmen tun können

1. T.J. Peters u. R.H. Waterman, Jr., *Auf der Suche nach Spitzenleistungen. Was man von den bestgeführten US-Unternehmen lernen kann.*

2. Siehe J.P. Kotter, „General Managers Are Not Generalists", *Organizational Dynamics* (Frühjahr 1982): 4–19, und Y.K. Shetty u. N.S. Perry, Jr., „Are Top Executives Transferable Acroos Companies?" *Business Horizons* Juni 1976): 23–28.

3. Kotter, *Erfolgsfaktor Führung*.
4. McCall u. Lombardo, *Off the Track*.
5. Kotter, *Erfolgsfaktor Führung*.
6. A.E. Pearson, „Muscle-building the Organization", *Harvard Business Review* (Juli-August 1987):49–55.
7. Für eine Liste der untersuchten Themen siehe Bass, *Stogdill's Handbook of Leadership*.
8. Klimoski u. Brickner, „Why Do Assessment Centers Work?"
9. V.J. Bentz, „Research Findings From Personality Assessment of Executives", Paper presented at the Annual Convention of the American Psychological Association, Toronto, Kanada (August 1984).
10. Für Beispiele dieser Verfahrensweise siehe M. Sorcher, *Predicting Executive Success: What It Takes to Make It into Senior Management* (New York: Wiley, 1985).
11. McCall u. Lombardo, *Off the Track*.
12. Für alternative Kriteriengruppen siehe Bennis und Nanus, *Führungskräfte. Die vier Schlüsselstrategien erfolgreichen Führens*; Kotter, *The General Managers*; T. Peters, *Thriving on Chaos* (New York: Knopf, 1987); und N. Tichy u. M.A. Devanna, *The Transformational Leader* (New York: Wiley, 1986).
13. Kotter, *Erfolgsfaktor Führung*, stellte fest, daß dies in besser geführten Unternehmen der Fall ist.
14. Gabarro, *Die Übernahme von Managementverantwortung*.
15. Kotter, *The General Managers*; Gabarro, *Die Übernahme von Managementverantwortung*.
16. Detailliertere Ausführungen zur Kursarbeit finden sich in Lindsey et al., *Key Events in Executives' Lives*, S. 177–189.
17. L. Thomas, *The Medusa and the Snail* (New York: Viking, 1979), S. 28.
18. Die Abbildungen in diesem Buch und die zusätzlichen Ausführungen in Lindsey et al., *Key Events in Executives' Lives*, bieten eine Ausgangsbasis.
19. Kotter, *The General Managers*.

# Literaturverzeichnis

Allen, Frank. „Bosses List Main Strengths, Flaws Determinign Potential of Managers." *Wall Street Journal*, 14. November 1980.

Argyris, Chris. „Interpersonal Competence and Organizational Effectiveness." In: W.G. Bennis, E.H. Schein, D.E. Berlew u. G.I. Steel (Hrsg.), *Interpersonal Dynamics*. Homewood, Ill.: Dorsey 1968.

Bass, Bernard M. (Hrsg.). *Stogdill's Handbook of Leadership*. New York: Free Press 1981.

Bennis, Warren u. Burt Nanus. *Führungskräfte. Die vier Schlüsselstrategien erfolgreichen Führens*. Frankfurt a.M./New York: Campus 1992.

Bentz, V. Jon. *Explorations of Scope and Scale: The Critical Determinant of High Level Executive Effectiveness* (Technical Report No. 31), Greensboro, N.C.: Center for Creative Leadership, September 1987.

Bentz, V. Jon. „Research Findings from Personality Assessment of Executives." Paper presented at the annual convention of the American Psychological Association, Toronto, Kanada, August 1984.

Bloom, Benjamin S. „Generalizations About Talent Development." In: Benjamin S. Bloom (Hrsg.), *Developing Talent in Young People*. New York: Ballantine 1985. S. 507–549.

Bray, D.W., Campbell, R.J. u. Grant, D.L.. *Formative Years in Business: A Long-Term AT&T Study of Managerial Lives*. New York: Wiley 1974.

Bronowski, Joseph. *Der Aufstieg des Menschen*. Frankfurt a.M./Berlin/Wien: Ullstein 1976.

Campbell, John P., Dunnette, Marvin D., Lawler, Edward E. III u. Karl E. Weick, Jr. *Managerial Behavior, Performance, and Effectiveness*. New York: McGraw-Hill 1970.

Dowling, William F. „Conversation: An Interview With Fletcher Byrom." *Organizational Dynamics* 7 (1978):37–60.

Gabarro, John J. *Die Übernahme von Managementverantwortung*. Wiesbaden: Gabler 1988.

Glickman, John J., C.P. Hahn, E.A. Fleishman u. B. Baxter. *Top Man-*

*agement Development and Succession.* New York: Committee for Economic Development 1968.

Grey, R.J. u. G.G. Gordon. „Risk-Taking Managers: Who Gets the Top Jobs?" *Management Review* 67 (1978): 8–13.

Hall, Douglas T. *Careers in Organizations.* Pacific Palisades, Calif.: Goodyear Publishing Company 1976.

Hambrick, Donald C. „Environment, Strategy and Power within Top Management Teams." *Administrative Science Quarterly* 26 (1981):253–275.

Heinlein, Robert A. *Time for the Stars.* New York: Ballantine 1978.

Jennings, George. *The Mobile Manager.* New York: McGraw-Hill 1971.

Kaplan, Robert E., Wilfred H. Drath u. Joan R. Kofodimos. *High Hurdles: The Challenge of Executive Self-Development* (Technical Report No. 25). Greensboro, N.C.: Center for Creative Leadership 1985.

Klimoski, Richard u. Mary Brickner. „Why Do Assessment Centers Work? The Puzzle of Assessment Center Validity." *Personnel Psychology* 40 (1987):243–260.

Kobasa, S.C. „Stressful Life Events, Personality, and Health: An Inquiry into Hardiness." *Journal of Personality and Social Psychology*, 37 (1979):1–11.

Kotter, John P. *The General Managers.* New York: Free Press 1982.

– „General Managers Are Not Generalists." *Organizational Dynamics* (Spring 1982):4–19.

– *Erfolgsfaktor Führung.* Frankfurt a.M./New York: Campus 1989.

Lindsey, Esther, Virginia Homes u. Morgan W. McCall, Jr. *Key Events in Executives' Lives* (Technical Report No. 32). Greensboro, N.C.: Center for Creative Leadership 1987.

Lombardo, Michael M. *Values in Action: The Meaning of Executive Vignettes* (Technical Report No. 28). Greensboro, N.C.: Center for Creative Leadership 1986.

Lombardo, Michael M. u. Morgan W. McCall, Jr. *Coping with an Intolerable Boss* (Special Report). Greensboro, N.C.: Center for Creative Leadership 1984.

Lombardo, Michael M. u. Morgan W. McCall, Jr. „The Intolerable Boss." *Psychology Today*, Januar 1984, S. 45–48.

Lombardo, Michael M. u. Morgan W. McCall, Jr. „Great Truths That May Not Be." *Issues and Observations*, Februar 1983, S. 1–4.

MacKinnon, D.W. „The Assessment and Development of Managerial Creativity." Invited address, Third International Congress on Assessment Center Method, Quebec City, Quebec, Kanada, 28.–30. Mai 1975.

Manchester, William. *American Caesar: Douglas MacArthur 1880–1964*. New York: Dell 1978.

Margerison, C. u. A. Kakabadse. *How American Chief Executives Succeed*. New York: American Management Association 1984.

McCall, Morgan W., Jr., u. Michael M. Lombardo. *Off the Track: Why and How Successful Executives Get Derailed* (Technical Report No. 21). Greensboro, N.C.: Center for Creative Leadership 1983.

McCall, Morgan W., Jr., u. Michael M. Lombardo. „What Makes a Top Executive?" *Psychology Today*, Februar 1983, S. 26–31.

McCall, Morgan W., Jr., und C.D. McCauley. „Analyzing the Developmental Potential of Jobs." In: J.L. Moses (Vorsitz), *Expanded Potential for Job Analysis*. Symposium conducted at the meeting of the American Psychological Association, Washington, D.C., August 1986.

McCall, Morgan W., Jr., Ann M. Morrison u. Robert L. Hannan. *Studies of Managerial Work: Results and Methods* (Technical Report No. 9). Greensboro, N.C.: Center for Creative Leadership 1978.

McCauley, Cynthia D. *Developmental Experiences in Managerial Work: A Literature Review* (Technical Report No. 26). Greensboro, N.C.: Center for Creative Leadership, 1986.

Mintzberg, Henry. *The Nature of Managerial Work*. New York: Harper & Row 1973.

Pearson, Andrall E. „Muscle-Build the Organization." *Harvard Business Review*, Juli-August 1987, S. 49–55.

Peters, Thomas. *Thriving on Chaos*. New York: Knopf 1987.

Peters, Thomas J. u. Robert H. Waterman, Jr. *Auf der Suche nach Spitzenleistungen. Was man von den bestgeführten US-Unternehmen lernen kann*. Landsberg: Moderne Industrie 1984.

Sayles, Leonard. *Leadership: What Effective Managers Really Do...and How They Do It*. New York: McGraw-Hill 1979.

Schein, Edgar. *Career Dynamics: Matching Individual and Organizational Needs*. Reading, Mass.: Addison-Wesley 1978.

Sheehy, G. Pathfinders. New York: William Morrow 1981.

Shetty, Y.K. u. N.S. Perry, Jr. „Are Top-Executives Transferable Across Companies?" *Business Horizons*, Juni 1976:23–28.

Short, Alice. „The Corporate Classroom: Are We Getting Our Money's Worth?" *New Management* 4 (Winter 1987): 22–26.

Skinner, Wickham u. Earl Sasser. *Manufacturing in the Corporate Strategy*. New York: Wiley 1978.

Sonnenfeld, Jeffrey, u. John P. Kotter. „The Maturation of Career Theory." *Human Relations* 35 (1982):19–46.

Sorcher, Melvin. *Predicting Executive Success: What It Takes to Make It into Senior Management*. New York: Wiley 1985.

Stoner, J.A.F., R.P. Ference, E.K. Warren u. H.K. Christensen. *Managerial Career Plateaus*. New York: Center for Research in Career Development, Columbia University 1980.

Thomas, Lewis. *Late Night Thoughts on Listening to Mahler's Ninth Symphony*. New York: Viking 1983.

– *The Medusa and the Snail*. New York: Viking 1979.

Tichy, Noel u. Mary Anne Devanna. *The Transformational Leader*. New York: Wiley 1986.

Vaillant, George E. *Werdegänge. Erkenntnisse der Lebenslauf-Forschung*. Reinbek b. Hamburg: Rowohlt 1980.

Wolfe, Tom. *Die Helden der Nation*. Hamburg: Hoffmann & Campe 1983.

Yeager, Chuck u. Leo Janos. *Yeager: An Autobiography*. New York: Bantam 1985.

Zaleznik, Abraham. „Management of Disappointment". In: E.G.C. Collins (Hrsg.) *Executive Success: Making It in Management*. New York: Wiley 1983.

# Über die Autoren

**Morgan W. McCall, Jr.,** hat sein Berufsleben damit verbracht, Manager und Führungskräfte zu studieren und Anwendungen dieses Wissens zu entwickeln. Er hat zahlreiche Artikel veröffentlicht, die auf seinen Forschungsarbeiten basieren, zum Beispiel in *The Academy of Man- agement Journal, The Journal of Occupational Psychology, Management Science, Psychology Today, The New York Times,* den Technischen und Spezialberichten des Center for Creative Leaderschip und in mehreren Lehrbüchern. Außerdem ist er Mitautor von vier weiteren Büchern: *Leadership: Where Else Can We Go?* (Duke Press), *Whatever It Takes: Decision Makers at Work* (Prentice Hall), *Looking Glass: An Organizational Simulation* (Scott Foresman) und *Key Events in Executives' Lives* (Center for Creative Leadership). Zur praktischen Anwendung seiner Arbeit gehören die Management- und Führungsausbildung, die Beratung mehrerer großer Unternehmen und häufige Vortragsveranstaltungen. Dr. McCall war leitender Verhaltenswissenschaftler am Center for Creative Leadership; zur Zeit arbeitet er als Forschungsbeauftragter am Center for Effective Organizations und als Gastprofessor an der School of Business Administration der University of Southern California in Los Angeles. Er ist Mitglied der American Psychological Association und hat seine akademischen Abschlüsse in Yale (Bachelor of Science) und Cornell erworben (Magister u. Doktor der Philosophie).

**Michael M. Lombardo** ist Leiter der Leadership Development Research Group am Center for Creative Leadership. Er erforscht den Aufstieg und die Entwicklung von Führungskräften und ist Mitbegründer eines psychologischen Instruments, mit dem man messen kann, wie gut ein Manager die für den Erfolg notwendigen Lektionen lernt. Er ist Autor und Koautor zahlreicher Veröffentlichungen über die Förderung von Führungskräften, darunter: *Values in Action: The Meaning of Executive Vignettes* (Center for Creative Leadership, 1986), »How Do Leaders Get To Lead?« (*Issues and Observations,* Februar 1982) und »Great Truths That May Not Be ... Management

Homilies: Do They Stand Up Under Examination?» (*Management Review*, 1983). Michael Lombardo ist der Hauptautor von *Looking Glass: An Organizational Simulation* (CCL); er hat zusammen mit Morgan W. McCall, Jr., das Buch *Leadership: Where Else Can We Go?* verfaßt und zahlreiche wissenschaftliche Aufsätze und Fachberichte publiziert. Mike leitet außerdem ein Forschungsprojekt über Führungserfolg und arbeitet eng mit mehreren großen Unternehmen zusammen. Er hat an der University of North Carolina, Chapel Hill, studiert (B.A.) und an der University of North Carolina, Greensboro (Magister und Doktor der Pädagogik).

**Ann M. Morrison** leitet die Niederlassung des Center for Creative Leadership in San Diego und war 13 Jahre in der Zentrale der Organisation in Greensboro, N.C., tätig. In dieser Zeit hat sie mehrere Forschungsprojekte und Führungsseminare durchgeführt, unter anderem für Firmen wie Eastman Kodak, General Electric, IBM und Westinghouse Electric ebenso wie für zahlreiche andere Organisationen aus dem privatwirtschaftlichen und öffentlichen Sektor. Unmittelbar bevor sie das CCL in San Diego eröffnete, arbeitete Ann Morrison als Bereichsleiterin des Center und leitete ein weltweites Netzwerk von Organisationen, die autorisiert sind, die Programme des Center durchzuführen. Sie ist Autorin zahlreicher Bücher und Artikel über die Entwicklung von Führungskräften. Ihre jüngste Veröffentlichung *Breaking the Glass Ceiling: Can Women Reach the Top of America's Largest Corporations?* befaßt sich mit der Situation weiblicher Fach- und Führungskräfte.

Als Wissenschaftlerin mit umfassenden praktischen Kenntnissen in der Frage, wie Führungskräfte lernen, die Anforderungen ihres Berufs zu meistern, spielte Morrison eine wichtige Rolle in der Gemeinschaft von Greensboro. Sie ist eine Absolventin des Leadership Greensboro, war Präsidentin des dortigen Women's Professional Forum und Mitglied des Greensboro Chamber of Commerce's Council on Economic Development.

Morrison, die aus Easton, Pennsylvania, stammt, hat einen Magistergrad in Psychologie von der Bucknell University in Pennsylvania und einen M.B.A.-Abschluß von der Wake Forest University in North Carolina.

# Register

Aktionsplan 21

Allen, Frank 31

Ambiguität: Bewältigen von 53, 55–56

American Management Association 34

Arbeitsplatzwechsel 109, 123, 125–128; Lektionen aus 130–131; Motive für 156–157;

Arbeitsstelle, erste; *siehe* Frühe Arbeitserfahrungen

Assessment Center 17, 193

AT&T 31, 35

Ausgewogenheit: der gelernten Lektionen 170–173; zwischen Leben und Arbeit 114–116

Auslandsaufträge: und fehlerhafte Chefs 101–102; Kontextfaktoren 153; und Nachteile 155; und Startaktionen 30, 60–61; Stigma 62;

Ausschüsse (zur Bewertung des Führungspotentials) 194

Autorität, formelle: bei Linien- und Stabsaufgaben 57, 59; bei Projektaufgaben 52; bei Reorganisationsaufgaben 65–66, 68;

Balance; *siehe* Ausgewogenheit

Bedrohliche Situationen: voraussehen 169–170

Beförderungen 118–119, 155, 157

Bennis, Warren 158, 163–164

Beratung, bei Härten oder Mißerfolgen 207–208

Beziehungen; *siehe* Menschen, Umgang mit

Bray, Douglas W. 31, 35

Breite versus Tiefe 200–201

Bronowski, Joseph 170

Chefs: fehlerhafte 89, 90–91, 101–102; gute 89, 90, 93–96, 150; Lektionen 88–107, 149–150, 159–160, 173; Rolle in der Entwicklung 208–210; schlechte 89, 89–90, 97–100, 150, 209; Vielfalt von 27–28, 93, 102–104, 150, 209;

Clawson, J.G. 93

Coaching; *siehe* Mentoren

College und Universität: als schlechte Vorbereitung auf die Realität der Arbeitswelt 34–35, 38; *siehe auch* Kursarbeit

»Das gewisse Etwas« 145–147, 173

Dowling, William F. 34

Ehefrauen; *siehe* persönliches Trauma

Entlassungen 67, 68–69; *siehe auch* Karriererückschläge; Leistungsprobleme bei Untergebenen;

Entwicklung von Führungskräften: Definition 174–175; Investition des Unternehmens in 15–16, 179–181, 187; Merkmale eines effizienten Systems 214–219; und Mischkonzern 176–179, 184; und unterstützende Unternehmenskultur 175, 181–184, 187, 188, 202; versus Auswahlprinzip 178, 179, 181–182, 198;

Entwicklungsfördernde Aufgaben 30–85; Ermitteln von 186, 190–192; Kernelemente 34, 78–80, 149; Lernen aus 80–81, 108, 158–159, 172–173; potentielle Schattenseiten 84; *siehe auch* erste Aufsichtstätigkeit; Erweiterung des Aufgabenumfangs; frühe Arbeitserfahrungen; Projekt-/Gruppenaufgaben; Reorganisationen; Startaktionen; Wechsel von Linie zu Stab

Entwicklungspotential von Aufgaben: Bewertungskategorien 149–156

Entwicklungsrisiken: Bereitschaft des Unternehmens und 179–181, 187, 188

Erfahrungsvielfalt 170, 172–173, 186, 217; *siehe auch* Chefs, Vielfalt von

Erste Aufsichtstätigkeit: und Entwicklung von Führungskräften 32, 35, 41–47, 204–205; Lektionen 46–47, 154;

Erweiterung des Aufgabenumfangs: Beschreibung 33, 69, 71; Entwicklungspotential 154; Hilfe der Organisation bei 207; Lektionen 69, 72–74, 76–77, 108;

Familienleben; *siehe* persönliches Trauma

Feedback: akzeptieren von kritischem 93; bei der Kursarbeit 212; in erster Aufsichtstätigkeit 44; und Selbstbild 162–163; über Entwicklungsfortschritte 26, 28; über Wirkung auf andere 107; von der Organisation 182–183, 208;

Fehler; *siehe* Schwächen

Förderungs- und Entwicklungssysteme; *siehe* Entwicklung von Führungskräften

Frühe Arbeitserfahrungen: und Entwicklung von Führungskräften 32, 34, 35–40, 45; Lektionen 42–43; *siehe auch* erste Aufsichtstätigkeit

Führungscharakter 23, 66–69

Führungskräfte, Rolle von
    73–74
Führungspotential; *siehe* Talent-
    pool
Fusionen   120–122

Gabarro, John J.   206, 207
Generaldirektoren: Entwick-
    lungsfaktoren   17–19
Geschäftliche Fehler   109,
    128–129, 131–135; Lektio-
    nen   136–137;
Geschichten und Mythen, in Or-
    ganisationen: und geschäftli-
    che Fehler   133
Gewerkschaften, Umgang mit
    93–94, 95–96, 151
Gleichgestellte, Umgang mit:
    und geschäftliche Fehler
    129; lernen von   87–88
Gordon, G.G.   31
Grey, R.J.   31

Hambrick, Donald C.   31
Härten   108–144; lernen aus
    141, 142–144, 173; *siehe
    auch* Arbeitsplatzwechsel;
    Geschäftliche Fehler; Karrie-
    rerückschläge; Leistungspro-
    bleme bei Untergebenen; per-
    sönliches Trauma;
Herausforderung, berufliche
    31–32; *siehe auch* Entwick-
    lungsfördernde Aufgaben;
    Wachstumsmöglichkeiten
Hohes Potential; *siehe* Talent-
    pool
Homes, Virginia   12, 22, 25,
    43, 47, 55, 59, 65, 71, 77,
    107, 117, 125, 131, 137,
    141, 143
Howard, Ann   35

Ingenieure: und erste Aufsicht-
    stätigkeit   44
Interpersonale Fähigkeiten; *sie-
    he* Menschen, Umgang mit

Jennings, George   31
Job-Rotation   27, 77, 176,
    186, 200

Kakabadse, Andrew   34
Karriereplanung   186
Karriererückschläge   109,
    118–123; Lektionen aus
    124–125
Kinder; *siehe* persönliches
    Trauma
Klassenzimmer, *siehe* Kursarbeit
Kollegen; *siehe* Gleichgestellte
Kotter, John P.   17, 18, 19, 26,
    31, 32, 84, 157, 180, 207,
    217
Krankheit; *siehe* persönliches
    Trauma
Krisen   31, 163; *siehe auch*
    Härten
Kursarbeit   211–213

Leistungsprobleme bei Unterge-
    benen   65–66, 135,
    137–139, 141; Lektionen
    140–141, 150; Problem ver-
    schleppen   137, 138
Lernen, etwas Falsches: aus Auf-

gaben 159; aus Härten
160–161; von anderen Men-
schen 160;
Levinson, Daniel J. 87
Lindsey, Esther 12, 22, 25, 43,
47, 55, 59, 65, 71, 77, 107,
117, 125, 131, 137, 141,
143
Linienaufgaben 60, 75; *siehe
auch* Erweiterung des Aufgabenumfangs; Reorganisationen; Startaktionen
Lombardo, Michael M.
196–197

MacArthur, Douglas 171
McCall, Morgan W. Jr. 12, 22,
25, 43, 47, 55, 59, 65, 71,
77, 107, 117, 125, 131, 137,
141, 143, 196–197
McCauley, Cynthia D. 16
McGregor, Douglas 88
MacKinnon, D.W. 31
Manchester, William 171
Margerison, Charles 34
Marshall, J. 92
Menschen, Umgang mit 35,
48, 51–52, 113–114, 173;
bei Reorganisationen
65–69; und geschäftliche
Fehler 129; und Härten
141, 142, 144; Lektionen
21, 23, 35, 37, 38–39,
86–107, 151, 157, 158, 159,
162; *siehe auch* Chefs;
Gleichgestellte; Untergebene
Mentoren 26, 27, 87, 102,
104, 158, 186, 209

Mythen, *siehe* Geschichten und
Mythen in Organisationen

Nachfolgeplanung 194, 198
Nachteile: und Entwicklungspo-
tential 154–155
Nanus, Burt 158, 163–164

Persönliche Einsicht; *siehe*
Selbsterkenntnis
Persönliches Trauma 109,
110–118; Lektionen
113–117;
Peters, Thomas 178
Politik: begreifen 158; und geschäftliche Fehler 131,
132; und Karriererückschläge 119–122; von Chefs ge-
lernt 105, 173
Projekt-/Gruppenaufgaben: Beschreibung 32, 48–49; Lektionen 48–52, 54–55, 108

Reorganisationen: Beschreibung
33, 63, 65–66, 68–69; Lektionen 24, 25–26, 66–69,
70–71
Risiken 31, 57, 63, 132–134,
151–152, 166; Entwicklungspotential von 151–152;
*siehe auch* Entwicklungsrisiken
Rollenmodelle 88, 159;
*siehe auch* Chefs; Mentoren
Rückschläge; *siehe* Karriererückschläge

Sasser, Earl 31

Scheidung; *siehe* persönliches Trauma

Schein, Edgar 31, 35

Scheitern 31–32, 90, 101–102, 104, 169, 207, 218; *siehe auch* Härten; Ursachen für Scheitern;

Schlechte Geschäftsbedingungen: Entwicklungspotential von 152–154

Schwächen (eigene): erkennen 118, 134–135, 141, 144, 162, 163, 165, 167, 212; Gleichgewicht von Stärken und Schwächen 171; kompensieren 165, 166, 167–169; korrigieren 165, 166, 167, 168; und psychologische Beratung durch Organisation 207–208; Verantwortung übernehmen 164, 165; *siehe auch* Ursachen für Scheitern

Selbstbild 162–164

Selbsterkenntnis 23; durch frühe Arbeitserfahrungen 39–41; durch Härten 141, 142, 144; durch Karriererückschläge 118–119, 122–123; durch persönliches Trauma 111–116

Selbstvertrauen: durch formalen Unterricht 27, 211; durch frühe Arbeitserfahrungen 39–40; durch frühere Erfolge 163, 173; durch Projektaufgaben 52; durch Startaktionen 63

Sinn, Suche nach 157–162

Skinner, Wickham 31

Stabsaufgaben; *siehe* Wechsel von Linie zu Stab

Startaktionen: Beschreibung 33, 60–61; Lektionen 24, 30, 60–61, 62–63, 64–65, 108;

Stewart, R. 92

Streß 31, 152

Talentpool: Einrichten 192–195, 197–199; Ermitteln 184–185; Vorteile/Nachteile 189;

Thomas, Lewis 214

Timing: von formaler Kursarbeit 211, 212; von Interventionen und Arbeitsplatz wechseln 127, 205–207; von Trainingserfahrungen 27

Trainingsprogramme 26, 27; *siehe auch* Kursarbeit

Twain, Mark 85

Überzeugen: bei Reorganisationen 66–68; bei Stabsaufgaben 57, 59;

Universitäten; *siehe* College und Universität

Unsicherheit 31, 53, 55–56, 123, 166

Untergebene, Umgang mit: und geschäftliche Fehler 129; in erster Aufsichtstätigkeit 41, 43–45; lernen von 87, 150; Mitarbeiterförderung bei Erweiterung des Aufgabenumfangs 72–73; *siehe auch* Leistungsprobleme bei Untergebenen

Unternehmensidentität 175, 176–179, 187, 188

Unternehmenskultur; *siehe* Unternehmensstrategie und -kultur

Unternehmensstrategie und -kultur: in Mischkonzernen 176–177; Unterricht in 56–57; *siehe auch* Entwicklung von Führungskräften: und unterstützende Unternehmenskultur

Unterstützende Unternehmenskultur; *siehe* Entwicklung von Führungskräften: und unterstützende Unternehmenskultur

Unzulänglichkeiten, *siehe* Schwächen

Ursachen für Scheitern 195, 196–197,

Veränderungen, Entwicklungspotential von 155–156

Verantwortung: bei Risiken 152; bei Stabs- und Linienaufgaben 59; für eigene Entwicklung 93, 164, 217; für Entwicklung des Führungspotentials 201–204; *siehe*

*auch* Erweiterung des Aufgabenumfangs

Vertrauen; *siehe* Selbstvertrauen

Vorgesetzte; *siehe* Chefs

Wachstumsmöglichkeiten: Angebot durch Organisation 183, 184, 214–216, 217–219; Bewertungskategorien 149–156; und Fehler 163; und Karrierebedrohungen 169–170; nutzen 148; selbst schaffen 123, 146, 156–157; suchen 147, 166;

Waterman, Robert H. Jr. 178

Wechsel von Linie zu Stab 32, 48, 52–53; Lektionen 53, 55–59

Wertvorstellungen: und Beobachtungslernen 109; Chefs als Quellen für 92, 95, 96, 100, 104, 105, 210; grundlegende 23; verschrobene 160

Widrigkeiten; *siehe* Härten

Wirtschaftsschulen; *siehe* College und Universität

Wolfe, Tom 145

Yeager, Chuck 145–147

Zufälle, glückliche 127–128, 215

Zurückstufung 218; *siehe auch* Karriererückschläge;

*Noel M. Tichy / Mary Anne Devanna:*
*Der Transformational Leader*
Das Profil der neuen Führungskraft
Aus dem Amerikanischen von Hans Kray
1995. Ca. 300 Seiten, Pappband, ISBN 3-608-91740-3

In diesem, in Amerika sehr erfolgreichen Buch, stellen Tichy und Devanna das neue Führungsprinzip der nächsten Jahrzehnte vor: Transformational Leadership.

Ein Unternehmen steckt in der Krise, es ist in seinen Organisationsstrukturen festgefahren. Es gibt nur einen Weg, der am Konkurs vorbeiführt und das Unternehmen wieder wettbewerbsfähig macht: Jemand muß das Unternehmen umkrempeln, die alten Strukturen auflösen und neue implementieren. Wie sieht das Profil von so jemandem aus? Was muß er beherrschen? Auf welche Schwierigkeiten wird er stoßen, welche Konzepte muß er entwickeln?

Alle Fragen, die mit einem solchen Wandel einhergehen, werden in diesem Buch, das sich auf Interviews mit Managern stützt, sehr eingängig und lösungsorientiert behandelt. Die Autoren zeigen anhand von Berichten von Managern aus ihrem Alltag mit seinen Problemen, wie ihr dreistufiges Prozeßmodell der Unternehmenstransformation in der Praxis funktioniert. So gewinnt man Einblick in die Überlegungen vor Ort von Managern, die vor keinem leichten Problem standen, als sie das Unternehmen umstrukturieren mußten.

Gleichzeitig gewinnt theoretisch an Profil, was ein Transformational Leader alles können muß, will er erfolgreich sein. Es sind nicht unbedingt besondere Gaben, die ihn dorthin führen – das machen die Autoren grundsätzlich klar. Sie wollen ihr Buch als eine praktische Anleitung dazu verstehen, wie man als Manager in diese Aufgabe hineinwachsen kann. Die Ausstattung zum Transformational Leader läßt sich lernen.

Klett-Cotta

*Duane Brown / Linda Brooks u. a.:*
*Karriere-Entwicklung*

Mit Beiträgen von D. Brown, L. Brooks, S.G. Weinrach,
D.J. Srebaldus, A. Roe, P. Lunneborg, E.S. Bordin, L.K. Mitchell,
J.B. Krumboltz, D.E. Super, L. Hotchkiss, H. Borow,
A. Miller-Tiedeman, D.V. Tiedeman, D.T. Hall
Aus dem Amerikanischen von Maren Klostermann
1994. 664 Seiten, Leinen, ISBN 3-608-95973-4

Dieses Buch versammelt die gegenwärtig bedeutendsten Konzepte
zur Karriere-Entwicklung und bezieht deren praktische Umsetzung
mit ein. Analysiert werden die Gründe, aus denen Menschen ihre
Karriere wählen, und es wird erklärt, wie angemessene
Karriereplanung entwickelt werden kann. Eine Übersicht über neue
Richtungen erweitert dieses Standardwerk. Dazu gehören die
Karriere-Entwicklung von Frauen, eine Studie über die
entsprechenden Entscheidungsmodelle, eine Untersuchung über
die Umsetzung von Karrierestrategien in Unternehmen.

Die Autoren zeigen, wie Karriereplanung zum Beispiel in Handel
und Industrie, Universitäten, Fachhochschulen und
Beratungszentren verbessert werden kann. Das Buch richtet sich
zum einen an höhere Verwaltungsangestellte und Manager, die eine
Übersicht über die Programme zur Karriere-Entwicklung gewinnen
möchten, und zum anderen an alle Praktiker, die Karriereberatung
und -planung als Dienstleistung anbieten. Außerdem wird es für
Psychologen, Soziologen und Spezialisten auf dem Gebiet der
Organisationsentwicklung von großem Nutzen sein.

Klett-Cotta